JN071993

An Illustrated Guide to Enjoying Classical Music and Popular Music

Let's Enjoy Classical Music and Popular Music

歴史を知れば
もっと楽しい！

西洋音楽の教科書

明石潤祐・三宅はるお［監修］

ナツメ社

INTRODUCTION

はじめに

楽を記録するための楽譜は、〈西洋音楽〉が発展・進化する過程とともに改善されてきました。17世紀に完成した〈五線譜〉による楽譜は、主に古典派以降の〈西洋音楽〉を記録する方法として適していました。そのため、現在ではさまざまなジャンルの音楽で使用されています。こうして〈五線譜〉が、音楽を記録する世界標準となり、世界中の音楽に大きな影響を与えます。

〈五線譜〉は、音楽を視覚的に記録する方法で、演奏そのままを記録する方法は、レコードの発明まで待たなければなりませんでした。レコードが登場する前は、音楽は生演奏を聴くしかありませんでした。しかし、レコードが発明されたことで、同じ音楽、同じ演奏を世界中で楽しむことができるようになりました。ラジオやテレビの登場で、人々の生活の中に、多種多様な音楽が大量に届けられ、さらにインターネットの発達によって、数千万曲ともいわれる世界中の音楽を簡単に聴くことができるようになりました。

本書では、世界の音楽をリードする〈西洋音楽〉にスポットをあて、パート1「クラシック音楽の時代」では、〈西洋音楽〉の起源を古代ギリシャや、5世紀ころに誕生したキリスト教の聖歌にまでさかのぼり、音楽が変化し、整えられていく過程を、各時代の作曲家を中心に解説しています。そして、パート2「ポピュラー音楽の時代」では、ヨーロッパ音楽とアフリカ音楽がアメリカ大陸で出会ったことで、〈西洋音楽〉が劇的に変化する過程を、各時代に流行した音楽ムーヴメントを中心に解説しています。

また、インターネットのストリーミング・サービスでの検索を容易にするため、アーティスト名・曲名を、できるだけ原語で表記しています。また、取り上げた曲については、発売年を記しています。これは、同じアーティストでも発表年が異なると曲調が変化し、オリジナル演奏とは異なることがあるためです。

ここで紹介できた〈西洋音楽〉は、長い歴史の中で生まれた無数の作品の中のごく一部です。これらの作品をきっかけに、西洋音楽がたどった歴史にふれてみてください。

CONTENTS

Part1

6 クラシック音楽の時代

音楽の誕生と広がり

CONTENTS

Part2

74 ポピュラー音楽の時代

民衆の音楽が表舞台へ

76 1800年～1950年

新大陸で音楽が融合し、
多様なジャンルが生まれる

100 1951年～1960年

ロックン・ロールが誕生し、
多様な音楽の扉が開き始める

122 1961年～1970年

音楽はビッグ・ビジネスとなり、
反抗・反逆さえも取り込んで巨大化

Go Down Moses!
Go Down Moses!
Go Down Moses!
Go Down Moses!

クラシック

Classical Music

音楽の誕生と広がり

人と音楽が、古くから密接なつながりをもっていたことは、紀元前3000年ころに栄えたメソポタミア文明の遺跡から出土した笛や太鼓、さらには古代エジプトの遺跡に描かれた楽器を演奏する姿などで、うかがい知ることができます。ただ、古代ギリシャ以前の音楽が、どんなメロディーやリズムで奏でられていたのか、定かではありません。

紀元前600年ころ、古代ギリシャでは哲学者によって音の高さ・低さなどについての研究がおこなわれ、音の科学的な分析が試みられます。こうした研究によって、心地よい音の響きが発見され、音楽を奏でるときの美しい響きを、意図的に作り出せるようになります。

そして、紀元100年ころ、キリスト教が成立し、布教のために歌が用いられるようになります。こうした歌は、聖歌と呼ばれるようになります。紀元600年ころには、ローマ・カトリック教会で歌われていた聖歌を、教皇グレゴリウス1世がまとめたことから、これらの聖歌は、〈グレゴリオ聖歌〉と呼ばれるようになります。こうして、〈グレゴリオ聖歌〉から西洋音楽の長い歩みが始まります。

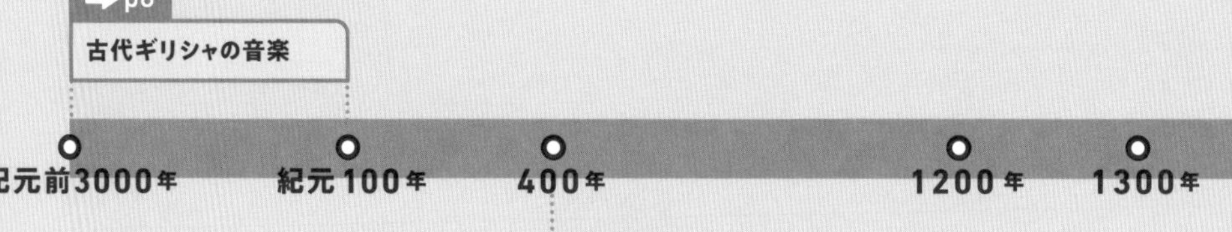

音楽の時代

紀元前3000年—2020年

➡p14
ルネサンス音楽

➡p34
古典派音楽

➡p58
20世紀の音楽

1400年 1500年 1600年 1700年 1800年 1900年 2000年

バロック音楽
➡p22

ロマン派音楽
➡p44

古代ギリシャの音楽

紀元前3000年 ― 紀元100年ころ

この時代のポイント

ギリシャの哲学者たちによって音階の仕組みなどが明らかにされる

古代ギリシャ文明は、紀元前3000年ごろから始まり、古代ローマの支配下となる紀元前146年まで続きます。古代ギリシャ文明では、音楽も盛んで、神羅万象を研究対象にしていた哲学者たちは、音についての研究もしていました。

紀元前6世紀ころに活躍した哲学者ピタゴラスは、同じ力で張った弦を弾いたときの音と、その弦の2分の1の長さで弾いた音を比べると、半分の長さの弦では、もとの弦の音よりオクターブ高くなることを発見します。そして、高さが異なる2つの音によって作り出される響きのなかに、心地よい響きの組み合わせがあることを発見します。しかし、この発見は、あくまでも科学的な発見でした。

古代ギリシャの音楽を奏でた楽器に、何本かの弦を張った竪琴のリラ、リラより大きい竪琴のキタラ、葦(あし)や竹を薄く削った2枚のリードの振動によって音を出す縦笛のアウロスがあります。

リラは、芸術の神アポロンの祭典で用いられました。リラの音は、秩序や、穏やかな感情などを表現していました。そして、アウロスは酒・舞踏・演劇の神デュオニュソス(バッカス)の祭典で用いられ、感情をあおりたてる激しい表現に用いられました。

ギリシャ音楽の特徴は、ひとつのメロディーを奏でることが基本です。合唱もありましたが、ハーモニーはなく、全員が同じメロディーを歌いました。

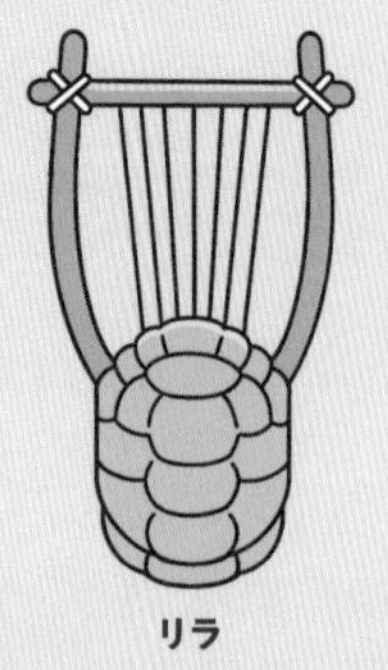
リラ

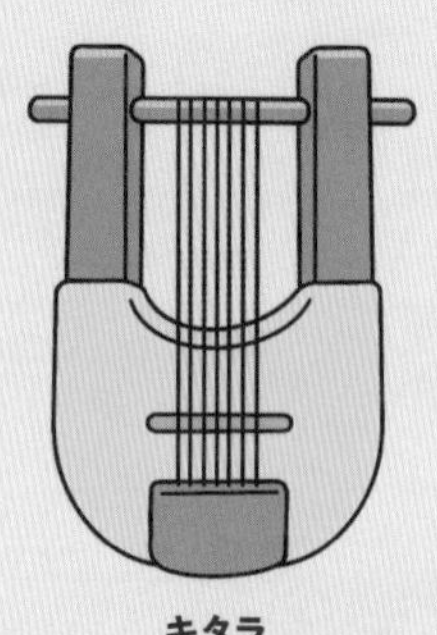
キタラ

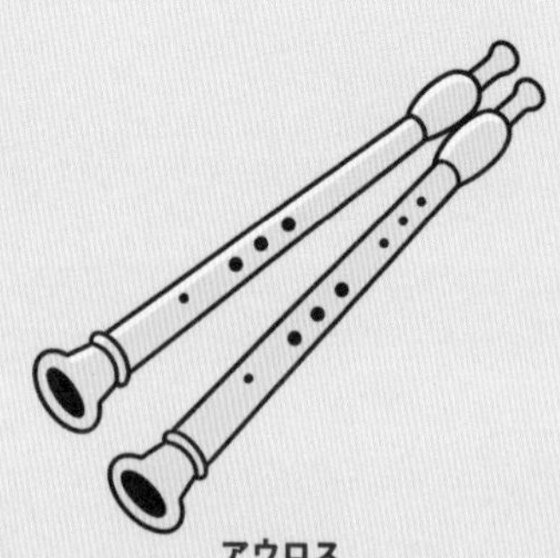
アウロス

古代ギリシャの音楽

サクッ!とわかる

5のキーワード

keyword

1 ムシケー

ギリシャ語で音楽のことを〈ムシケー〉といいます。英語のmusicの語源は、このムシケーです。しかし、古代ギリシャにおいて、ムシケーという言葉は、音楽という独立した芸術のことではありませんでした。古代ギリシャで、ムシケーという言葉は、詩・音楽・舞踊が一体化した芸術を意味していました。そして、ギリシャ人にとって、音楽と詩は同じ意味で使われていました。

keyword

2 ピタゴラス

古代ギリシャの音楽は、紀元前7世紀から紀元前4世紀にかけて発展し、西洋音楽の基礎を築きます。この時期には、音階などの音楽理論が発達しました。数学者で、哲学者のピタゴラス(紀元前582年?~紀元前496年?)は、1オクターブの音程の振動数の比率が1:2であることを、実験などを通じて発見しました。また、音律や、音程の比率を発見し、音程の理論を確立しました。

keyword

3 ギリシャ悲劇

紀元前5世紀ごろ、アテネには円形劇場が建設され、演劇がおこなわれていました。円形劇場は、半円形のすり鉢状で、底となる位置に舞台を設け、ラッパのような構造により、拡声装置のない時代に、役者の声が最上部まで届くよう設計されていました。ここで上演されたギリシャ悲劇は、バロック時代のフィレンツェの芸術家グループ〈カメラータ〉が研究し、オペラが誕生します。

keyword

4 音楽用語の起源

ギリシャ語には、音楽用語の語源となる言葉がいくつかあります。古代ギリシャ劇で、歌や踊りも演じる合唱隊のことを〈コロス〉といいますが、これがコーラスの語源となりました。半円形の場を意味する〈オルケストラ〉は、円形劇場でコロスが歌い踊り、また楽器が演奏されたことで、演奏する楽器奏者の人々のこともオルケストラと呼ぶようになり、オーケストラの語源となりました。

keyword

5 楽譜

古代ギリシャでは、音楽を記録する記譜法も生まれていました。楽譜の先祖となったものです。記譜法には楽器用と声楽用の2種類あり、楽器用にはフェニキア文字、声楽用にはギリシャ文字が用いられていました。完全な形で発見された声楽曲「セイキロスの碑文」(紀元前2世紀~紀元1世紀の碑文と推定)には、刻まれた歌詞の上に、音高を表す記号が刻まれていました。

中世の音楽

400年ころ—1400年ころ

この時代のポイント

グレゴリオ聖歌が1000年の時を経て華やかに変化をとげる

中世のヨーロッパ音楽は、5世紀ころに、教皇グレゴリウス1世が、キリスト教を布教するために歌われた聖歌をまとめたことから、進化への歩みを始めます。これらローマ・カトリック教会で歌われた聖歌は、教皇の名から〈グレゴリオ聖歌〉と呼ばれるようになります。

紀元前8世紀ころに始まったとされる古代ローマ文明では、音楽や芸術など、文化的なものの多くはギリシャの影響を受けていました。そのため、古代ローマでの音楽も、ギリシャ音楽が大きく影響していました。ギリシャで研究された音楽の理論が、古代ローマの音楽に反映されていたのです。

こうして、ギリシャ文明の影響を受けてグレゴリオ聖歌も誕生したのです。313年には、ローマでキリスト教が公認されます。さらに、392年には、ローマ帝国の国教となります。こうして、ローマ帝国の威光を背景に、キリスト教はヨーロッパに広く伝わります。グレゴリオ聖歌も、ローマ帝国と結びつくことで広く歌われるようになります。こうした権威を背景にして、西洋音楽の進化が始まります。

サクッ!とわかる 中世の音楽 3のキーワード

keyword
1 グレゴリオ聖歌

誕生したころの聖歌は、旋律が1つだけの〈単旋律聖歌〉でした。一声部のみの声楽曲で、無伴奏の典礼音楽でした。聖歌は古代末期（5世紀中ごろ）からヨーロッパ各地のキリスト教会で歌われていました。これらさまざまな聖歌を教皇グレゴリウス1世（在位540年?～604年）が整理・編纂したとされるため〈グレゴリオ聖歌〉と呼ばれています。単旋律聖歌は、およそ1000年をかけてより複雑になった複数の旋律を同時に歌う〈多声音楽〉へと発展していきます。ただ、あまりに多声が複雑になり、歌詞が聞き取れないほどに加熱します。キリスト教の教えを伝えるという、聖歌のもつ本来の役割がないがしろにされたことから、過剰な多声については、禁止されるようになります。

keyword
2 オルガヌム

単旋律のグレゴリオ聖歌に新しい声部（旋律）を付け加えた初期の多声音楽のことを〈オルガヌム〉といいます。また、付け加えられた声部をオルガヌム声部といいます。オルガヌムの技法で歌われたのは、9世紀ごろから13世紀中ごろまでで、大きく3つの発展段階に分類されます。9世紀ごろには、聖歌の旋律の下に置かれた〈平行オルガヌム〉、11世紀ごろには聖歌の上に置かれ旋律に対して斜進行などの動きが加えられた独立性の強い声部進行が特徴の〈自由オルガヌム〉、12世紀ごろには聖歌の1音に対し複数の音が当てられてリズムの独立性が明確になった〈メリスマ的オルガヌム〉です。オルガヌムの技法は〈アルス・アンティカ〉〈アルス・ノヴァ〉の時代に入ると、より複雑に発展していきます。

keyword
3 楽譜

聖歌の旋律は、人から人へと、口伝えされてきましたが、9世紀ごろには歌詞の上ににアクセントなど、いろいろな記号がつけられた〈ネウマ譜〉という記譜法が考えられます。ネウマ譜によって、おおよその音の上がり下りが記録されようになり、口伝えではなく、楽譜によって音楽を広く伝えることができるようになりました。

中世音楽を輝かせた2つの時代

アルス・アンティカとアルス・ノヴァ

アルス・アンティカ

12世紀中ごろ~13世紀末の時代の音楽を、14世紀のフランスの音楽理論家たちは、古い芸術という意味の〈アルス・アンティカ〉と呼びました。この時代には、オルガヌムがより複雑に発展し、2~4声部のオルガヌムが作られるようになりました。12世紀後半には、パリのノートルダム大聖堂で活動していた〈ノートルダム楽派〉と呼ばれた音楽家たちによって、新しい形式でのオルガヌムが、3声・4声で作曲されるようになり、オルガヌムをさらに発展させます。この楽派の代表的な人物は、作曲家ペロタンと、イングランド出身の音楽理論家レオナンです。

アルス・ノヴァ

新しい時代を意味する〈アルス・ノヴァ〉は、14世紀の音楽全般を指す言葉です。呼び名の由来は、作曲家のフィリップ・ヴィトリ(1291年~1361年)が書いた音楽理論書『アルス・ノヴァ』です。この本には高度に発達したリズムや、それに関連した記譜法が記されています。多声音楽の技法がさらに発達し、声楽曲のモテトをはじめ、新しい形式の音楽が生まれました。歌詞は、聖歌で一般的に使われていたラテン語ではなくフランス語になり、旋律も教会音楽の影響が薄れ、音楽の世俗化が進みます。代表的な作曲家としてフランスのギョーム・ド・マショー(1300年?~1377年)がいます。

音楽はじめて物語

ドレミの誕生

ウト ▸ **Ut** queant laxis
レ ▸ **Re**sonare fibris
ミ ▸ **Mi**ra gestorum
ファ ▸ **Fa**muli tuorum
ソル ▸ **Sol**ve polluti
ラ ▸ **La**bii reatum
Sancte Johannes

音楽理論にも精通したイタリアの修道士グイード・ダレッツォ(992年?~1050年?)は、ラテン語で歌われる「聖ヨハネ賛歌」に、ある規則を見つけます。それは、ラテン語で書かれた歌詞の各節の始まり部分の音が、1音ずつ高くなっていることでした。ダレッツォは、この偶然ともいえる規則性に着目します。そして、各節の頭文字によって階名をつけることを思いつきます。このとき、ダレッツォは〈Ut・Re・Mi・Fa・Sol・La〉までの6音の階名を考案しました。これが、ドレミという階名の始まりといわれています。後にUtの階名はドに変更され、さらにシが付け加えられたことで、いま使われている階名の「ド・レ・ミ・ファ・ソ・ラ・シ」が完成しました。

中世の音楽を彩った

楽器

中世の音楽に使われていた楽器には、定まった演奏法がなく、演奏者によって即興的に演奏されていたと考えられています。

弦楽器では、西洋梨の形をしたレベックやリュート、そして主に弦を叩いて演奏するチェンバロの先祖であるプサルテリウムが奏でられました。

管楽器では、リコーダーや、2枚リードのショームが使われ、トランペットやバグパイプも人気がありました。

鍵盤楽器では、教会に設置された大きなオルガンのほかに、持ち運びができるオルガネットいう小型のオルガンも使われていました。

打楽器は、主に歌と踊りの伴奏に用いられました。大きさや形の異なる太鼓が使われ、シンバルやトライアングルも彩りをそえます。

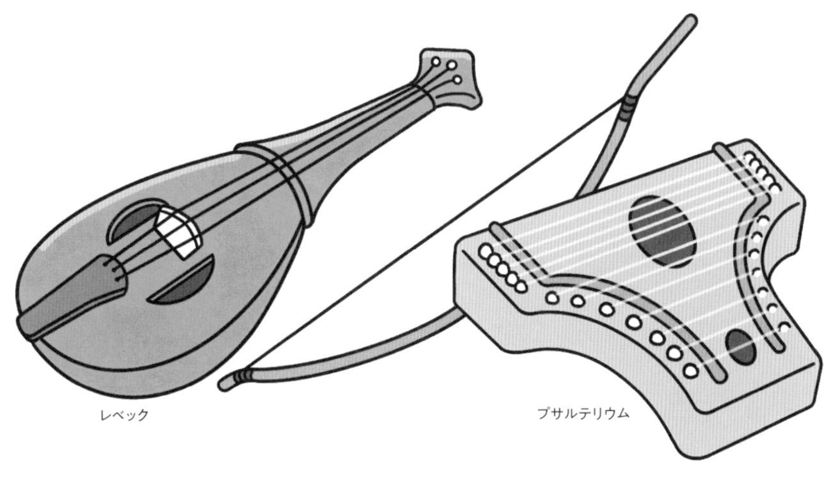

中世の世俗音楽

吟遊詩人

{トルバドゥール、トルヴェール、ミンネゼンガー}

12世紀ごろから、教会の外では教会音楽とは異なる音楽が演奏されるようになります。これら民衆の音楽は〈世俗音楽〉と呼ばれます。中世における世俗音楽で、中心となったのは世俗歌曲で、とくにフランスとドイツで盛んに歌われました。世俗歌曲が単旋律であることは単旋律聖歌と同じでしたが、ラテン語で歌われる聖歌とは異なり、それぞれの母国語で歌われました。

世俗歌曲は詩人兼作曲家である吟遊詩人たちによって歌われました。吟遊詩人の多くは騎士階級の出身で、南フランスでトルバドゥールが登場し、そうした活動が北フランスに伝わりトルヴェールと呼ばれました。彼らは、現代のシンガー・ソングライターのように自ら詩と曲を作り、歌いました。

12世紀中ごろ~16世紀のドイツでは、ミンネゼンガーと呼ばれる吟遊詩人が活躍しました。彼らの歌の多くは、恋愛の歌や騎士道精神(十字軍精神)をテーマにしていました。

ルネサンスの音楽

1400年ころ — 1600年ころ

この時代のポイント

高度に、そして複雑に発達した多声音楽の登場

15世紀~16世紀のイタリアを中心に、〈ルネサンス〉と呼ばれる、人間を中心とする思想・芸術運動が起こります。ルネサンスという言葉は、〈再生〉〈復活〉を意味しています。日本語では、このムーヴメントを〈文芸復興〉と訳しています。

この運動は、古代ギリシャや、古代ローマの古典を研究することで、キリスト教が浸透する前にあった、「人間らしさ」を見出し、人間が尊重されることを目指しました。復興とは、古代ギリシャ、古代ローマの思潮を復活させようとしたものでした。

ルネサンス運動は、東方貿易の発達などで巨万の富を得た北イタリアの大富豪たちの支援を受けます。北イタリアの商業都市ヴェネツィア、ジェノヴァ、フィレンツェなどの大富豪は、封建領主にも支配されないほどの富を得て、自由都市として繁栄します。こうした商業の繁栄を背景にした支援がルネサンス運動を支え、大きな成果をもたらすことになります。こうしてルネサンス運動は、少しずつヨーロッパ諸国に広まっていきました。

ルネサンス期の音楽は、教会音楽も、世俗音楽も、声楽曲が主流でした。ルネサンスの時代には、さらに高度に発達し、複雑化した多声音楽(ポリフォニー)の声楽曲が多く生み出されました。多声音楽は、2声部以上の複数の独立した声部(旋律)で作られた音楽で、主旋律と伴奏という関係はなく、各声部が対等に扱われる音楽でした。

こうした芸術運動のなかで、キリスト教への信仰は形式化し、カトリック教会の堕落と世俗化が進み、純粋な信仰を求めようとする機運が起こります。宗教改革です。

サクッ!とわかる

ルネサンスの音楽 6のキーワード

keyword

1 フランドル楽派

15世紀後半から16世紀末まで活躍したフランドル（オランダ、ベルギー、フランス北部）出身の音楽家たちは、ヨーロッパ音楽に大きな影響を与えました。彼らはフランドル楽派と呼ばれ、主にイタリア、フランスで活躍しました。8声にも及ぶ声楽曲など、多声音楽は頂点を迎えます。さらに旋律を模倣する種々の技法であるカノンなどが高度に発達しました。

keyword

2 ローマ楽派

ローマのバチカン宮殿にあるシスティーナ礼拝堂で活躍した作曲家たちのことをローマ楽派と呼びます。ジョバンニ・ダ・パレストリーナ（1525年?〜1594年）が中心的な作曲家です。この時代、教会音楽が高度に発達し、多声音楽の技法によって、歌詞が聞き取りにくくなったことから、パレストリーナを筆頭にローマ楽派の作曲家たちが教会音楽の改革に挑みました。

keyword

3 ヴェネツィア楽派

ヴェネツィア楽派は、16世紀後半から17世紀にかけてヴェネツィアのサン・マルコ大聖堂で活躍した作曲家たちです。フランドル出身の作曲家アドリアン・ヴィラールト（1490年?〜1562年）は、聖堂内の両脇に、それぞれオルガンと聖歌隊席を配置し、2つの合唱隊とオルガンが掛け合う〈二重合唱〉というステレオ効果が得られる演奏様式を生み出しました。

keyword

4 声楽曲

ルネサンス期には、教会音楽・世俗音楽ともに声楽曲が主流でした。教会音楽では、ローマ・カトリック教会の典礼ための音楽が中心でした。教会音楽の多声音楽の技法は複雑化し、そのため本来は重要となるラテン語の典礼文が聞き取れなくなっていました。そこで、ポリフォニーの技法の簡素化が求められ、ローマ楽派によって改良されます。

keyword

5 和声音楽

中世の音楽では、完全4度（例:ミとラ）、完全5度（例:ドミソの和音のミを省いた音程）という硬い響きが中心でしたが、ルネサンス期になるとコーラスでハーモニーを奏でるときの代表的な音程である3度（例:ドとミ）、6度（例:ドとラ）といった、柔らかい響きの和音を取り入れた多声音楽が多く誕生しました。これにより、和声音楽が開花していきます。

keyword

6 器楽曲

声楽曲が中心のルネサンス期には、楽器は声楽曲の伴奏や、声楽曲のある声部を演奏するくらいでした。また器楽曲の多くは、声楽曲を編曲したものでした。16世紀中ごろになると、純粋な器楽独自の楽曲形式による作品が作られるようになります。器楽曲には、舞曲、変奏曲があり、これらの形式によるリュートや鍵盤楽器ための曲が多く作られました。

ジョスカン・デ・プレ

{ Josquin Des Prez（1450年?～1521年）}

ルネサンス音楽の新スタイルを完成させる

フランスで生まれたジョスカン・デ・プレは、ルネサンス音楽を代表するフランドル楽派の作曲家であり、声楽家としても名声を得ていました。彼の作曲した曲は、ヨーロッパの音楽家たちに多くの影響を与えました。

若いころのデ・プレがどんな音楽経歴を経て作曲家になったか、はっきりとした記録がありませんが、フランドル楽派において後進の指導にあたっていたヨハネス・オケゲムのもとで、作曲について学びます。デ・プレは、オケゲムのもとで当時の音楽理論をさらに磨き上げ、その作品は高い評価を得ます。

1470年代の中ごろ、デ・プレはフランス・プロヴァンス地方の貴族に仕え、楽団員の職を得ます。その後、フランス王に仕え、王が病に伏したとき、回復を祈るミサ曲にかかわります。

1486年には、ローマへ赴き、教皇庁の聖歌隊に入ります。さらに、1500年ころにはフランス王ルイ12世の宮廷楽団の一員となるなど、各地で活躍します。

デ・プレが1500年ころ作曲した、声楽曲としての4声のモテトである「アヴェ・マリア」は、ローマ・カトリック教会の聖母マリアへの祈祷文を歌詞としています。この祈祷文と同じ歌詞は、後世のロマン派の作曲家シューベルトやグノーも作曲し、いずれも有名な曲として知られています。モテトは、中世末期からルネサンス期にかけて発達した多声の合唱曲です。時代によってモテトの内容はかなり異なります。15世紀のモテトは宗教的な内容で、最初に出る1声部を全声部が模倣していく〈模倣様式〉で書かれています。デ・プレは、〈模倣様式〉というモテトの代表的なスタイルを完成させました。

名曲メモ

4声のモテト「アヴェ・マリア」

Ave Maria

4声部から成る、声楽曲として作曲されています。曲は、1声部で始まり、それに続く他の声部が先行する声部を模倣しながら、声部を重ねていく構成になっています。そして曲の終わりは、豊かな和声的な響きになっています。

ハインリヒ・イザーク

{ Heinrich Isaac（1450年？～1517年）}

ドイツの音楽にも影響を残した作曲家

ハインリヒ・イザークは、同世代のジョスカン・デ・プレとともにフランドル楽派を代表する作曲家です。イザークは、今のオランダあたりで生まれたとされていますが、若いころについて、詳しいことはわかっていません。イザークに関する最初の記録は、1484年のもので、今のオーストリア西部にある街インスブルックの宮廷作曲家として活動していたことがわかっています。

その後、1485年には、イタリアのフィレンツェで実質的な支配者として権勢をふるっていた大富豪のメディチ家に招かれ、宮廷音楽家として活動をしています。フィレンツェでのイザークは、オルガン奏者としても活躍し、またメディチ家の子どもたちに音楽を教え、勉強も指導する家庭教師のような立場でした。

1497年、イザークは神聖ローマ帝国の皇帝であったマクシミリアン1世に仕えます。このとき、皇帝のお供としてドイツ各地を巡ったことで、ドイツの音楽家と交流し、その後のドイツにおける音楽の発展に大きな影響を残しています。

イザークの代表的な作品にドイツ歌曲である4声の歌曲「インスブルックよ、さようなら」があります。1500年ころに作曲されたこの曲については、民謡をもとに編曲されたという説もありますが、この曲のメロディーは、後にプロテスタント教会のコラール（ドイツ語による賛美歌）に用いられます。そして、J.S.バッハはこのコラールを『ヨハネ受難曲』『マタイ受難曲』で引用します。アルプスの山々に囲まれた美しい街インスブルックを、イザークはこよなく愛していたのです。

名曲メモ

「インスブルックよ、さようなら」

Innsbruck, ich muß dich lassen

この曲は、三和音の響きを中心とした合唱曲です。インスブルックを離れて異国の地に向かうときの惜別や不安などが歌われています。主旋律は民謡がもとになっているといわれています。J.S.バッハは、『マタイ受難曲』などに、この旋律から作られたコラールを引用しています。

オルランド・ディ・ラッソ

{ Orlando di Lasso（1532年？～1594年）}

幼少期の天才的な歌唱力が作曲家への道を拓く

ラッソは、ベルギーに生まれた声楽家・作曲家です。幼いころの詳しい経歴は記録に残っていません。ただ、いくつかのエピソードがあります。そのひとつが、あまりの美声のため、あちこちから誘拐されるように招かれ、少年期にイタリア各地を巡ることになる、というものです。そして、そのとき各地で出会った作曲家たちから、作曲などを学ぶことができたというのです。

12歳のころ、イタリアの貴族ゴンザーガ家の当主に連れられ、イタリア各地を巡ります。ミラノで世俗音楽のマドリガーレの作曲家から、作曲の手ほどきを受けます。1550年代には、ナポリで声楽家および作曲家としての職を得ます。さらに、ローマへと移り、教会の楽長などを務めます。一時フランドル地方に戻りますが、1556年にはドイツのミュンヘンに移り住み、この地で定住することを決めます。ここでは、宮廷楽長の職に就き、結婚もして安定した日々を送ります。

ラッソは、宗教曲をはじめ、イタリア語での多声の世俗歌曲マドリガーレ、フランス語でのシャンソン、ドイツ語でのリートなど、多くの国の言語で世俗歌曲を手がけています。また、フランドル楽派の多声音楽様式を取り入れた作品は2000曲余りにおよびました。

ラッソが作曲した世俗音楽「やまびこ」で用いられた二重合唱の様式は、ベネツィア楽派の作曲家によって創造されたもので、この手法によって作曲された曲は、16世紀に活躍した多くの作曲家たちに影響を与えました。

名曲メモ

「やまびこ（こだま）」

Ola! o che bon echo!

曲は2つの混声四部合唱による二重合唱の技法で書かれ、輪唱のように、先行する合唱を、後続の合唱が1小節遅れで追いかけます。最初は楽しくやまびこに話しかける様子が描かれ、やがてやまびこが応えてくれないので、喧嘩（けんか）別れに終わるというコミカルな内容です。

ジョン・ダウランド

{ John Dowland（1563年～1626年）}

色あせない メランコリックな旋律

　ダウランドは、イギリスの作曲家で、リュート奏者としても活動していました。ダウランドは、オックスフォード大学で音楽を学び、1588年に学位を取得します。そして、空席となっていたイギリス王室のリュート奏者を希望しますが、その願いは打ち砕かれます。その後ダウランドは、フランス、イタリア各地を巡ります。一時期、リュート奏者としてデンマークの王に仕えるなど、各地で活躍していました。1606年には、イギリスに戻り、長年の願いであったイギリス王室の宮廷リュート奏者の職を得ることで、安定した生活を手にいれます。

　ダウランドは、この当時の作曲家としては珍しく、宗教的な作品が少なく、主に世俗音楽の作曲を手がけています。彼の作品には、リュート歌曲と呼ばれる弦楽器リュートによる伴奏付き歌曲や、リュートのための独奏曲などが多くあります。それらの作品の曲調は、そのころ流行していたメランコリック（憂鬱（ゆううつ））な雰囲気をただよわせていました。そうした作品が多いことから、ダウランド自身の性格も暗かった、とする説までありますが、定かではありません。

ちょい情報！

　ダウランドの曲は、イギリスのロック・グループ、ザ・ポリス解散後のスティングによって取り上げられます。スティングはダウランドの歌曲を、400年前と同じようにリュートの伴奏のみで歌ったアルバム『Songs From The Labyrinth』を2006年にリリースします。16世紀の音楽を、ボスニアのリュート奏者エディン・カラマーゾフの伴奏と、スティングのヴォーカルとコーラスのみで再現しています。このアルバムで、長い時を経ても色あせることのない新鮮な旋律を聴くことができます。

名曲メモ

「涙のパヴァーヌ」

Flow, my tears

　ダウランドの作品の中でも、とくに有名な曲です。もともとはリュート歌曲で、「流れよ、わが涙」というタイトルでしたが、後にダウランド自身によってリュートの独奏用に編曲しなおされ、「涙のパヴァーヌ」と呼ばれるようになります。器楽曲としても、広く親しまれている曲です。

楽器

ヴィオラ・ダ・ガンバ

弦を弓でこすって音を出すヴァイオリンの仲間の弦楽器です。ヴァイオリンより低い音域を奏でます。

リコーダー

息を吹き込み、エッジと呼ばれる穴で起こる気流の乱れによって音を奏でます。

リュート／テオルボ

どちらも指やバチ、ピックなどで弦をはじいて音を出す弦楽器です。

ショーム

2枚のリードで音を出します。オーボエの前身です。

オルガン

空気を送り込むことにより、内蔵された笛で音を出します。

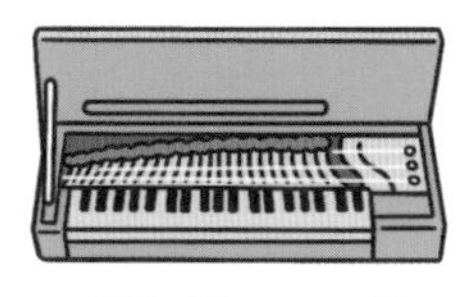

クラヴィコード

張られた弦を、鍵盤に連動した金属で突き上げることで音を奏でます。

チェンバロ

鍵盤に連動した弦をはじくプレクトラムで音を出します。フランスでは、クラヴサンと呼ばれます。

ヴァージナル

チェンバロと同じ仕組みで音を出しますが、支える脚はなく机などに置いて演奏します。

発明と音楽

印刷機

印刷機は、火薬、羅針盤とともにルネサンスの三大発明のひとつです。活版印刷術がグーテンベルク（生年不詳～1468年）によって1450年ごろに発明され、楽譜の印刷と、出版が可能になったのです。ちなみに、現在の五線譜は、17世紀（バロック時代）に入ってようやく完成しました。

ルネサンス期の

世俗音楽

シャンソン

フランドル楽派によって作曲された世俗音楽の主流はシャンソンでした。シャンソンは、フランス語で〈歌〉のことです。シャンソンはフランス語の歌詞による世俗歌曲で、庶民の生活や感情を、ときには下品に歌いました。16世紀のフランスでは、宗教音楽よりも世俗音楽が流行しました。多くのシャンソンがリュートによる伴奏で歌われ、またリュート用にも編曲されました。シャンソンの作曲家として人気を博したのが聖職者でもあったクレマン・ジャヌカンや、宗教音楽も作っていたクローダン・ド・セルミジです。

ジャヌカンは、擬音効果、擬態語といった、いわゆるオノマトペーなどを取り入れた作品を多く作っています。「鳥の歌」は世俗的な歌詞による無伴奏の多声合唱曲で、鳥のさえずりが擬音によって生き生きと表現されています。彼の曲は、ただ単に鳥の鳴き声を音楽的に表現しているだけはなく、当時の王様や宮廷人、聖職者たちの姿が重ね合わされ、皮肉や風刺が込められていました。

マドリガーレ

イタリアでは、マドリガーレという世俗歌曲が14世紀と16世紀に流行しました。16世紀に誕生したマドリガーレは14世紀のものとは関連はなく、詩と音楽がより緊密になり、芸術性の高い多声の歌曲が多く作られました。

マドリガル

イギリスでは、イタリアのマドリガーレの影響を受けて誕生した、多声の世俗歌曲マドリガルが流行しました。英語による牧歌的な歌詞で、軽快な歌曲です。マドリガルは数人で歌われました。

リート

ドイツでは、15世紀後半から16世紀全般を通じて、リートと呼ばれるドイツ語の詩による多声の世俗歌曲が流行しました。

バロックの音楽

1600年ころ — 1750年ころ

この時代のポイント

今へと伝わる音楽ルールがつきつぎと誕生した

バロック音楽が生まれたころのヨーロッパは、〈小氷河期〉による気温低下と、それに起因する農作物の不作で、人々の栄養状態は悪化していました。さらにペストが大流行し、多くの死者がでて、人口が減少した時代でした。

16世紀まで続いた新大陸からの金銀の流入が減少し、オランダ以外の国々では、経済は危機的な状況となり、ドイツではカトリックとプロテスタントが対立します。1618年には「三十年戦争」が始まり、ヨーロッパ全体を巻き込んで大混乱となっていました。

そんな時代の中、バロック音楽が生まれてきたのです。それまでの音楽では、歌うことが主流でした。楽器は歌の伴奏として使われることが多く、脇役的存在でした。バロック期の音楽では、新しく誕生したヴァイオリンなどの楽器が、完成の域に達したこともあり、楽器が主役となる器楽曲という、新しいジャンルが生まれます。またオペラが生まれ、音楽表現の幅が広がっていく時代でした。

こうしたバロック期の音楽には、劇的な表現、壮大な効果、音量の対比や、強弱の対比などの特徴が見られます。また、この時代は〈通奏低音の時代〉ともいわれ、声楽、器楽曲を問わず通奏低音の技法が用いられました。

通奏低音の登場により、和音に対する認識が高まり、和声音楽が発展していきました。また長音階・短音階が確立され、1オクターブを12の半音に分割した12平均律といった調律法も生まれ、これらは現在も受け継がれている音楽の基本ルールです。

教会音楽にも大きな変化が起こります。16世紀に、ドイツではマルティン・ルター（1483年～1546年）を中心に宗教改革が起こり、ローマ・カトリック教会から分離してプロテスタント教会が成立しました。ルターは誰でも礼拝に参加できるよう、聖書を母国語のドイツ語に訳して分かりやすくしました。そしてドイツ語の歌詞による讃美歌〈コラール〉をプロテスタント教会の音楽としました。当初のコラールは、歌いやすいよう、みんなが同じ旋律を歌う斉唱でしたが、やがて四声体の和声で作られたコラールが主流となります。コラールはドイツ・プロテスタント教会音楽の発展に大きな役割を果たしました。

サクッ!とわかる

バロックの音楽 6のキーワード

keyword

1 長調・短調

メロディーやハーモニーは、特定の秩序に従って並べられた音の列である音階をもとに作られています。そして、長音階で作られた曲を長調、短音階で作られた曲を短調と呼びます。これらの音のルールや秩序は、バロック時代に確立されました。〈長調は明るく〉〈短調は暗い〉感じといわれることもあります。現代のいろいろなジャンルの音楽でも長調・短調の曲が作られています。

keyword

2 通奏低音

バロック音楽は、〈通奏低音の時代〉ということばで、その特徴が表現されます。通奏低音とは、合奏で同時に演奏されるいくつかのメロディーのうち、低声部という、いちばん下のメロディーのことです。この低声部をチェロと鍵盤楽器であるチェンバロなどで演奏します。鍵盤奏者の場合は左手でこの低声部を弾き、右手は低声部に記された数字に従い、即興的に和音を作り伴奏しました。

keyword

3 楽器

バロック時代は、楽器の改良が進みました。オルガン、チェンバロなどの鍵盤楽器も、鍵盤が2段となる改良が加えられ、音に深みが増しました。弦楽器ではヴァイオリン、ヴィオラ、チェロなどヴァイオリン族が完成の域に達します。とくにイタリアの楽器職人ストラディヴァリ父子が製作したヴァイオリンは、ストラディヴァリウスと呼ばれ、名器として現在も使われています。管楽器ではオーボエ、ファゴットが誕生します。

keyword

4 器楽曲

オルガン、チェンバロの改良が進んだことで、これらの楽器のための独奏曲が多く作られるようになります。組曲、舞曲、フーガ、トッカータと呼ばれる新しい形式の音楽が誕生しました。また、合奏曲では、独奏ソナタ、トリオ・ソナタといった形式の曲が生まれます。そして、編成の大きな合奏曲では、合奏協奏曲、独奏協奏曲という2つの形式が誕生し、盛大な音楽が奏でられるようになります。

keyword

5 声楽曲

バロック時代には、キリストの受難をテーマにした受難曲、ミサ曲、オラトリオ、カンタータといった、大規模な楽器編成や、コーラス隊による声楽曲が作られます。これらは、教会で演奏され、キリスト教の威厳を高めました。また、通奏低音だけの伴奏で、単一のメロディーによって歌われる声楽曲の〈モノディ〉は、音楽劇であるオペラ成立に大きな影響を与えました。

keyword

6 オペラ(歌劇)

オペラは、16世紀末~17世紀はじめころのイタリアのフィレンツェで誕生しました。文化人・音楽家・芸術家たちが集まった〈カメラータ〉というグループによる古代ギリシャ音楽劇の研究から、基本となる形式が生まれました。オペラは、音楽と演劇が融合した芸術で、独唱、重唱、合唱による歌を中心に物語が進行します。バロック期になり、より演出などが磨き上げられ、盛んに上演されるようになりました。

ジュリオ・カッチーニ

{ Giulio Caccini（1545年?～1618年）}

オペラを生み出した弾いて歌える作曲家

カッチーニは、イタリアのルネサンス期の後期から、バロック期の初期に活躍した作曲家です。生まれた年月などは不明ですが、ローマで音楽を学び、歌手として、その名が知られるようになります。後にフィレンツェのメディチ家の宮廷歌手になります。カッチーニは、伴奏楽器ヴィオールを弾きながら歌いました。その後、音楽に革命をもたらすことになる〈カメラータ〉という文化人グループに加わります。

カッチーニが参加した仲間を意味する〈カメラータ〉というのは、古代ギリシャの音楽劇を復活させることで、当時の退廃した音楽を変革しようとする、音楽家・学者・詩人たちの集まりでした。とはいえ記録の少ない古代ギリシャの音楽や演劇を復活させようという試みは、簡単なものではありませんでした。彼らは、古代ギリシャ研究家によって唱えられた、古代ギリシャ演劇は〈語る〉のではなく、〈歌っていた〉とする主張に大きく影響を受け、これを理論的に究明しました。そして、通奏低音と呼ばれる数字付き低音による伴奏での独唱曲（モノディ）という新しい様式を生み出し、オペラという新しい音楽形式の誕生に大きく貢献します。

ちなみに、カメラータには、天文学者のガリレオ・ガリレイの父でリュート奏者でもあった音楽理論家として知られていたヴィンチェンツォ・ガリレイも参加していました。

名曲メモ

アリア『麗（うるわ）しのアマリッリ』

Amarilli Mia Bella

カッチーニが〈カメラータ〉に参加したことで生まれたのが「麗しのアマリッリ」です。この曲は、1601年に出版された『新音楽』という歌曲集に収められている曲で、モノディという低音の伴奏付き独唱曲という新しいスタイルが取り入れられていました。このモノディというスタイルが、オペラ誕生の道を切り拓きました。

アルカンジェロ・コレッリ

{ Arcangelo Corelli（1653年～1713年）}

合奏協奏曲という形式を発展させた作曲家

イタリア人のアルカンジェロ・コレッリは、バロック期にヴァイオリン奏者、作曲家として活躍しました。トリオ・ソナタや、コンチェルト・グロッソと呼ばれる合奏協奏曲の完成に力を注ぎました。

バロック時代のソナタとは器楽曲のことです。独奏楽器のためのソナタである〈ソロ・ソナタ〉は、独奏楽器による1声部と、通奏低音による1声部との2つの声部からなります。そして〈トリオ・ソナタ〉は、2つの独奏楽器による2声部と、通奏低音による1声部との3つの声部からなります。通奏低音は、一般的にはチェロと、リュートの仲間で低音での演奏ができるテオルボの4つの楽器で奏でます。また、低声部を奏でる楽器の組み合わせとして、チェロとチェンバロで演奏されることもあります。つまり、ソロ・ソナタは独奏楽器と通奏低音を演奏する2つの楽器の計3つの楽器で奏でられ、トリオ・ソナタは2つの独奏楽器と通奏低音を演奏する2つの楽器の計4つの楽器で演奏されます。

ところで後の古典派の時代、〈ソナタ〉は器楽曲を代表するものとなります。古典派の〈ソナタ〉は、古典派時代に確立されたソナタ形式による楽章を含んだ、多楽章の楽曲のことで、ピアノをはじめ、さまざまな独奏楽器のためのソナタが作られました。またバロック時代のソナタと異なり、通奏低音の声部がありませんでした。

コンチェルト・グロッソは、複数の独奏楽器による小さな編成での演奏と、大きな編成による合奏を交互に演奏し、音量や音色などを対比させる楽曲です。

また、ヴァイオリン奏者としても活躍したコレッリは、弦をこすって音を出すヴァイオリンなどの運弓法を研究しています。彼が発案した演奏法には、同時に音を奏でる重音奏法などがあり、現在でも用いられる近代的なヴァイオリン奏法の確立に大きく貢献しました。

名曲メモ

ヴァイオリン・ソナタ第12番 ラ・フォリア ニ短調

Violin Sonata in d minor, Op. 5 No. 12 "La Folia"

12曲からなるヴァイオリンと通奏低音付きのソナタ集の最後の1曲です。コレッリの作品の中でも、よく知られている曲です。バロック時代のソナタは通奏低音付きですので、このヴァイオリン・ソナタは、ヴァイオリンとチェロ、そして鍵盤楽器という3人編成で演奏されます。ポルトガル起源の3拍子の舞曲フォリアの旋律を主題とした変奏曲です。

アントニオ・ヴィヴァルディ

{ Antonio Lucio Vivaldi（1678年～1741年） }

司祭であり作曲家であったヴィヴァルディ

イタリアのヴェネツィアに生まれたアントニオ・ヴィヴァルディは、バロック後期に活躍した作曲家です。ヴィヴァルディが作曲したヴァイオリン協奏曲『四季』は、人気が高く現在でも多くの人に聴かれています。

ヴィヴァルディは、父からヴァイオリンを習います。父は理髪師でありながらヴェネチアにあるサン・マルコ大聖堂に所属するオーケストラのヴァイオリン奏者でした。

父の指導もあり、ヴィヴァルディは13歳のころには、サン・マルコ大聖堂の見習いヴァイオリン奏者となります。その後、神学校に入り、25歳で司祭となります。ヴィヴァルディは、髪の毛が赤毛だったことから、親しみを込めて「赤毛の神父」のニックネームで呼ばれていました。彼の作曲家としての才能は、このころすでに開花していて、12曲で構成された『トリオ・ソナタ集・作品1』を作曲し、1703年に出版されています。

司祭となったヴィヴァルディですが、教会にはとどまらず、女子の孤児院に設置された音楽院で音楽の教師となり、ヴァイオリンを教える職に就きます。

ヴィヴァルディの作品数は膨大で、協奏曲だけでも400曲にのぼり、その他にも多くの作品を残しました。彼が作曲した作品のうち、とくに重要なジャンルは、協奏曲とソナタで、これらの作品は、ドイツの作曲家ヨハン・セバスティアン・バッハにも大きな影響を与えました。

名曲メモ

ヴァイオリン協奏曲『四季』

Le quattro stagioni

この協奏曲は、1724年ころに出版された12曲からなるヴァイオリン協奏曲集『和声と総意への試み』の第1巻に収録された1番～4番にあたる曲です。それぞれが3楽章の構成で、各楽章のテンポは　〈急→緩→急〉となっています。また、各楽章にはソネットいう詩が付けられていて、詩が表す四季の情景を描写する音楽となっています。

ヴィヴァルディが確立した独奏協奏曲

バロック期、イタリアの作曲家ジュゼッペ・トレッリ（1658年～1709年）によって独奏協奏曲が生み出されます。このスタイルは、ヴィヴァルディによって受け継がれ、バロック時代の典型とされる3楽章構成による独奏協奏曲が確立します。ヴァイオリン協奏曲『四季』は、その代表作です。ヴィヴァルディが完成させた3楽章構成の独奏協奏曲は、古典派の協奏曲に受け継がれます。彼の功績がなければ、古典派の協奏曲は生まれなかったともいわれています。

『四季』では、ソネットと呼ばれる詩によって、曲の内容が解説されています。例えば、春の第1楽章では〈陽気な春がやってきました〉〈楽しい歌でことばを交わす鳥たちです〉などの言葉がそえられています。曲を聴いたあとに、この言葉を読むと、春風を感じさせる部分や、鳥たちのさえずりが、ヴァイオリンなどによって再現されていることが、さらに理解できます。

ヴィヴァルディは、アルカンジェロ・コレッリと同じようにヴァイオリン奏者であったことから、ヴァイオリンを弾くときの指の動きや、弓の使い方についても研究し、『四季』で聴くことができる鳥のさえずりを再現するなど、ヴァイオリンによる音楽表現の可能性を広げています。

ヴィヴァルディの作品は、800曲を超えるとされていますが、作品名が残っているものの楽譜が見つかっていないものや、ニセモノも多く存在し、はっきりとしたデータは残っていません。現在、ヴィヴァルディの作品は、デンマークの音楽研究者ペーター・リオムによって整理されたリオム番号で表記されることが多く、『四季』の第1番・春は、RV.269となります。

ちょい情報！

ヴァイオリン協奏曲『四季』は、多くの合奏団によって上演され、録音もされているヴィヴァルディの人気曲です。イタリアのイ・ムジチ合奏団は、1955年に『四季』の第1回目の録音をしてます。その後、何回かの録音を残し、世界で2000万枚を超えるセールスを記録しています。日本人が『四季』を知り、親しむことになるきっかけを作ったのがイ・ムジチ合奏団なのです。

名曲メモ

『調和の霊感・作品3』

L'estro Armonico

1711年に、オランダで出版された12曲からなる協奏曲集です。収められている曲は、ヴァイオリン・ソロの曲、演奏者それぞれがソリストとして演奏する独奏群ではヴァイオリン2本または4本で演奏され、編成が異なるそれぞれ4曲ずつで構成されています。後にJ.S.バッハが、この曲集を他の楽器で演奏するために編曲しています。

ゲオルク・フリードリヒ・ヘンデル

{ Georg Friedrich Händel（1685年～1759年）}

父に隠れてめざした音楽の道

ヘンデルは、同い年の作曲家J.S.バッハとともに、バロック時代を代表するドイツの作曲家です。音楽一家に生まれ、音楽に囲まれて育ったJ.S.バッハとは異なり、ヘンデルは理髪師も兼ねていた外科医の父のもとで生まれます。父はヘンデルを法律家にさせたいとの思いがあり、ヘンデルが音楽の道へ進むことには反対でした。

ところが、ヘンデルの音楽的才能は、幼少期から認められ、ヘンデルも音楽の道を歩みたいという夢がありました。そのため、ヘンデルは父に隠れて鍵盤楽器のクラヴィコードを手に入れ、夜な夜な練習を重ねたという、ヘンデルの音楽に対する情熱が強かったことを思わせるエピソードがあります。クラヴィコードは、張った弦を金属の部品で叩いて音を出す仕組みだったために、鍵盤を押す力を調整することで音の強弱を弾きわけられる楽器でした。そのため、ヘンデルは隠れて練習することができたのです。

そのような中、音楽家になることを反対していた父は、ヘンデルが11歳のころ亡くなります。それは、生活の支えを失うことでした。しかし、父に隠れて続けていたヘンデルの努力は、貴族に認められ、貴族の援助を受けて、音楽の勉強を続けることができました。

名曲メモ

オラトリオ『メサイア』

Messiah　HWV.56

オラトリオとは、合唱・重唱・独唱・オーケストラといった大規模な編成による劇的で宗教的な作品です。『メサイア』はキリストの生涯をテーマにした作品で、〈降臨〉〈受難〉〈復活〉の三部構成で作られています。この作品の中の「ハレルヤ・コーラス」はとくには有名です。演劇的要素は少なく、演奏会の形式で上演されます。

イタリアへ

ドイツでのヘンデルは、1705年に初演されるオペラ『アルミーラ』を手がけ、評価を得ますが、ヘンデルが音楽家として認められるのは、大富豪メディチ家の招きでイタリアを訪れてからです。ヘンデルが、21歳のころです。イタリアではイタリア・オペラを学びます。1709年に上演されたオペラ『アグリッピーナ』は公演も成功し、音楽的にも高い評価を得ます。

イギリスへ

イタリアで成功と名声を手に入れたヘンデルは、ドイツへ戻り、ハノーファーで宮廷楽長の職を得ます、しかし、すぐに1年間の長期休暇をとり、故郷で母に会い、その後イギリスのロンドンへ渡ります。滞在中にオペラ『リナルド』を書きあげ、1711年に上演されて大成功を収めます。

その後、一度ドイツに戻りますが、1712年には再びロンドンを訪れ、オペラなどを作曲します。この間に、イギリスのアン王が亡くなり、ハノーファーの王がジョージ1世としてイギリス王室に迎えられます。長期の休暇のまま、ハノーファーへ戻らなかったヘンデルに対し、王は叱責することなく音楽家ヘンデルと接します。このころ『水上の音楽』が作曲されています。その後、イギリスの市民権を得ます。

オペラ上演のための〈王立音楽アカデミー〉

オペラ公演が、商業的な成功を収めるようになると、貴族たちはオペラを上演する会社〈王立音楽アカデミー〉を1719年に設立します。この運営に、ヘンデルはかかわりますが、オペラの作曲だけにとどまらず、オペラ歌手の出演交渉のためにヨーロッパ各地を巡り、運営の中心的存在になります。アカデミーの経営は、10年ほどは順調でしたが、さまざまな要因で事業は失敗します。

晩年

オペラでは作品の評価は高かったものの戦争や大寒波などの不運もあり、事業は失敗し、晩年は苦しい時期となります。しかし、その中でヘンデルの代表作といわれるオラトリオ『メサイア』が1742年に、『王宮の花火の音楽』が1749年に生まれます。しかし、馬車の転倒事故や、両目の失明などが重なり、1759年にこの世を去ります。

名曲メモ

『王宮の花火の音楽』

Music for the Royal Fireworks　HWV.351

ヨーロッパ全体を巻き込んだオーストリア継承戦争の終結を花火で祝う式典会場で演奏するために作曲された曲です。〈序曲〉〈ブーレ〉〈平和〉〈歓喜〉〈メヌエット〉という5つの曲で構成されています。式典では軍楽隊編成での演奏でした。その後、管弦楽バージョンで演奏されます。〈ブーレ〉〈メヌエット〉は、ともに舞曲です。

ヨハン・セバスティアン・バッハ

{ Johann Sebastian Bach（1685年～1750年） }

生い立ち

バロック時代の偉大な作曲家で、オルガン奏者でもあったバッハは、ドイツで生まれます。同時代に活躍したヘンデルが、イタリアへ渡り、イギリスで生涯を終えますが、バッハは一生涯をドイツで音楽活動をします。バッハは、宮廷音楽家であった父のもと生まれます。一族は、音楽家の家系で多くの音楽家を輩出しています。バッハの子どもたちも、音楽家になり、次の古典派の時代に活躍しています。

バッハは8人兄弟の末っ子として生まれます。しかし、9歳のときに、両親が相次いで他界し、バッハは兄のもとで暮らすことになります。15歳のときに聖歌隊に採用されますが、変声期となり、主にヴァイオリンなどの楽器演奏を担当することになります。

1703年には、18歳でアルンシュタットの教会オルガン奏者としての職を得ます。しかし、オルガン演奏では、今までに聴いたことのない音を用いたり、聖歌隊の指導では隊員ともめ事を起こすなど、教会と衝突・対立します。このことが原因となり、アルンシュタットを離れ、ミュールハウゼンで、新たにオルガン奏者の職を得ます。

ワイマール時代

1707年、バッハはマリア・バルバラと最初の結婚をします。7人の子どもが生まれますが、3人は若くして亡くなります。しかし、他の子どもたちは成長して音楽家になります。1708年、バッハはミュールハウゼンの職を辞しワイマールへ向かいます。ここで、宮廷オルガン奏者と宮廷楽師を兼務します。この時期に多くのオルガン曲を作曲しています。

名曲メモ

『トッカータとフーガ ニ短調BWV565』

Toccata und Fuge in d-moll BWV 565

この曲の冒頭は、とても印象的です。そのために、その短い旋律はドラマに使われたり、パロディーとして用いられています。曲の構成は冒頭のトッカータと、後半のフーガに別れています。演奏時間が12分ほどのこの曲は、研究者によっては、バッハの他のフーガと比べると単縦な構成であることから、バッハの作品ではないとする説もあります。

ケーテン時代

1717年、バッハはケーテンの宮廷楽長として招かれますが、ワイマールの王は、ケーテンへ移ることを許さず、バッハは1カ月間にわたり投獄されます。その後、放免されたバッハは、正式にケーテンの宮廷楽長の職に就きます。ケーテン侯国は、プロテスタント系であったために、このころバッハは教会音楽の作曲に追われることがなくなり、多くの世俗音楽を作曲しています。1720年、最初の妻マリアが亡くなります。

翌年、バッハは、宮廷のソプラノ歌手アンナ・マクダレーナ・ヴィルケと再婚します。アンナは結婚後も歌手の仕事を続け、バッハの半分ほどの収入を得ていました。アンナは、バッハとの間に13人の子どもをもうけています。多くは幼いころに亡くなってしまいますが、成人した子どもたちは音楽家となり、末っ子のクリスティアンは、オペラの分野でモーツァルトにも影響を与えています。

ケーテン侯もバッハの再婚と時をへだてず再婚しますが、再婚相手の妃は音楽に理解がなく、ケーテン侯は宮廷楽団の規模を縮小します。これをうけて、バッハはケーテンを去り、ライプチヒへと移り、この地でカントルと呼ばれる音楽指導者に就任します。

ライプチヒ時代

ライプチヒでは、教会の音楽指導者という職のほかに、ライプチヒ市の音楽監督も務めます。バッハが仕えたライプチヒの王はプロテステント系のルター派でしたが、カトリックに改宗します。そのため、バッハは王の求めに応じ、カトリックのミサ曲も作曲しています。

アンナ・マクダレーナ

バッハ整理番号

バッハの曲には、「BWV000」という記号と数字がつけられています。これは「バッハ作品目録」「バッハ作品主題目録」などと呼ばれるもので、20世紀になってドイツの音楽研究家であるヴォルフガング・シュミーダーが、数多くあるバッハの作品を整理するために付けられたものです。バッハ作品目録の番号は、作曲年順に付けられたものではなく、カンタータ、ミサ、室内曲など、ジャンルごとにまとめられています。

ちょい情報!

バッハ(bach)家は、その姓がドイツ語の音名を表していることを誇りに思っていたようです。そのことを示すように、バッハは曲の中に、〈b(シ♭)→a(ラ)→c(ド)→h(シ)の音列を用いて作曲をしています。

名曲メモ

『ブランデンブルク協奏曲』

Brandenburgische Konzerte

この曲は、6曲で構成された合奏協奏曲です。タイトルは献呈された王の名前にちなんでいます。バッハの自筆楽譜には、フランス語で『Six Concerts Avec plusieurs Instruments』と記載されています。〈いくつかの楽器のための6曲の協奏曲〉という意味です。曲名は、後世にバッハの伝記を記した著者による命名です。

楽器

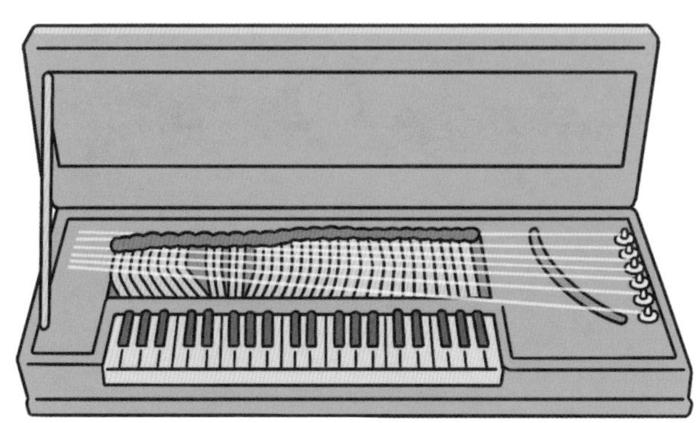

クラヴィコード

張った弦を、鍵盤と連動させた金属の部品で叩いて音を奏でる楽器です。鍵盤を押す強さによって音の強弱を弾きわけることができました。テーブルに乗せることができる大きさで、鍵盤楽器の練習用としても使われました。

ヴァイオリン

16世紀の中ごろに誕生したヴァイオリンは、ヴァイオリン族と呼ばれるグループに属する楽器です。それ以前に登場していたヴィオール族とは、弦をこすって音を出すという演奏法で似ていますが、弦の数やフレットの有無などの違いがあります。バロック期には、音色も異なる2つのタイプが共存していました。

パイプ・オルガン

パイプ・オルガンは、それぞれの鍵盤にひとつのパイプが組み合わされ、鍵盤を押すことで空気をパイプに送り込んで音を奏でる楽器です。この仕組みをもった楽器は紀元前1世紀ころには誕生していました。そして、バロック期には、吹子(ふいご)という道具を組み合わせ、人の力で音を鳴らすための空気を送り込んでいました。こうした技術面の進歩もあり、バロック期には教会に据付型の巨大なパイプ・オルガンが登場し、壮大な音を奏でました。

チェンバロ

チェンバロは、クラヴィコードとは違い、張った弦をピンのような部品ではじいて音を奏でる楽器です。そのため、鍵盤を強く押しても弱く押しても、音の強弱は表現できません。チェンバロは、英語ではハープシコード、フランス語ではクラヴサンと呼ばれます。

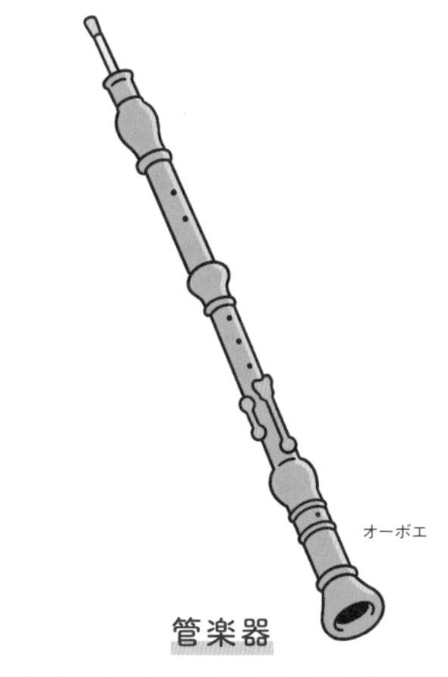

オーボエ

管楽器

16世紀ころ登場したファゴットは、バロック期には通奏低音を奏でる楽器として使われました。そして、ファゴットと同じ2枚リードのオーボエは、17世紀ころに誕生します。オーボエは他の楽器に比べて音が安定しているため、オーケストラのチューニングに活用されます。最初にオーボエが出す〈ラ〉の音で、各楽器が音を合わせます。なお、チューニングをオーボエで始めるのは、簡単に音を調節できないオーボエの構造上の理由もあります。J.S.バッハも、オーボエをソロ楽器とした『オーボエとヴァイオリンのための協奏曲』などを作曲しています。

バロック時代の

世俗音楽

リュートによって広がった バロック時代の世俗歌曲

バロック期の世俗音楽家たちは、リュートという楽器を弾きながら歌っていました。世俗音楽にとってリュートは重要な楽器でした。

リュートは弦をはじいて奏でる撥弦（はつげん）楽器に分類されます。リュートのもとになっていたのは、アラブで誕生したウードです。この楽器が13世紀ごろヨーロッパに伝わり、音階を奏でやすくしたフレットの追加などの改良により、リュートとなりました。ちなみに、ウードは、中国や日本へも伝わり、琵琶（びわ）となります。琵琶にもフレットが追加されています。

ヨーロッパでリュートとなった楽器は、バロック期以前では、主に合奏や歌の伴奏として用いられていました。バロック時代に入ると弦数も増え、楽器が大型化していき、大きな音を出すことが可能になったことから、独奏楽器としての人気も得ました。J.S.バッハは『リュート組曲』を作曲しています。

リュートの演奏には五線の楽譜ではなく、〈リュート・タブラチュア〉という記譜法が用いられます。ギターなどに用いられている現代のタブ譜と同じで、線の数はその楽器の弦の数を表し、数字はフレットを示しています。

美術史としてのバロック時代

バロック音楽の〈バロック〉とは、もともと美術史で使われていた言葉です。バロックの呼び名のもととなっているのは、ポルトガル語の〈パローコ〉です。意味は〈いびつな真珠〉です。後世になって、この時期に見られた極端な光の強調などによる、歪（ゆが）んだ絵画表現について、後世の研究家が名付けたものです。もちろん、この呼び名には侮蔑的な意味が込められていました。しかし、疫病や飢饉で苦しんでいた当時の人々には、力強くわかりやすい表現で描かれたレンブラント・ファン・レインや、ディエゴ・ベラスケスの絵画が、受け入れられていました。後世になって、この時代を侮蔑的な意味を込めて呼んだバロックという名称ですが、マイナスな意味を跳ね返し、歪（ゆが）んだ魅力で、人々の心をいやす役目を果たしています。

古典派の音楽

1750年ころ — 1820年ころ

この時代のポイント

政治体制が変わり、産業が大きく発展し 音楽ではソナタ形式が生まれる

バロック期の作曲家J.S.バッハが亡くなった1750年を境に、音楽の歴史では、これ以降を古典派と呼びます。古典派音楽の時代に活躍し、多くの成果を残した作曲家は、ハイドン 、モーツァルト、ベートーヴェンの3人です。古典派の時代は19世紀の前半の1820年代ころまで続きます。

ところで、バロック時代から古典派の時代にかけて、ヨーロッパ各地で王侯貴族によって宮廷楽団が数多く誕生します。その楽団の指揮、作品の提供や運営・管理などを任されたのが宮廷楽長です。これに就くことで音楽家は安定した地位を得ていました。J.S.バッハも宮廷楽長の職を得ていました。

しかし、古典派の時代になると、政治体制や経済の仕組みが大きく変化します。イギリスで18世紀後半に始まった産業革命や、絶対王政による王侯貴族らによる富の独占に対する不満を起因とする、1789年に始まったフランス革命など、激動の時代を迎えます。こうした経済や政治の革命は、音楽家にも大きな影響をもたらします。新しく権力を得た実業家や銀行家（ブルジョワジー）たちは、王侯貴族と肩を並べるほどの富を手に入れ、音楽会の新たな聴衆となります。そして、音楽家のスポンサーだった王侯貴族は、楽団を維持するための経済力を失っていきます。

こうした社会変化に、モーツァルトは、王侯貴族に仕えるのではなく、自由な立場で音楽の仕事をするようになります。また、ベートーヴェンは、依頼されて作曲するのではなく、自らが創りたいものを追い求める、新しい音楽家の生き方を示しました。

古典派の時代には、器楽曲の重要な形式であるソナタ形式が確立しました。器楽曲は多楽章からなり、そのうち少なくとも1つの楽章がソナタ形式で書かれています。この多楽章構成による楽曲をソナタといいます。そして、楽器編成の違いからピアノ・ソナタ、ヴァイオリン・ソナタなど、そして弦楽四重奏曲、交響曲、協奏曲などが誕生しました。

サクッ!とわかる

古典派の音楽 6のキーワード

keyword

1 ソナタ形式

ソナタ形式は、古典派の器楽曲を代表する楽曲の形式です。独奏楽器や、さまざまな室内楽や管弦楽のための作曲が試みられました。ソナタ形式は、一般的に2つの対照的な旋律(主題)が用いられ、起承転結的に曲が構成されます。このソナタ形式を含む、多楽章からなる楽曲を〈ソナタ〉といい、ソナタ形式の楽章を含まないバロック時代の〈ソナタ〉とは内容が異なっています。

keyword

2 室内楽曲

室内楽曲は複数の楽器からなり、楽器編成の違いによりヴァイオリン・ソナタ、ピアノ三重奏曲、弦楽四重奏曲などがあります。ヴァイオリン・ソナタはヴァイオリンとピアノ、ピアノ三重奏曲はヴァイオリン、チェロ、ピアノ、弦楽四重奏曲は2挺のヴァイオリンとヴィオラ、チェロという編成です。一般に4つの楽章からなり、そのうち少なくとも1つの楽章はソナタ形式で書かれています。

keyword

3 交響曲

古典派の時代に、〈管弦楽のためのソナタ〉である交響曲が確立します。交響曲もソナタ形式の楽章を含み、4楽章構成のものが多く見られます。「交響曲の父」と呼ばれるハイドンは、100曲以上もの交響曲を作曲し、交響曲の確立に大きく貢献しました。そしてモーツァルトは41曲、ベートーヴェンは9曲の交響曲を作曲し、交響曲はさらに大きく発展していきました。

keyword

4 協奏曲

協奏曲(コンチェルト)は、ピアノやヴァイオリンといった〈独奏楽器とオーケストラためのソナタ〉です。ピアノ、ヴァイオリンをはじめ、フルート、トランペットなど種々の独奏楽器による協奏曲があります。そして協奏曲では、オーケストラの伴奏をともなわない独奏楽器奏者だけが演奏する部分が用意されています。ここでは、ソリストが即興的に演奏し、各人の技巧をアピールします。

keyword

5 ピアノ

18世紀初期、ピアノの前身が製作されます。このときのピアノは54鍵で、現在の88鍵より少ないものでした。その後、ピアノの改良は進み、ベートーヴェンが活躍したころには78鍵のピアノが登場します。ちなみに、ピアノの正式な名前は〈クラヴィチェンバロ・コル・ピアノ・エ・フォルテ〉で、これが省略されピアノと呼ばれています。意味は「弱い音と強い音を出せるチェンバロ」です。

keyword

6 オーケストラ

大規模な楽器編成で合奏する楽団のことを管弦楽団(オーケストラ)といいます。古典派の時代に編成が整いました。楽器は、木管楽器、金管楽器、弦楽器、打楽器の4つのグループで構成されます。木管楽器はフルート、オーボエ、クラリネット、ファゴット。金管楽器はホルン、トランペット。打楽器はティンパニ。弦楽器は第1・第2ヴァイオリン、ヴィオラ、チェロ、コントラバスです。

フランツ・ヨーゼフ・ハイドン

Franz Joseph Haydn（1732年～1809年）

安定した職によって誕生した多くの交響曲

ハイドンは、1757年から1795年までの間に、100曲以上の交響曲を作曲し、交響曲の発展に貢献したことで、〈交響曲の父〉と呼ばれています。

オーストリアの小さな村に生まれたハイドンは、幼いころに、音楽学校の校長をしていた叔父に音楽の才能を認められます。その後、8歳のころに、ウィーンの教会で楽長をしていた作曲家ゲオルク・フォン・ロイターに導かれウィーンに移り住み、変声期までの9年間を教会の聖歌隊で過ごします。

聖歌隊をやめたあと、何人かの音楽関係者と知り合いますが、なかでもJ.S.バッハの次男カール・フィリップ・エマニュエル・バッハと知り合うことができ、作曲の勉強もこのころから始めます。

その後、1750年代後半になって、チェコのボヘミア地方の貴族に雇われ、宮廷楽長の職を得ます。これ以後、ハイドンは人生の大半を宮廷楽長として貴族に仕えることになります。このころ最初の交響曲である『交響曲第1番』が作られます。そして短期間に15曲の交響曲をはじめ、多くの作品を残しています。

エステルハージ家での音楽家生活

ボヘミアでの職は、貴族の経済的困窮のために解雇となりますが、1761年にはハンガリーの名門貴族エステルハージ家で副楽長としての職を得ます。その後、楽長に昇格し、1790年まで務めます。ハイドンは、エステルハージ家のもとで数多くの交響曲やピアノ・ソナタ、弦楽四重奏曲、協奏曲などを作曲しました。30年にわたる安定した地位によって、ハイドンは交響曲の可能性を追求でき、独創的な作品を生み出し、古典派の器楽曲の発展に貢献しました。

名曲メモ

『弦楽四重奏曲　第77番　ハ長調皇帝』

String Quartet in C Major, Hob. "Emperor"

弦楽四重奏曲は4楽章で構成されていますが、弦楽四重奏曲・第77番の第2楽章は、変奏曲形式で書かれています。その変奏曲の主題は、ハイドンが1797年に作曲した、オーストリア皇帝を讃える歌「オーストリア皇帝讃歌」の旋律です。この旋律が用いられているため、弦楽四重奏曲・第77番は「皇帝」と呼ばれています。国民を鼓舞するために書かれました。

モーツァルトへの想い

1780年ころ、ハイドンはモーツァルトと出会います。ハイドン49歳、モーツァルト25歳ころのことです。

ハイドンは、モーツァルトより24歳も年上でしたが、モーツァルトの作品に敬意をもっていました。また、モーツァルトもハイドン を尊敬し、〈ハイドン・セット〉と呼ばれる『6曲の弦楽四重奏曲』をハイドンへ捧げるために作曲しています。ヨーロッパを移動しながら音楽活動を続けたモーツァルトと、長く貴族に仕えて音楽活動をしたハイドンとは、生き方が大きく異なっていましたが、音楽という共通項でつながり、ともにこの時代の音楽の発展に偉大なる貢献を果たします。

ロンドンへ

1790年、エステルハージ家の当主が亡くなります。次の当主は音楽に熱心ではなく、ハイドンは解雇され、60歳を間近にしたハイドンは、年金をもらって余生のような時間を得ます。ハイドンは、ウィーンへ移り住みます。そのころ、ロンドンの興行主から招かれ、ハイドンは、ロンドンへ赴きます。ロンドンでの演奏会は、イギリスへの永住も考えるほどの大きな成功を収めます。しかし、ハイドンは興行的な成功に背を向けウィーンへ戻ります。ちょうどそのころ、エステルハージ家では当主が代わり、再び楽団が結成されます。そしてハイドンは、再び楽長に就任します。

のちに国歌となる曲

イギリス滞在中、イギリス国歌に刺激を受けたハイドンは、「オーストリア皇帝讃歌」を作曲し、1797年に神聖ローマ帝国フランツ2世の誕生日に献呈しました。その後、この曲はオーストリア国歌になります。そして、何度か歌詞が書き替えられ、1919年までオーストリア国歌として歌われました。さらに、1922年には、新たな歌詞が付けられ、ドイツ国歌となります。第二次世界大戦後も、正式ではありませんが、ドイツ国歌として歌詞の3番だけが歌い継がれています。また、メロディーには、少し手が加えられています。

ベートーヴェンとの師弟関係

ロンドンへの往路または帰路に、20歳ころのベートーヴェンと、ボンで会っています。ベートーヴェンから作品を見せられたハイドン は、彼を弟子とする約束をし、ウィーンへ招きます。1792年、ベートーヴェンはウィーンへ移り住み、ハイドンからレッスンを受けます。しかし、ロンドンでの成功によって多忙となったハイドンが、ベートーヴェンを指導するための時間は、限られたものでした。

晩年のハイドン

60歳をすぎても旺盛な作曲意欲に支えられ、晩年になっても多くの曲を創作しています。しかし、70歳を迎えるころには病が悪化し、表舞台に立つこともなくなり、1809年にこの世を去ります。

ヴォルフガング・アマデウス・モーツァルト

{ Wolfgang Amadeus Mozart（1756年～1791年）}

エネルギッシュで短い人生

オーストリアのザルツブルクで生まれたモーツァルトの人生は、35年という短いものでした。しかし、モーツァルトは数々の名曲を残し、古典派を代表する作曲家として名を残します。

モーツァルトの音楽的な才能を見抜いたのは、宮廷作曲家でヴァイオリン奏者の父でした。そして、モーツァルトに英才教育をほどこします。モーツァルトは5歳のときに「アンダンテ ハ長調 K.1a」を作曲します。これは10小節という短い曲で、モーツァルトが即興的に弾いたものを、父が記録しました。この曲をスタートに、モーツァルトは700曲にせまる作曲をします。

セールス・プロモーションの旅

モーツァルトは、5歳ころに父とともにヨーロッパ各地を巡っています。これは、モーツァルトの才能を少しでも高く売り込むためのものでした。モーツァルトの父は、天才的な演奏技術をアピールするために、モーツァルトに目隠しをして演奏させます。こうして、モーツァルトの才能を少しでも高く売り込もうとしました。しかし、こうした父の行動は失敗に終わります。その後も、父子はヨーロッパを巡ります。こうして、モーツァルトは各国の音楽に触れることになり、その後の作曲活動に大きな成果となってあらわれます。

恋のめばえ

21歳のとき、ザルツブルクを離れ、ドイツのマンハイムへ移り住みます。この街には演奏技術の高い奏者や、優れた作曲家たちが各地から集められた〈マンハイム楽派〉と呼ばれる集団が活動していて、

名曲メモ

『ピアノ・ソナタ　第11番　イ長調（トルコ行進曲付き）』

Piano Sonata No.11 In A Major,K.331 "Turkish March"

例外的にソナタ形式をもたない3楽章構成のソナタです。モーツァルトのピアノ・ソナタの中でも最もポピュラーな曲です。トルコ文化への趣向が見られる第3楽章は、モーツァルトにより〈トルコ風〉と指定されているため、通称「トルコ行進曲」と呼ばれます。左手の伴奏は、トルコの軍楽隊が進軍するときに叩く打楽器のリズムをうつしとっています。

モーツァルトは、彼らの音楽に触れています。

このころ、従姉妹のマリア・アンナ・テークラ・モーツァルトに恋をします。しかし、二人の恋は実りませんでした。その後、マンハイムの音楽家の娘であるアロイジア・ヴェーバーと恋に落ち、結婚を考えます。しかし、父に反対により別れることになります。そして、1782年にはアロイジアの妹コンスタンツェ・ヴェーバーと結婚することになります。

1778年、父に命じられパリへと赴きます。しかし、ここでの演奏会は不調でした。また、同行してた母アンナが亡くなります。

ウィーン時代

1781年、25歳のモーツァルトは、雇用主の大司教と衝突し解雇されます。そしてウィーンに移り住みます。以降の10年間は定職に就くことなく、演奏会や、依頼された作曲、楽譜の出版、ピアノ教師などで生計を立て、自由な音楽活動をします。自由になったことで、ウィーン時代はピアニストとして活躍します。創作もピアノ曲が中心で、ピアノ・ソナタ、ピアノ三重奏曲、ピアノ協奏曲などが書かれました。

それらの作品の中で、とくに有名が曲が1783年ころ作曲されます。『ピアノ・ソナタ第11番(トルコ行進曲付き)』です。このころ、西ヨーロッパでは〈トルコ趣味〉が流行していました。これは、1683年にウィーンを包囲・攻撃したオスマン帝国に随行した軍楽隊の影響によるものでした。

ハイドンとの交流

1785年、モーツァルトは尊敬するハイドンのために〈ハイドン・セット〉と呼ばれる『6つの弦楽四重奏曲』を献呈します。そして、ハイドンもまた、24歳年下のモーツァルトの才能を認めていました。1786年に、オペラ『フィガロの結婚』K.492が上演されます。1787年、オペラ『ドン・ジョヴァンニ』K.527を作曲し、モーツァルト自らの指揮で初演されます。1787年、モーツァルトの才能を見出した父が亡くなります。

晩年

1790年、フランクフルトで催されたレオポルド2世の戴冠式にあわせ、私費で演奏会を開きます。しかし興行的に失敗します。このとき、『ピアノ協奏曲26番ニ長調 戴冠式 K.537』などが演奏されています。

1791年、最後の『ピアノ協奏曲第27番変ロ長調』K.595が作曲され、同年3月4日のコンサートで演奏されます。これがモーツァルトにとって、聴衆を前にした最後の演奏でした。その後もオペラ『魔笛』K.620などの作品を作曲しましたが、体調は11月から悪化し、『レクイエム』K.626の作曲途中の12月5日に、ウィーンで亡くなりました。死因は、病気ではなくモーツァルトの才能に嫉妬した者による毒殺という説が、いまも語られています。

ケッヘル目録

700曲近いモーツァルトの作品にはK.384のように〈ケッヘル番号〉が付けられています。K.384は、オペラ『後宮からの誘拐』をあらわしています。この番号は、オーストリアの音楽研究家で作曲家でもあるルートヴィヒ・フォン・ケッヘルが、1862年に出版したモーツァアルトの作品目録で用いた整理番号です。作品の作曲順に番号がふられています。しかし、その後の研究によって追加や訂正が生じたため、新たな番号が登場します。そのため、ケッヘル番号にはいくつかのバージョンがありますが、初版で用いられた番号が分かりやすいために、いまでも初版の番号が用いられています。

ちょい情報!

モーツァルトが使っていたA(ラ)音の基準を決める音叉は、いまの基準である440Hzより半音高いものでした。また、このころのヨーロッパでは基準となる音は統一されてなく、この基準となるラの音の高さが、各地で異なっていました。

ルートヴィヒ・ヴァン・ベートーヴェン

{ Ludwig van Beethoven（1770年～1827年）}

生い立ち

ベートーヴェンは、宮廷楽団の楽長であった祖父、そして宮廷楽団のテノール歌手であった父といった音楽一家のもと、1770年にドイツのボンで生まれます。

幼いベートーヴェンの音楽的な才能に気づいた父は、彼の才能によって収入を得ようと、厳しく教育します。そのことで、ベートーヴェンは、音楽を嫌いになったともいわれていますが、8歳のときには、ケルンで開かれた演奏会でのデビューを果たしています。

生活を支えてくれた祖父

ベートーヴェンの一家は、祖父の援助で生活を維持していました。というのは、ベートーヴェンの父はアルコール依存症ともいえる状態で、収入を酒に注ぎ込んでいたのです。ベートーヴェンが17歳のころ、母が亡くなり、父の酒に対する依存症は悪化します。そのためベートーヴェンは、生活を維持するために父の給与の半分を自分に渡して欲しい旨を嘆願します。これを知った父は、自ら給与をベートーヴェンに渡すようになった、というエピソードがあるほどです。

出会いで広がる音楽の世界

12歳のころ、ベートーヴェンはオペラの作曲家でオルガン奏者でもあったネーフェから教えを受けます。このときに、レッスンでJ.S.バッハの『平均律クラヴィーア曲集』を弾いています。そして、この年にベートーヴェンにとって初めての楽譜出版となる『ドレスラーの行進曲による9つの変奏曲』が刊行されます。

1787年、ベートーヴェンはモーツァルトに会うた

名曲メモ

『交響曲第5番ハ短調　運命』

Symphony No.5

『運命』冒頭で奏でれる〈ダダダダーン〉という動機は、曲全体を通してさまざまな形で用いられています。4楽章構成で作られていますが、各楽章はすべてハ長調で書かれているのではなく、第1楽章はハ短調、第2楽章は変イ長調、第3楽章はハ短調、第4楽章はハ長調となっています。また、拍子とテンポも楽章ごとに異なっています。第1楽章と第4楽章は、古典派音楽の重要な楽曲形式であるソナタ形式で書かれています。

めにウィーンを訪れます。そこでモーツァルトの演奏に接しています。

1792年、ハイドンからレッスンを受けるためベートーヴェンはボンからウィーンへ移り住みます。ところが、ハイドンがイギリスでの成功で多忙になったために、ほとんどレッスンを受けることができず、オーストリアの作曲家ヨハン・シェンクから作曲を学んでいました。

このころ、ベートーヴェンは、それまでの音楽家の生き方だった王侯貴族や教会に仕えることはせず、新しい音楽家の生き方を模索します。ベートーヴェンは、何人ものパトロンから、経済的な支援を受けながらも、作曲家、演奏家として、自由に活動するようになります。こうした生き方ができたのも、フランス革命という政治的大事件により、自由な生き方を求める風潮があったからです。

病と向き合いならが作曲

25歳ころには、ピアニストとしてヨーロッパ各地で成功を収めます。また、作曲家としての評価も高いものでした。そんな前途洋洋としたベートーヴェンは、耳の病になります。音が聴こえにくくなり、聴覚を失うことを恐れたベートーヴェンは、死をも考えます。しかし、これを乗り越え音楽家として生きていこうとします。30歳ごろから音が聴こえにくくなったベートーヴェンは、人前でピアノ演奏をすることなく、作曲家として生きる道を選びます。40歳のころには、まったく音が聴こえなくなります。そして、1800年から1824年までに、重要な交響曲となる9作品が誕生します。さらに、『交響曲第10番』についても構想されたスケッチを残していましたが、完成には至りませんでした。

ちなみに、『交響曲第7番』を作曲していた1812年ころには、聴力を失っていました。しかし、〈絶対音感〉をもっていたとされるベートーヴェンは、音が聴こえなくても、頭の中で、音を再現することができました。そのため、複雑な交響曲の作曲も、ベートーヴェンには可能だったのです。

『交響曲第9番（合唱付き）』を作曲していたころ、清潔好きだったベートーヴェンでしたが、ポータブル・トイレをピアノの足元に置いていたというエピソードがあります。トイレの時間を惜しんでまでも曲に向き合っていたいというベートーヴェンの作曲への情熱を知ることができます。

ちょい情報！

ベートーヴェンの弟子で伝記著者のアントン・シンドラーが書いたエピソードには捏造（ねつぞう）があり、その多くが信用できないとされています。『交響曲第5番　運命』の冒頭で演奏される音について、〈ベートーヴェンは、運命が、ドアを叩く音を表現した〉と書いていますが、このエピソードも信用できないものとされています。

Piano

ピアノ

誕生

ピアノの原型は、18世紀ころに誕生した〈クラヴィチェンバロ・コル・ピアノ・エ・フォルテ〉です。基本的な仕組みは、フレームに張られた弦を、鍵盤と連動したハンマーで叩いて音を鳴らします。このように、鍵盤と連動したハンマーで、弦を叩いて音を出すという仕組みをもったものは、17世紀のクラヴィコードまでさかのぼることができます。

ピアノと呼ばれるものは、18世紀の初頭には作られていたことが、イタリアの富豪メディチ家の記録に残されています。近代的なピアノにとって重要なことは、弦を叩いたハンマーが、すぐに弦から離れ、響きが維持されることでした。この仕組みを考案し、ピアノを完成させたのは、イタリアのチェンバロ製作者バルトロメオ・クリストフォリでした。

鍵盤の数

モーツァルトが演奏していたころのピアノは60鍵でした。その後、産業革命による鋳造技術の発達で、弦を張るためのフレームは、精密で強度があるものを製作できるようになります。これによって、より多くの弦を張ることができ、鍵盤の数を増やすことが可能となり、ピアノの音域が広がりました。

1810年には72鍵のピアノが制作され、さらに現在のピアノと同じ88鍵のピアノが19世紀後半に誕生します。ピアノの音域が広がったことで、ピアノによる表現の可能性が広がりました。その後、多くの改良が、さまざまな職人によって加えれ、現代のピアノに近い形になりました。

ペダルで広がる表現力

ピアノの足元にあるペダルは、2本タイプと3本タイプがあります。これらは、アップライト・ピアノに装備されたマフラー・ペダルをのぞき、ピアノを弾くときの繊細な表現に使われるものです。これを踏むことで、音を響かせたり、止めたりして、演奏に変化をつけることが可能になります。

アップライト・ピアノのペダル

アップライト・ピアノでは、3本の場合は右側がダンパー・ペダル、真ん中がマフラー・ペダル、左側がソフト・ペダルと呼ばれます。2本タイプではマフラー・ペダルがありません。

ダンパー・ペダルは、踏むことで音の響きを止めているダンパーを弦から離します。これを踏むことで、音を長く響かせることできます。

ソフト・ペダルは音を弱くするものです。これを踏むことで、ハンマーの位置を弦に近づけ、弦を叩く力を弱くします。

アップライト・ピアノにあるマフラー・ペダルは、これを踏むことでピアノの音を全体的に小さくします。これは、音を大きく出せない環境で使うことを想定したもので、演奏表現とは関係がありません。

グランド・ピアノのペダル

グランド・ピアノでペダルが3本ある場合、真ん中はソステヌート・ペダルと呼ばれます。アップライトとは役割が異なります。グランド・ピアノにあるソステヌート・ペダルは、踏むことで直前に弾いた音だけを響かせる働きをします。

トルコ風を奏でるペダル

かつて〈トルコ式ペダル〉が装備されたピアノがありました。5本ペダルの右端が〈トルコ式ペダル〉です。このペダルを踏むことで、ピアノ内に組み込まれたベルが鳴り、響板が叩かれ、太鼓を模した音を出せました。ヨーロッパで流行したトルコ風の音楽を再現するためにだけに装備されたペダルです。

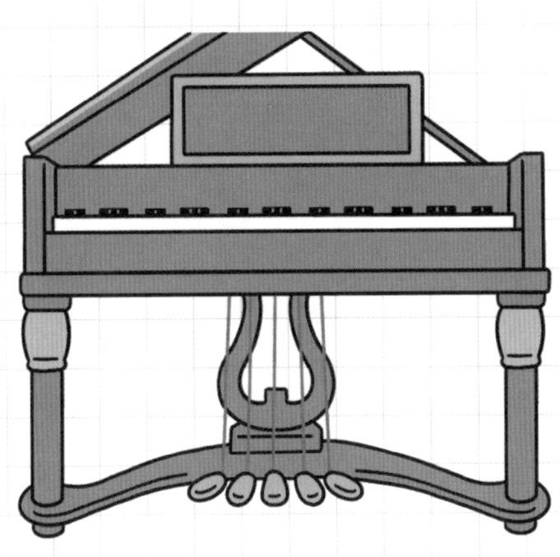

ロマン派の音楽

1800年ころ～1910年ころ

この時代のポイント

個性的で、情緒があり、直感的な作風と各国の民族主義を背景に民謡を取り入れた作品の登場

19世紀初頭のヨーロッパでは、個性・情緒・直感的なものを重んじるロマン主義の運動が起きます。その考え方は、文学や美術から始まり、音楽にも影響を与えます。18世紀後半の古典派時代の音楽は、啓蒙思想を背景にし、人間を理性的なものとしてとらえた音楽でした。その反動として、ロマン派では、人間のさまざまな面に目を向け、自由な発想で表現するようになります。

そして、ロマン派の時代には、音楽家のあり方が大きく変わります。作曲家たちは教会や貴族の援助を受けず、社会的・経済的に独立して自由に活動するようになります。演奏場所も、教会や宮廷からコンサート・ホールへ移り、さらに富裕層の私的な社交場であるサロンへと移っていきます。

ロマン派の音楽では、標題・題名が付けられた器楽曲が流行します。交響詩、標題付き交響曲、小品形式によるピアノ曲などが、その代表的なもので、〈標題〉によって、作曲家が音楽の意図を提示するという、今までにないスタイルでした。

ドイツでは、ハインリヒ・ハイネ、フリードリヒ・フォン・シラー、ヨハン・ヴォルフガング・フォン・ゲーテといった詩人たちの登場により、優れた詩が生み出され、高い芸術性をもつ歌曲、ドイツ・リート（ドイツ歌曲）が誕生します。

さらに、19世紀後半には、民族の伝統、歴史を重んじる民族主義が台頭し、音楽にも大きな影響を与えます。作曲家は、自国の音楽を取り入れたり、自立を後押しする音楽が作られるようになります。とくにロシア、東欧、北欧各国の作曲家たちは、自国の民族音楽から見出した新しい音楽表現や、民謡からのリズムを取り入れた音楽語法によって、優れた作品を生み出しました。オペラにおいても、民族主義の影響が大きく見られ、各国の国民性を反映したオペラが数多く作られました。さらに、名人芸的な技巧をもつヴィルトゥオーソと呼ばれる演奏家たちが登場し、作曲家でもあったヴァイオリンのパガニーニ、ピアノのリストは、ヨーロッパ中で旋風を巻き起こしました。

サクッ!とわかる ロマン派の音楽 6のキーワード

keyword 1 ロマン主義

ロマン主義は、18世紀末から19世紀中ごろにかけて隆盛となった文学や美術などの芸術運動で、感情、情緒、主観的、個性、想像力などに重きが置かれた文化運動でした。文学、絵画、哲学などの考え方が、音楽にも影響をもたらしたことで、標題音楽、交響詩など新しい器楽曲のジャンルが誕生します。ロマン主義的な傾向は、20世紀初頭まで続きます。

keyword 2 標題音楽

ロマン派の時代、題名や標題が付けられた器楽曲が流行します。ロマン派の音楽では、文学や美術との結びつきが強く、標題音楽はその標題が示す物語などの文学的なものや絵画的なもの、あるいは主観的な感情や思想などを音楽で描こうとしました。ベルリオーズの『幻想交響曲』など標題付き交響曲や、ショパン、シューマン、リストらは標題付きのピアノの小品を多く作曲しました。

keyword 3 ドイツ歌曲

ロマン派の時代、ドイツではゲーテ、シラー、ハイネなど優れた詩人が登場します。そして、彼らの詩はロマン派の作曲家たちを大いに刺激します。作曲家たちは、ドイツ語詩に曲をつけ、ドイツ歌曲を誕生させます。ドイツ歌曲を確立した歌曲王シューベルトをはじめ、シューマン、ブラームス、ヴォルフ、さらにマーラー、リヒャルト・シュトラウスたちによって、ドイツ歌曲は大きく発展します。

keyword 4 オーケストラの拡大

ロマン派の時代には、ピッコロ、コールアングレ(イングリッシュ・ホルン)、バス・クラリネット、トロンボーン、チューバなどの新しい管楽器が登場します。さらに楽器の改良も進みました。また、いろいろな種類の打楽器がオーケストラに組み込まれ、楽器編成が拡大していきました。古典派のオーケストラの奏者は50名前後でしたが、ロマン派では100名を超す奏者が必要でした。

keyword 5 民族主義と国民楽派

19世紀中ごろから、東欧や北欧の作曲家たちは自国の民族音楽の要素を取り入れながらも、芸術性の高い音楽を作曲します。民族性、国民性を反映した作品を書いた彼らは国民楽派と呼ばれます。ロシアでは作曲家集団〈五人組〉の一人ムソルグスキー、チェコスロバキアのスメタナやドヴォルザーク、ノルウェーのグリーグ、フィンランドのシベリウスが国民楽派の代表的な作曲家です。

keyword 6 オペラ

ロマン派の時代には、オペラの創作がより盛んになります。この時代のオペラは、各国独自の趣(おもむき)をもって発展します。イタリアでは、時代の主流だったロマン主義的な題材よりも、美しい旋律を重視したオペラが生まれます。フランスでは、喜劇的なオペラやショー的要素の強いオペラが生まれました。ドイツでは、中世の伝説や民話などから題材が取られたオペラが上演されました。

フランツ・シューベルト

{ Franz Schubert（1797年～1828年）}

ドイツ歌曲の芸術性を高めた作曲家

シューベルトは、オーストリアのウィーン郊外で、ドイツ系の父のもとに生まれます。教師をしていた父から、幼いころより音楽の指導を受けます。父は、フランツの才能に気づき、より本格的な音楽教育を受けさせるために、彼を教会の聖歌隊にあずけます。聖歌隊の指導者も、フランツの才能に気づき、ピアノが弾ける環境を整えます。こうした支援があったことで、シューベルトはピアノを習得することができたのです。

11歳になったシューベルトは、奨学金を得て神学校へ入学し、コーラス隊の養成クラスで、さらに音楽を学びます。しかし、ここでのフランツは、音楽的に学ぶべきことが少なく、独学に近い状況で作曲を学びます。そして、16歳にして、『交響曲第1番ニ長調』を作曲するまでになります。

その後、変声期のために神学校をやめたシューベルトは、教職に就きながら曲を生みだします。3年ほどの間にオペラ、交響曲、ミサ曲など100曲を超える曲が誕生します。

1816年に教職を離れたシューベルトは、作曲に専念します。そして亡くなる1年前に、歌曲集『冬の旅』が完成します。短い作曲家としての人生の中で、シューベルトは、『ピアノ五重奏曲イ長調　ます』や、『交響曲第8番ロ短調　未完成』など、重要な作品を残しますが、創作の中心は歌曲でした。シューベルトは、歌曲だけでも600曲以上の作品を残し、〈歌曲王〉と呼ばれます。こうした作品により、ドイツ歌曲（ドイツ・リート）を確立します。シューベルトによってドイツ・リートの芸術性が高められ、そのスタイルが確立されたのです。

名曲メモ

歌曲集「冬の旅」

Winterreise D. 911

ドイツの詩人ヴィルヘルム・ミュラーの詩集に曲をつけた歌曲集『冬の旅』は、24曲からなります。そこには失恋し、冬の荒野を旅する青年の心象風景が描かれています。シューベルトが亡くなる前年の30歳に完成したこの歌曲集は、ドイツ・リートを代表する作品です。

エクトル・ベルリオーズ

{ Hector Berlioz（1803年～1869年） }

恋心を交響曲に込めた情熱の作曲家

ベルリオーズは、医師であった父のもと、フランスの南部で生まれます。入学した神学校が廃校となったために、18歳までさまざまな学問を父から教わります。ベルリオーズと音楽の出会いは、14歳のころに、父がもっていたフラジオレットと呼ばれる縦笛を見つけたことから始まります。ベルリオーズは、フラジオレットを熱心に練習をします。その姿を見た父は、ベルリオーズにフルートを与えます。こうして、独学で音楽理論にも挑み、作曲するまでになります。

しかし、ベルリオーズは、音楽の道へ進むことなく、父の跡を継ぐため、医学校へ進学します。ところが、授業をうけているうちに、自分が医学に向いていないことに気づき、音楽の道を目指すようになります。

1823年にパリ音楽院へ入学します。このころ、ロマン主義運動に接し、その思想に共感します。1824年には、『荘厳ミサ曲』を作曲し、本格的に音楽家としての道を歩み始めます。

1830年に代表作『幻想交響曲』を作曲します。この曲は、イギリスのシェイクスピア劇団の公演を見たベルリオーズが、出演していた女優ハリエット・スミスソンに恋心を抱いたことで作曲されます。作曲したときは、彼女に思いを伝えられませんでした。しかし、1833年の『幻想交響曲』演奏会にハリエットが訪れ、二人は再開し、恋に落ち、結婚します。その後、ベルリオーズは序曲『ローマの謝肉祭』をはじめとする数々の作品で、新しいジャンルである〈標題音楽〉を確立します。

名曲メモ

『幻想交響曲』

Symphonie fantastique Op.14

舞台女優ハリエット・スミスソンに一目惚れしたベルリオーズの実体験が、作曲の動機となっています。〈ある芸術家の生涯のエピソード〉という副題をもつ5楽章からなる標題付きの交響曲です。恋人スミスソンをイメージした旋律が、形を変えて繰り返されます。

フェリックス・メンデルスゾーン

Felix Mendelssohn（1809年～1847年）

バロックや古典派も継承したロマン派の作曲家

メンデルスゾーンは、ドイツのハンブルクで、銀行家の父のもとに生まれます。幼いころより、母からピアノを学びます。8歳のとき、父がパリへ転勤となり、同行したメンデルスゾーンは、パリでピアノのレッスンを受けます。さらに両親は、彼の才能を伸ばすために環境を整え、作曲について学ばせます。このときの教師の紹介で、12歳のメンデルスゾーンは、72歳になる詩人ゲーテに会います。こうした経験が、メンデルスゾーンの心を豊かにします。

その後も父の支援のもと、パリ音楽院の教師たちと交流をもつことができ、17歳のときには、シェークスピアの戯曲に触発されて序曲『真夏の夜の夢』を作曲します。この序曲は後に、付随音楽『真夏の夜の夢』に用いられます。

1829年、20歳のメンデルスゾーンは、それまで長年にわたって忘れられていたJ.S.バッハの『マタイ受難曲』の復活を目的とした演奏会をベルリンで開き、成功を収めます。

1835年、ドイツのライプツィヒにあるゲヴァントハウス管弦楽団の指揮者に就任します。ここでのメンデルスゾーンは、音楽的な技術水準の向上だけでなく、楽団員の待遇についても改善します。

1843年には、自ら資金を集め、ライプツィヒ音楽院を創設し、院長となります。しかし、1847年に妹の死の報せを受けると、体調を崩し38歳の若さでこの世を去ります。

メンデルスゾーンは、幼少期からJ.S.バッハや、古典派のモーツァルトやベートーヴェンから大きな影響を受けていました。そのため古典派的な傾向が見られるロマン派の作曲家といわれています。代表的な作品には付随音楽『真夏の夜の夢』『ヴァイオリン協奏曲ホ短調』、ピアノ曲『無言歌集』などがあり、作風は優美さが特徴です。

名曲メモ

付随音楽『真夏の夜の夢』

Ein Sommernachtstraum

シェークスピアの戯曲『真夏の夜の夢』を題材にした作品で、1842年に作曲されました。付随音楽とは、劇の情景を音楽で豊かに彩るものです。コンサートでは、12曲すべてを演奏することはまれです。9番目に演奏される「結婚行進曲」が、とくに有名です。

フレデリック・ショパン

{ Frédéric Chopin（1810年～1849年）}

ピアノの可能性を追求した〈ピアノの詩人〉

ポーランド生まれのショパンは、6歳にして作曲家から本格的に音楽を学び始め、7歳で『ポロネーズ　ト短調』を作曲します。16歳でワルシャワの音楽院に入学します。音楽院を主席で卒業したショパンは、ウィーン滞在後、21歳でフランスのパリへ移り住みます。ショパンは、パリでピアノ演奏会をひらくなど、音楽活動を開始します。また、ピアノ教師として、多くの生徒にピアノを教え、安定した収入を得ます。

彼の作品の大半はピアノ曲で、独自のピアノ奏法を確立し、ピアノ表現の幅を広げたことで、〈ピアノの詩人〉と呼ばれています。

ピアニストでもあったショパンは、大きな会場での演奏を好まず、活動の場は貴族の邸宅にあるサロンが中心でした。

19世紀に入りピアノが富裕層に広まり、ピアノを習う子女が激増します。それにともない、ピアノ小品が大量に生み出されます。それらの曲は、技術的に易しく、感傷的でわかりやすい旋律でした。ショパンも、活動の場であったサロンのために、〈ノクターン〉〈ポロネーズ〉などのピアノのための小品を作曲しました。〈ノクターン〉は、自由な形式で、ゆったりとしたテンポと叙情的な旋律といった特徴をもつ楽曲です。〈ポロネーズ〉の「軍隊」「英雄」などは、ショパンの祖国ポーランドの舞曲で、特徴的な3拍子のリズムが、力強さを生み出しています。さらに、2巻の〈練習曲集〉は、技巧のためだけでなく、高い芸術性をともなった作品となっています。

名曲メモ

「夜想曲 第2番 変ホ長調」

Nocturne No.2 E flat Major Op.9-2

全21曲の『夜想曲（ノクターン）』の第2番は、とくに有名です。『夜想曲』は、1831年から晩年の1848年ころにかけて作曲されたものです。そのため各曲は、作風も時期により変化し、次第に深まりが増します。美しい旋律の『夜想曲』は、アマチュアでも弾きやすく作曲された曲です。

ロベルト・シューマン

{ Robert Schumann（1810年～1856年）}

ピアニストの妻クララと ともに歩んだ作曲家

ドイツの裕福な家庭に生まれたシューマンは、法律を学ぶために大学に進みますが、ピアニストになる夢があり、ピアノのレッスンを受けます。しかし、指を痛めたため、その夢を断念し、作曲の道へと進みます。

シューマンは、ピアノの恩師の娘でピアニストのクララと、恩師の反対を押し切って結婚します。この結婚によってシューマンはクララから、大きな影響を受けます。

彼は、声楽曲と標題付きピアノ作品を多く作曲しました。また、シューマンは、音楽雑誌を立ち上げ、音楽評論家としても活躍しました。シューマンの代表曲には、歌曲集『詩人の恋』、ピアノ曲集『謝肉祭』『子供の情景』などがあります。

フランツ・リスト

{ Franz Liszt（1811年～1886年）}

超絶技巧の曲を 作曲し、弾きこなす

ハンガリーで生まれたリストは、19世紀最高の名ピアニストとして、オーストリア、ドイツなど、ヨーロッパ各地で活動しました。また標題付き管弦楽曲の交響詩を確立した作曲家でもありました。

リストは幼いころから音楽の指導を父から受けていました。その後、12歳でパリ音楽院への入学を目指しますが、ピアノ科の規定により外国人の入学が認められなかったため、パリ在住の音楽家に師事しています。20歳のころニコル・パガニーニの技巧を駆使したヴァイオリン演奏に接し、自らも超絶技巧の作品を書きました。

リストの代表曲として、交響詩「前奏曲」、ピアノ曲『超絶技巧練習曲集』などがあります。中でも『パガニーニによる超絶技巧練習曲集』の第3曲「ラ・カンパネッラ（鐘）」は、とくに有名です。

リヒャルト・ワーグナー

Richard Wagner（1813年～1883年）

総合芸術としてのオペラを創始

ワーグナーは、ドイツの音楽好きの一家に生まれます。18歳で大学に進みますが中退し、教会音楽の指導者から作曲を学びます。1832年に作曲した『交響曲ハ長調』は不評でしたが、1842年に上演したオペラ『リエンツィ』は大成功を収め、作曲家として認められます。しかし、1849年のドイツ三月革命に参加したワーグナーは、革命の失敗によりスイスへ亡命します。この間にも数々の作品を生み出し、イタリア・オペラの様式とは異なる、音楽・文学・演劇が一体化した総合芸術としてのオペラの楽劇を創始しました。ワーグナーの代表曲には、オペラ『タンホイザー』、楽劇『トリスタンとイゾルデ』『ニーベルングの指環』などがあります。

ジュゼッペ・ヴェルディ

Giuseppe Verdi（1813年～1901年）

イタリア・オペラを発展・向上させる

ヴェルディは、ロマン派におけるイタリア・オペラの頂点に立つ、最大の功績者です。イタリアの作曲家として知られているヴェルディですが、彼が誕生した小村は当時フランスが支配していたため、国籍はフランスとなります。音楽への興味は幼少のころからあり、これに気づいた父は、小型のチェンバロであるスピネットを与えます。10歳で音楽学校へと進み、さらにミラノへ移り住み、奨学金を得て音楽を学びます。23歳ころに作曲したオペラ『オベルト』が、1839年にミラノのスカラ座で上演され、成功を手に入れます。その後は、順調とはいえませんでしたが、困難を乗り越え、オペラの名作を作り上げます。ヴェルディの代表作には、オペラ『リゴレット』『椿姫』、スエズ運河開通を記念して作曲された『アイーダ』などがあります。

ヨハネス・ブラームス

{ Johannes Brahms（1833年～1897年）}

ベートーヴェンを尊敬し古典派的な作品を残す

ドイツのハンブルクで生まれたブラームスは、幼いころに、コントラバス奏者の父から音楽を学びます。そして、10歳のころにはピアニストとして早くもその才能を示します。また、古典派の作品に接していたブラームスは、ロマン派音楽の主流だった〈標題音楽〉〈オペラ〉を書かず、古典派から受け継いだ伝統的な形式や技法による形式美を追求した作品を手がけました。『交響曲第1番ハ短調』は、尊敬するベートーヴェンの9つの交響曲の存在が大きなプレッシャーとなり、22歳ころから構想し、修正に修正を重ね、43歳で完成させます。ソナタ形式で書かれた第4楽章の第1主題は、ベートーヴェンの『交響曲第9番ニ短調』の「歓喜の歌」を想い起こさせます。ブラームスの代表作には、『交響曲』4作品のほか、『クラリネット五重奏曲』『ヴァイオリン協奏曲』などがあります。

カミーユ・サン＝サーンス

{ Camille Saint-Saëns（1835年～1921年）}

フランスの音楽界を大きく発展させる

フランスのパリで生まれたサン＝サーンスは、幼いころから、すばらしい音感をもっていました。また語学や数学など、あらゆる学問で飛び抜けた成績のため、13歳にしてパリ音楽院への入学が認められました。パリ音楽院を卒業すると、教会のオルガニストの職に就き、ピアニストとしても活躍します。1877年にはリストの協力を得て、オペラ『サムソンとデリラ』が初演されます。そして、1886年にはサン＝サーンスの作品の中でも有名な〈オルガン付き〉のタイトルで知られる『交響曲第3番ハ短調』が生まれます。また、作曲家としての活動以外では、〈国民音楽協会〉を設立し、フランス音楽の発展に大きく貢献します。サン＝サーンスの代表曲には、交響詩『死の舞踏』、管弦楽組曲『動物の謝肉祭』などがあります。

ジョアキーノ・ロッシーニ

{ Gioacchino Rossini（1792年～1868年）}

大衆に支持される喜劇的なオペラ

ロッシーニは、19世紀初期のイタリア・オペラ界で第一人者として活躍します。ナポリが発祥の〈オペラ・ブッファ〉と呼ばれるジャンルの創作をメインにして、作曲活動をしていました。ブッファとはイタリア語で〈喜劇的な〉という意味です。ロッシーニは、音楽好きの両親のもとに生まれ、幼いころから音楽に囲まれた生活を送ります。ボローニャの音楽学校で学び、オペラを作曲するまでになります。18歳で最初のオペラ『結婚手形』を手がけます。そこから20年ほどの間に、39作ものオペラを作曲し、37歳で作り上げた『ウィリアム・テル』が最後のオペラ作品となります。これ以降は、オペラ作品は書かず、宗教音楽を手がけています。ロッシーニの代表作には、オペラ『セヴィリアの理髪師』『ウィリアム・テル』などがあります。

ジャコモ・プッチーニ

{ Giacomo Puccini（1858年～1924年）}

イタリア・オペラの質をさらに向上せる

プッチーニは、18世紀から続く音楽家の家系に生まれます。幼いころに父が亡くなり、叔父によって養育され、教会のオルガン奏者の職を得ます。その後、ヴェルディのオペラ『アイーダ』に接し、オペラ作曲家を目指します。20歳をすぎたころ、オペラの作曲を始めます。30歳を過ぎた1889年に、2作目となるオペラ『エドガール』を作曲し、別荘を購入できるほどの成功を収めます。3作目のオペラ作曲時に出会った二人の台本作家の才能を得て、最高傑作のオペラ『ラ・ボエーム』が生まれます。ヴェルディに触発されて作曲家を目指したプッチーニは、ヴェルディに次ぐイタリア・オペラ最大の作曲家と評されています。プッチーニの代表作には、オペラ『トスカ』『蝶々夫人』などがあります。

ピョートル・チャイコフスキー

{ Pyotr Tchaikovsky（1840年～1893年）}

ロシア的でありながら ヨーロッパの様式で表現

　チャイコフスキーは、ロシアのウラル地方で生まれます。両親は音楽好きで、チャイコフスキーもピアノを習います。10歳で、法律学校に入学し、在学中から作曲や声楽を学び始めます。卒業後は公務員となりますが、23歳で職を辞し、サンクトペテルブルク音楽院で本格的に音楽を学び始めます。卒業後、モスクワへ移り、モスクワの音楽院で教師の職を得ます。1866年、最初の交響曲『交響曲第1番ト短調 冬の日の幻想』が初演されたことで、国民楽派の〈ロシア五人組〉と親交をもち、当初は国民楽派的な曲を書きましたが、その後は伝統的なヨーロッパ音楽の様式で、ロシア色の濃い作品を書きます。チャイコフスキーの代表作には、『交響曲第6番ロ短調 悲愴』、『ピアノ協奏曲第1番変ロ短調』、バレエ音楽『白鳥の湖』などがあります。

エドヴァルド・グリーグ

{ Edvard Grieg（1843年～1907年）}

ノルウェーの美しさを 音楽で表現

　グリーグは、曽祖父の時代にスコットランドからノルウェーに移民し、帰化した子孫として生まれます。グリーグは、著名なヴァイオリン奏者オーレ・ブルに才能を認められ、ドイツのライプツィヒ音楽院で作曲を学びます。1867年、オスロの管弦楽団の指揮者に就任し、グリーグの生涯の仕事となるピアノ曲『抒情小曲集』の第1集を出版します。曲集は1901年の第10集まで刊行されます。30歳半ばから民族音楽に影響を受け、民族楽器を用いた作品を作曲します。ノルウェーを代表する国民楽派の作曲家で、ノルウェーの自然などを民族色豊かに表現しました。グリーグの代表曲には、『ピアノ協奏曲イ短調』、管弦楽曲『ペールギュント第1・第2組曲』などがあります。

ジャン・シベリウス

{ Jean Sibelius（1865年～1957年） }

フィンランドを愛し英雄となった作曲家

フィンランドで生まれたシベリウスは、大学へ進み法律を学びますが、音楽への情熱に突き動かされ、ヘルシンキの音楽学校へ移り、作曲などを学び始めます。その後、ベルリン、ウィーンへ留学し、そこでドイツの伝統的な音楽を学びます。19世紀末、ロシアはフィンランドを支配下におこうと試みます。こうした状況の中、シベリウスは愛国的な合唱曲を作曲し、国民の支持を得ます。1901年には、『交響曲第2番ニ長調』を作曲し大成功を収めます。その後、祖国フィンランドの歴史、神話、自然などを題材にして民族意識を高める作品を書き、フィンランドの国民的英雄とされています。シベリウスの代表的な作品に、交響詩『フィンランディア』などがあります。

アントニン・ドヴォルザーク

{ Antonín Dvořák（1841年～1904年） }

チェコの民族音楽を作品に活かした作曲家

チェコに生まれたドヴォルザークは、家業の肉店を継ぐために職業学校へ入学します。職業学校の校長は、教会のオルガン奏者や、小さな楽団の指揮者を務めていたため、ドヴォルザークの才能に気づき、音楽についても教えました。その後も支援する人や、オーストリア政府の奨学金などによって、ドヴォルザークは、チェコの国民楽派を代表する作曲家となります。彼の作品には、祖国の民族音楽の要素が生かされています。また、アメリカの音楽院から招かれたドヴォルザークは、この地で『交響曲第9番ホ短調 新世界より』を作曲します。このとき、ネイティブ・アメリカンや、アフリカ系アメリカ人の音楽に接し、創作のアイデアを得たとされています。ドヴォルザークの代表的な作品には、『チェロ協奏曲ロ短調』『弦楽四重奏曲 第12番ヘ長調 アメリカ』などがあります。

グスタフ・マーラー

{ Gustav Mahler（1860年～1911年）}

大編成オーケストラによる長大な交響曲を作曲

ユダヤ人の両親のもと、マーラーはチェコで生まれます。幼いころより音楽好きだったマーラーは、15歳でウィーンの音楽学校に入学します。このとき、ピアノ演奏や作曲コンクールで優秀な成績を残します。卒業後、王立劇場などの楽長や芸術監督となります。この間にも『交響曲第1番ニ長調　巨人』などを作曲します。マーラーの交響曲は、大規模編成で、長大なものが多く、声楽を取り入れた交響曲や、管弦楽伴奏による歌曲、合唱曲などで新たな道を切り拓きました。また指揮者としても活躍し、その分野でも高い評価を得ます。マーラーの代表作には、交響曲の9作品、管弦楽伴奏付き声楽曲『大地の歌』、歌曲集『さすらう若人の歌』などがあります。

セルゲイ・ラフマニノフ

{ Sergei　Rachmaninov（1873年~1943年）}

ピアノ名演奏家による数々のピアノの名品

ラフマニノフは、ロシア貴族の家系に生まれますが、9歳のころ一家は経済的に破綻します。しかし、音楽の才能が認められ、奨学金を受けてサンクトペテルブルクの音楽院へ通うことができました。ところが成績不振のために落第し、モスクワの音楽院へ移ります。ここで、ピアノや音楽理論を学んだラフマニノフは、ピアノ演奏で賞を取り、『ピアノ協奏曲第1番』を作曲します。1895年には『交響曲第1番』を作曲しますが、失敗に終わります。失意の中で過ごしたのち、1900年に『ピアノ協奏曲第2番』などを発表し、成功を手に入れます。彼の創作の中心はピアノ曲であり、自らもピアノを演奏し、ロシア最後のロマン派の作曲家として活躍しました。ラフマニノフの代表曲には、『パガニーニの主題による狂詩曲』『ヴォカリーズ（声楽曲）』などがあります。

ロマン派時代の

世俗音楽

ロマン派の音楽が大衆音楽をより豊かに

　ロマン派の時代になると、技術革新によって、ピアノの性能が向上し、音域の拡大や表現の幅が広がります。その結果、ピアノの演奏技術や奏法を修得するための練習曲が多く書かれます。その多くは、無機質な練習曲でした。しかし、ショパンが作曲した練習曲には、高度な演奏技術を修得するための練習曲でありながら、高い芸術性をもった練習曲もありました。

　そして、この時代には、裕福な市民階級の子女が、習い事としてピアノを始めるようになり、ピアノが普及します。そのため、アマチュアでも弾きやすい曲が求められ、ピアノの小品が数多く作られます。また、ピアノが裕福な市民階級の家庭に普及したことで、家庭内で演奏会が催され、より多くの人たちが、音楽の楽しさを身近に感じることになります。

新しく誕生した楽器とオーケストラ

　19世紀には、楽器の改良が進められます。演奏のしやすさや、音域の拡張といった進歩が見られます。これによって、演奏の可能性も広まり、表現力の幅が広がりました。また、古典派の時代にはなかったコントラファゴット、コールアングレ（オーボエの仲間）、チューバといった楽器が作られ、これらの楽器を組み入れたことでオーケストラの編成は拡大していきました。

　さらに、ロマン派の時代には、自由な発想により、楽器ではない道具なども使われるようになります。マーラーは『交響曲第6番』でカウベルやハンマーを使用し、チャイコフスキーは管弦楽曲の序曲『1812年』で大砲の音を楽譜に指定しています。

チューバ

20世紀の〈クラシック音楽〉

1910年ころ～2020年ころ

この時代のポイント

多様化し、独創的な道へと進む〈クラシック音楽〉

1910年代ころまでは、ロマン派のブルックナーやマーラーらも活躍していました。しかし、第一次世界大戦を境に、新たな理論による音楽が登場します。

フランスでは、ドビュッシーの印象主義音楽の登場によって、〈20世紀のクラシック音楽〉がスタートします。ドビュッシーは、古典派からロマン派へと続いてきた和声法や作曲様式から距離を置いて独自の音楽を追求します。ロマン主義が終わろうとするこの時期、新しい傾向への反動としてバロック音楽や古典派の音楽を評価する新古典主義の音楽も台頭します。

ドイツでは、シェーンベルクが12音技法による作曲法を考案します。彼は、無調という調性のない音楽を生み出し、バロック音楽時代からの音楽の仕組みを大変革します。

ロシアではストラヴィンスキーが、バレエ音楽『春の祭典』でみせた、目まぐるしく変化するリズム、連続する変拍子、そして強烈な不協和音で表現されるエネルギッシュな音楽は、原始主義と呼ばれました。さらにロシア革命後は、プロコフィエフ、ショスタコーヴィチらが社会主義リアリズムに基づいた作品を発表します。

ハンガリーでは、バルトークが民族色豊かな作品を発表します。アメリカではガーシュインが、ジャズの要素を取り入れた曲を発表します。

第二次世界大戦後、ドイツではシュトックハウゼンが電子音を作品に取り入れ、ギリシャのクセナキスが数学で音楽を作曲する〈確率音楽〉を提唱し、アメリカのジョン・ケージは〈偶然性の音楽〉を提唱します。

その後も、12音音楽の音列技法の概念を拡張した〈トータル・セリー〉、音を塊としてとらえる〈トーン・クラスター〉、短い音型やリズム型を繰り返す〈ミニマル・ミュージック〉など、独創的な実験音楽ともいうべき作品が、次々と登場します。

1970年代には、欧州圏以外の民族音楽に活路を見出す試みも登場し、さらに1950年代の前衛作曲家たちが排除してきた〈調性〉〈三和音〉〈旋律〉の要素が再び取り上げられる傾向が見られ、20世紀の〈クラシック音楽〉は、複雑に、そして多様化しています。

サクッ!とわかる

20世紀のクラシック音楽 6のキーワード

keyword

1 音楽スタイルの拡張

科学技術の発達とともに、20世紀の音楽も他の芸術と同じように多様化していきます。音楽のとらえ方や考え方も大きく変わり、多種多様な作品が生まれます。従来の音階や楽譜を用いない音楽、テープ・レコーダーを使った音楽、電子音で制作された音楽、偶然性を取り入れた音楽、さらに音を出さない音楽まで登場しました。いま現在も、音楽のあり方は変化を続けています。

keyword

2 調性の崩壊

音楽に〈明るい・暗い〉を感じることがあります。それは音階の違いに起因します。長音階の長調の曲は明るく、短音階の短調の曲は暗い雰囲気になります。また、雰囲気はメロディーにともなう和音にも左右されます。さらに音楽で緊張したり、穏やかにもなりますが、それは調性という、中心の音と和音による秩序のためです。ところが19世紀後半には、無調音楽という調性のない音楽が生まれます。

keyword

3 印象主義

フランスの作曲家ドビュッシーによって確立された印象主義の音楽は、音によって語られるストーリーを追っていくのではなく、イメージを思い浮かび上がらせる映像的な音楽といえます。光や水、雲といった常に変化する自然現象などを、細かな描写で作曲せず、〈印象〉として表現する音楽です。明確な形式はなく、断片的な旋律、色彩的に使われる和音などが印象主義の特徴とされます。

keyword

4 新古典主義

ロシアのストラヴィンスキー、ミヨーなど〈フランス六人組〉によって形作られた新古典主義の音楽は、バロック時代の組曲や古典派のソナタなどを手本にした音楽です。わかりやすい形式、聴きやすい音の扱いなどに特徴があります。ロマン派の感情表現の強い音楽や、印象主義による、あいまいな形式によって醸(かも)し出される漠然とした音楽への反動として生まれた音楽です。

keyword

5 12音音楽とトータル・セリー

12音音楽は、作曲家シェーンベルクによって考案された音楽理論です。1オクターブ内の12個の音を一定のルールで並べた音列=セリーという技法で作られた音楽で、その音楽に調性はありません。この理論で作曲された音楽は、フランスの作曲家メシアンによって、さらに進化します。音の高さだけでなく音の長さ、音色、強弱、音の出し方も音列に加えたのです。この技法はミュージック・セリー、またはトータル・セリーと呼ばれます。

keyword

6 偶然性・不確定性の音楽

1950年ころアメリカの作曲家ジョン・ケージによる革新的な音楽理論により、音楽のとらえ方が大きく変化します。それまでの考え方が否定され、音楽しない〈音楽〉が誕生します。彼の作品「4分33秒」では、ピアノ奏者がピアノのふたを開け、4分33秒たつとふたを閉めてステージを去ります。その間の会場内で起こるざわめきや雑音なども、偶然性や不確定性による〈音楽〉としました。

クロード・ドビュッシー

{ Claude Debussy（1862年~1918年）}

絵画的な作品で新しい時代を切り拓く

フランスの作曲家ドビュッシーは、モネ、マネ、セザンヌ、ドガといった印象派の画家や、マラルメ、ヴェルレーヌなどの象徴派の詩人たちから芸術上の影響を受け、古典派から続いてきた伝統的な和声法や形式によらず、自らの感覚によって作曲する独自の音楽語法と作曲様式を確立しました。その絵画的ともいえる音楽は「印象主義」と呼ばれます。

ドビュッシーは、教会旋法（グレゴリオ聖歌）、全音音階、五音音階、平行和音などを駆使し、独自の音楽を追求しました。その音楽は、聴き手が考えて理解するというより、感覚的にとらえる音楽でした。ストーリーを追っていく散文的な音楽とは異なり、音のひとつひとつが躍動する詩的な音楽でした。

ドビュッシーが用いた音楽の素材のうち、全音音階は6つの音からなる音階で、となり同士の音は、全音の音程で並べられています。全音音階の各音には、音の方向性もなく、曖昧性や浮遊感が醸（かも）し出されます。テレビ・アニメ『鉄腕アトム』の主題歌は、全音音階を用いたイントロで始まっています。五音音階は、5つの音からなる音階で、日本はじめ、アジア各地の民族音楽に見られます。西洋の人々にとっては、異国情緒を感じ取れます。平行和音は、同じ種類の和音が、その声部間の音程関係を変えずに進行（移動）していく和音です。

名曲メモ

管弦楽曲『牧神の午後への前奏曲』

Prélude à "L'après-midi d'un faune"

1892年から2年の歳月をかけて書き上げた作品で、これによって印象主義の音楽が確立し、20世紀の音楽への幕が開けられました。この作品は、象徴派の詩人ステファヌ・マラルメの詩『牧神の午後』に触発されて書かれた作品です。うつろな響きのフルート・ソロで始まる旋律によって、幻想的な音の世界へと導かれます。

イーゴリ・ストラヴィンスキー

{ Igor Stravinsky（1882年~1971年）}

原始主義と呼ばれた荒々しい音やリズム

ポーランド系貴族の子孫として、当時のロシアの首都サンクトペテルブルクに生まれたストラヴィンスキーは、両親の望みどうりに大学の法学部へ進みます。それと併行して音楽理論を学ぶようになります。

そして、法学部で知り合った友人の父が〈ロシア五人組〉のひとりで、有名な作曲家リムスキー=コルサコフであったことから、幸運にも個人的に教えを受けることになります。1905年に大学の法学部を卒業したストラヴィンスキーは、音楽家の道を選び、歩み始めます。

そして、作曲家としてストラヴィンスキーが一躍知られるようになったのは、1910年に作曲されたバレエ音楽『火の鳥』で、パリでの初演は大成功を収めます。立て続けにバレエ音楽『ペトルーシュカ』、そして原始主義を代表する作品『春の祭典』を発表し、作曲家としてセンセーショナルなデビューを飾り、20世紀を代表する作曲家となります。

しかし、1914年、第一次世界大戦が始まると、バレエの上演が減り、さらに母国ロシアの革命によって、収入が激減します。こうした苦境の中、ストラヴィンスキーは新たな試みを始めます。18世紀のスタイルを取り入れつつ、新しい技法を用いた新古典主義と呼ばれる音楽ジャンルを開拓します。その後もアメリカに拠点を移し、1960年代半ばころまで、作曲家・指揮者として活躍しました。

名曲メモ

バレエ音楽『春の祭典』

Le Sacre du Printemps

この作品は、原始主義を代表する作品です。民族的なものを題材とした原始主義の音楽は、目まぐるしく変化するリズムや拍子、さらに強烈な不協和音の連続から生まれる生命力あふれる音楽が特徴です。ストラヴィンスキーは、立て続けに発表したバレエ音楽『火の鳥』『ペトルーシュカ』『春の祭典』の三部作で、原始主義的な力強さを表現し、原始主義を推し進めました。

アルノルト・シェーンベルク

{ Arnold Schönberg（1874年~1951年） }

無調音楽の作曲技法である12音技法を確立

オーストリアのウィーンで生まれたシェーンベルクは、幼いころからヴァイオリンを習っていました。父が亡くなり、15歳で銀行員になりますが、音楽の勉強も続け、音楽の道へ進みます。1900年に構想された『グレの歌』は、オーケストラ用の楽譜を作成するために10年の歳月がかかりました。この曲は、楽器だけでも130人の大編成で、演奏時間は2時間に迫る長大な作品です。その後、中心音をもたない無調音楽を理論化します。1920年~1923年に作曲した『五つのピアノ曲（作品23）』などで無調音楽の技法をさらに徹底させ、

〈12音音楽〉を確立し、その後の音楽に大きな影響を与えます。シェーンベルクの代表的な作品には、ソプラノと室内楽『月に憑かれたピエロ』、弦楽六重奏曲『浄められた夜』などがあります。

エリック・サティ

{ Éric Satie（1866年~1925年） }

生活の中に溶け込んだ奇妙な旋律

サティは、風変わりな題名の曲と、伝統からはみ出た音楽を書いた作曲家です。サティはパリの音楽院に入学しますが、彼の才能は、当時の学校からは理解されず、除籍されます。それでも、サティは音楽を続け、1888年には、サティの名を後世に伝えることになるピアノ曲『ジムノペディ』『グノシエンヌ』を発表します。このころから、作曲家ドビュッシー、詩人コクトー、画家ピカソらと交流をもち、前衛的な考え方を共有します。1920年、『家具の音楽』を作曲します。これは家具のように、生活に溶け込んだ音楽を目指したもので、

サティの音楽に対する考え方を示した作品でした。彼の作品はドビュッシー、ラヴェルにも影響を与えました。サティの代表的な作品には、ピアノ曲『梨の形をした3つの小品』『犬のためのぶよぶよとした前奏曲』などがあります。

モーリス・ラヴェル

{ Maurice Ravel（1875年～1937年）}

多彩な形式を取り入れた色彩あふれる音

フランスの作曲家ラヴェルは、〈管弦楽法の魔術師〉と呼ばれ、色彩あふれるオーケストラ作品を数多く作曲しました。1889年、ラヴェルはパリ音楽院へ入学します。ここで14年ほど学び、1901年にピアノ曲『水の戯(たわむ)れ』を作曲します。その後のラヴェルの作風を決定づける、きらびやかな曲です。第一次世界大戦に、ラヴェルは志願して参加します。この間に母が亡くなったことで作曲意欲がなくなります。その後、アメリカへ渡り、ポピュラー音楽に接したことで意欲が戻り、バレエ音楽『ボレロ』などを作曲します。ラヴェルの作品は、古典的形式に寄りながらも、印象主義的作風や、ジャズを取り入れるなど多彩でした。代表的な作品には、バレエ音楽『ダフニスとクロエ』、遺作となった『ヴァイオリン・ソナタ』などがあります。

オットリーノ・レスピーギ

{ Ottorino Respighi（1879年～1936年）}

オペラ全盛のイタリアで器楽曲を作曲

イタリア北部の町ボローニャで生まれたレスピーギは、父が音楽教師だったことから音楽教育を受けていました。1891年、音楽学校に入学し、本格的にヴァイオリンや作曲などを学びます。卒業後、ロシア帝国劇場の管弦楽団で首席ヴィオラ奏者として活躍します。ここで、〈ロシア五人組〉のひとりで、民族色豊かなオペラなどを作曲していたニコライ・リムスキー=コルサコフと出会い、教えを受けます。1910年代ころからは、本格的に作曲を始めます。その後、職を得てローマに移り住み、ここで多くの交響詩、器楽曲を生み出します。20世紀初頭、オペラ作曲家の活躍が目立つイタリアで、重要な器楽曲の作曲家として存在感を示しました。レスピーギの代表的な作品に、ローマ三部作と呼ばれる交響詩『ローマの噴水』『ローマの松』『ローマの祭り』、弦楽合奏曲『リュートのための古風な舞曲とアリア』などがあります。

ベーラ・バルトーク

Béla Bartók（1881年～1945年）

ハンガリーの民謡を作品に活かして作曲

バルトークは、当時はハンガリー王国で、現在はルーマニアの町で生まれます。母がピアノ教師で、バルトークも幼いころからピアノに触れていました。父は学校長で地元に音楽協会を設立するほどの音楽好きでした。父が32歳の若さで急死すると、母はピアノ教師として生計を立てるために、東ヨーロッパ各地を転々とします。このころ、エルネー・ドホナーニ（作曲家・ピアニスト）と知り合います。バルトークは、彼の助言でブダペストの音楽院へ入学し、ハンガリー音楽の作曲家としての道を進むことになります。その後、祖国ハンガリーなどの民謡研究をもとに、独自の作曲技法を生み出し、東ヨーロパの民族的な雰囲気をもった多くの作品を書きました。バルトークの代表的な作品には、『弦楽器・打楽器・チェレスタのための音楽』『管弦楽のための協奏曲』『ピアノ協奏曲 第2番』などがあります。

アルバン・ベルク

Alban Berg（1885年～1935年）

12音技法による無調音楽に抒情性をただよわせる

オーストリアのウィーンで生まれたベルクの少年期は、勉学のつまづきなどから10代後半で自殺をはかるなど、暗いものでした。ベルクは、独学で作曲を始めましたが、兄が作品を作曲家シェーンベルクに見せたことで、音楽家となる道がひらけます。ベルクはウィーン音楽院へ進み、1907年に作曲家としてデビューします。オペラ『ヴォツェック』によって名声を手にしたベルクは、シェーンベルクによって考案された調性のない〈12音音楽〉理論に基づきながら、調性を感じることができる音列を用いて作品を書きました。そのため、彼の作品は抒情性を感じ取ることができます。その後、ベルクの作品はナチス・ドイツにより、退廃的な音楽と批判され、上演が不可能になります。1935年、不運の中、生涯を終えます。ベルクの代表的な作品には、『ヴァイオリン協奏曲』、弦楽四重奏曲『抒情組曲』などがあります。

セルゲイ・プロコフィエフ

{ Sergei Prokofiev（1891年～1953年）}

社会主義体制のもと聴きやすい音楽を作曲

プロコフィエフは、帝政ロシアの支配下にあった現在のウクライナ・ドネツク州に生まれます。11歳で交響曲の作曲を始め、サンクトペテルブルク音楽院へ入学します。このころから不協和な音楽を試みます。在学中の作品は、あまりにも斬新で、伝統を重んじる人たちに反発されます。そして革命の嵐が吹き荒れるロシアを去り、アメリカへ亡命します。その後、活動の場をドイツ、フランスに移しますが、1936年には革命でソビエトとなった祖国へ帰国します。社会主義政権下で政治的な圧力をうけながらも、数々の名曲を送り出します。プロコフィエフは、20世紀のソビエトを代表する作曲家で、初期は『ピアノ協奏曲第2番』など前衛的でしたが、後年は交響的物語『ピーターと狼』のような明快でわかりやすい音楽に方向転換しました。プロコフィエフの代表的な作品には、『交響曲第1番ニ長調 古典交響曲』『ピアノ協奏曲 第3番ハ長調』などがあります。

ダリウス・ミヨー

{ Darius Milhaud（1892年～1974年）}

多くの作品を残した新古典主義の作曲家

フランスのプロヴァンス地方で生まれたミヨーは、裕福な家庭に育ち、7歳でヴァイオリンを始めます。1909年、パリ音楽院に入学し、作曲を学びます。その後、友人である外交官の秘書として、ブラジルやアメリカを巡ります。このとき、彼はカーニヴァルを観て、大きな刺激を受けます。旅で得た着想により、バレエ音楽『屋根の上の牛』を作曲しますが、激しい反発を受けます。その後、イギリスやアメリカで出会ったジャズに魅了され、バレエ音楽『世界の創造』を作曲します。この曲では、発明されて日の浅いサキソフォンを使用しました。ミヨーは音楽集団〈フランス六人組〉の一人で、新古典主義の作品を中心に、映画音楽など幅広いジャンルの作品を手がけました。ミヨーの代表的な作品には、ピアノ曲『スカラムーシュ』、管弦楽曲『プロヴァンス組曲』などがあります。

オリヴィエ・メシアン

{ Olivier Messiaen（1908年～1992年）}

12音音楽の音列技法をトータル・セリーへと発展

フランスのアヴィニョンで生まれたメシアンは、11歳でパリ音楽院へ入学します。卒業後、熱心なカトリック教徒のメシアンは、教会オルガニストの職に就き、生涯にわたって活動します。作曲では先進的な曲を多く発表します。1937年には、パリ万国博覧会のための『美しい水の祭典』で電子楽器オンド・マルトノを使いました。その後、第二次世界大戦に従軍し捕虜となりますが、収容所でも作曲を続けました。解放後、ドイツ占領下のパリで活動を続け、室内楽曲『世の終わりのための四重奏曲』などを作曲します。メシアンは、トータル・セリーという音列技法による作品や、鳥の鳴き声の採譜をもとにした作品などを書きました。また、パリ音楽院で教職に就き、現代音楽の発展に貢献しました。メシアンの代表的な作品には、『トゥランガリラ交響曲』、ピアノ曲『音価と強度のモード』『鳥のカタログ』などがあります。

ジョン・ケージ

{ John Cage（1912年～1992年）}

西洋音楽の伝統を破壊し偶然性を音楽に導入

アメリカのロサンゼルスに生まれたケージは、18歳でフランスへ留学し、建築学を学びます。1年ほどでアメリカに戻り、南カリフォルニア大学で教鞭をとっていた先鋭的な作曲家シェーンベルクから作曲などを学び、このころから作曲を始めます。初期の作品は、シェーンベルクの教えに従ったものでした。しかし、1940年代になると、ピアノに張られた弦の上に金属片や木片を乗せたり、消しゴムを弦と弦の間に挟むことでピアノの音を変化させるプリペアード・ピアノという手法を考案し、『ソナタとインタリュード』などを作曲します。1950年代に入ると、偶然性の要素を取り入れた作品を発表します。中国の易経からヒントを得て作曲された「易の音楽」は、西洋音楽のあり方を大きく変え、一大センセーションを巻き起こしました。さらにケージの最も有名な作品「4分33秒」では、新たな〈音楽〉を提起します。

ヤニス・クセナキス

{ Iannis Xenakis（1922年～2001年）}

建築学を学び
数学の確率論で作曲

ルーマニアで生まれたクセナキスは、ギリシャのアテネ工科大学で数学と建築を学びます。第二次世界大戦の後、独裁政権による弾圧から逃れるために、フランスへ亡命します。その後、世界的な建築家ル・コルビジェのもとで建築を学びます。併行してパリ音楽院でメシアンから作曲を学びます。このとき、メシアンからのアドバイスで、数学を下地にした新たな作曲法を編み出します。数学者でもあるクセナキスは、数学の確率論を応用した方法で作曲しました。クセナキスは五線譜ではなく、グラフを用いた記譜法を生み出します。そのため、複雑な曲となり、演奏が難しいものもありました。そうした曲は、のちにコンピュータによって再現されます。クセナキスの代表的な作品に、管弦楽曲『メタスタシス』、4つの管弦楽『ポリトープ』、6人の打楽器奏者『ペルセファッサ』などがあります。

ジェルジ・リゲティ

{ György Ligeti（1923年～2006年）}

音を塊にして
不気味な響きを生み出す

ルーマニアで生まれたリゲティは、ハンガリー系オーストリア人で、第二次世界大戦中に父と弟をナチス・ドイツの強制収容所で亡くしています。戦後、ブダペストで音楽を学びますが、〈ハンガリー動乱〉にともなうソビエトによる侵攻から逃れるため、オーストリアへ亡命します。リゲティは、アメリカの作曲家ヘンリー・カウエル（1897年～1965年）が考案したトーン・クラスターという技法を、さらに発展させて作品を書いた作曲家です。トーン・クラスターとは、一定の音域内を全音、半音、さらに微分音と呼ばれる半音より狭い音程で積み重ねて作る技法で、音響学への関心から生まれた音楽です。リゲティの代表的な作品には、管弦楽曲『アトモスフェール』、ピアノ曲「ムジカ・リチェルカータ」などがあります。またリゲティのいくつかの曲が映画『2001年宇宙の旅』で使われています。

ピエール・ブーレーズ

{ Pierre Boulez（1925年～2016年）}

斬新な作品にただよう アフリカやアジアの音楽

フランスで生まれたブーレーズは、作曲を学んでいたパリの国立高等音楽院を退学し、ポーランド出身の作曲家ルネ・レイボヴィッツから、先進の作曲理論である12音技法を学びます。12音技法は、ブーレーズの師メシアンによって、トータル・セリーへと発展していきます。トータル・セリーは総音列技法といい、音の高さだけでなく、強弱・音の長さ・音色を加えた音列技法です。2台のピアノのための『ストリクチュール第1集』を作曲したブーレーズですが、厳格なトータル・セリーに限界を感じ、これ以後は自由なセリーで作品を書いていきます。その第1作が『主のない槌（つち）』で、アルト独唱、アルト・フルート、シロリンバ、ヴィブラフォン、ギター、ヴィオラ、打楽器で演奏されます。そのほかブーレーズの代表的な作品には、偶然性を取り入れた『ピアノ・ソナタ第3番』があります。

カールハインツ・シュトックハウゼン

{ Karlheinz Stockhausen（1928年～2007年）}

電子音楽スタジオで 革新的な作品を制作

ドイツで生まれたシュトックハウゼンは、幼いころに、教会で音楽に出会います。第二次世界大戦時には、徴用され野戦病院で働きます。父は徴兵され戦死します。すでに母を亡くしていたシュトックハウゼンは、孤児となり、ピアノ演奏などで命をつなぎます。その後、ケルンの音楽大学に入り、12音技法などでの作曲を試みます。ついで、パリの国立高等音楽院を受験し、不合格でしたがメシアンのクラスでの聴講が認められ、1年ほど学びます。その後、放送局の電子音楽スタジオに所属し、作品を発表します。彼の作品は、トータル・セリーや、電子音楽の創作が中心でしたが、従来の楽器による作品も手がけています。シュトックハウゼンの代表的な作品には、録音された少年の声と電子音による電子音楽『少年の歌』、ピアノ、打楽器、電子音のための『コンタクテ』、10楽器のための『コントラ・プンクテ』などがあります。

クシシュトフ・ペンデレツキ

{ Krzysztof Penderecki（1933年～2020年）}

トーン・クラスターで生み出す圧倒的な音楽

ポーランドに生まれたペンデレツキは、幼いころ父から与えられたヴァイオリンによって音楽の道へと導かれます。20歳半ばに、新人作曲家コンクールに3作品を応募します。審査は匿名でおこなわれ、3作品とも入賞します。こうして、ペンデレツキは作曲家として鮮烈なデビューを飾ります。彼は、リゲティとともにトーン・クラスターの代表的な作曲家です。52の弦楽器のための『広島の犠牲者に捧げる哀歌』（1960年）もトーン・クラスター技法による作品です。弦楽器群が奏でる音が、塊となって独特な音響世界を繰り広げます。ペンデレツキはトーン・クラスター技法による作品を多く書きました。1971年には、フリー・ジャズとの共作による録音も残しています。ペンデレツキの代表的な作品には、弦・打楽器・チェレスタ・ハープのための『アナクラシス』、合唱曲『スターバト・マーテル』、『ルカ受難曲』などがあります。

スティーヴ・ライヒ

{ Steve Reich（1936年～　）}

短い旋律を繰り返しゆらぎを生み出す

ニューヨーク生まれのライヒは、大学で哲学を学んだあと、ジュリアード音楽院などで学びます。そして、録音した同じ音声を2台のプレイヤーで再生したときに生まれる、わずかにズレた音を録音して作品としました。これは〈フェイズ・シフティング〉と呼ばれる手法で、彼の初期の作品は、このズレの技法で作られています。その後、断片的な旋律や音型を反復させた作品『18人の音楽家のための音楽』を作曲します。多数の楽器が、短い旋律を繰り返すことで生まれる不思議なゆらぎが1時間近く続きます。ヴィブラフォン、マリンバなどが奏でる反復音は、インドネシアのガムランにも通じる響きです。こうしたライヒの音楽は〈ミニマル・ミュージック〉と呼ばれ、彼は、その代表的な作曲家として活躍します。ライヒの作品には、ピアノ曲『ピアノ・フェーズ』、手拍子『クラッピング・ミュージック』などがあります。

Electronic Musical Instrument

電子楽器

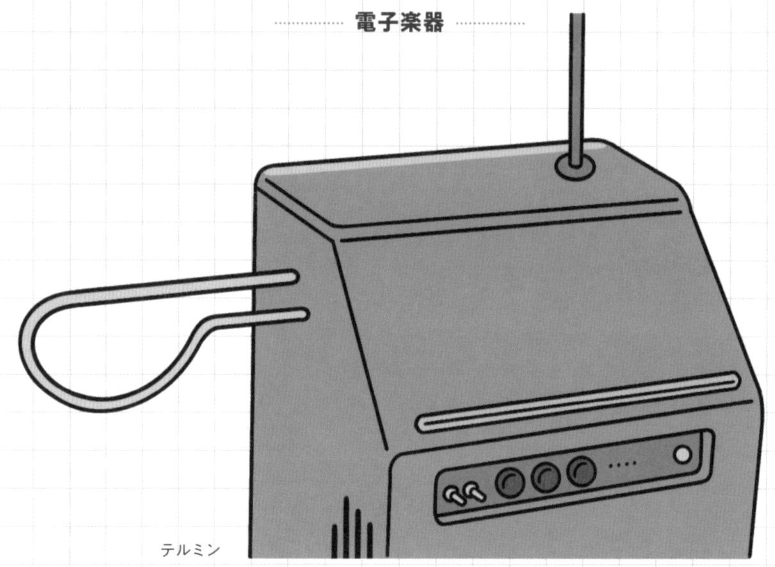
テルミン

誕生

19世紀後半に登場した録音技術は、次々と改良が重ねられたことで音質の良い音楽を記録することが可能になりました。また、ラジオ放送も始まり、多くの人々に音楽が届くようになります。こうした、テクノロジーを応用し、〈電気楽器〉や〈電子楽器〉も作られるようになます。

Telharmonium
テルハーモニウム

20世紀の初頭に登場したテルハーモニウムは、重量が200トンを超える電気オルガンです。アメリカの発明家サディウス・ケイヒルによって制作されました。ケイヒルは、テルハーモニウムの演奏を電話回線を通じて、ホテルなど離れた場所に設置したスピーカーまで届けることを試みます。しかし、電話回線への負担が大きく、しかも音質的にも問題がありました。そのため、テルハーモニウムの画期的なアイデアは、未熟なテクノロジーのために失敗に終わります。

Theremin
テルミン

ソビエトの発明家レフ・セルゲーエヴィチ・テルミンによって開発されたテルミンは、

1920年に登場した電子楽器です。ロシア革命直後のソビエトの技術力を誇示するために、政府の後ろ盾もあり、テルミン自身がヨーロッパやアメリカへ赴き、デモ演奏をおこないます。演奏は、アンテナに手を近づけたり、遠ざけたりすることでおこないます。本体から垂直に伸びたアンテナで音の高低を、水平に伸びたアンテナで音量をコントロールする仕組みでした。しかし、演奏者によって音程や音量をコントロールするための手とアンテナとの距離が異なり、熟練が必要でした。

テルミンの発する音は、ゆらぎのある奇妙なものであることから、多くの人に驚きをもって迎えられます。こうした、それまでの楽器にない音に興味をもったクラシック音楽の作曲家も、テルミンに注目します。ソビエトの作曲家ドミートリイ・ショスタコーヴィチは、映画音楽でテルミンを使っています。また、オーストラリアの作曲家パーシー・グレインジャーは、4つのテルミンのための『フリーミュージック第1番』などを作曲しています。さらに、エレクトロ・テルミンという楽器が開発され、この楽器はロック・バンドに注目されます。ビーチ・ボーイズは「Good Vibrations」で、レッド・ツェッペリンは、「Whole Lotta Love」でエレクトロ・テルミンを使っています。

Ondes Martenot
オンド・マルトノ

フランスでは、テルミンに刺激を受けて、電器技師モーリス・マルトノが、電子楽器の開発を始めます。1928年に、オンド・マルトノが発表されますが、このときのモデルは、開発途上と呼ぶべきもので、楽器として充分な機能を備えていませんでした。マルトノは、改良を重ね、鍵盤での演奏を可能にし、そのほかの操作性も改善したモデルを1935年に発表します。音は単音で、和音を奏でることはできませんでした。その後も改良は続き、1980年代には、三和音を奏でられるモデルが登場します。

オンド・マルトノに注目したクラシック作曲家に、オリヴィエ・メシアンがいます。彼は、『トゥランガリラ交響曲』でオンド・マルトノをソロ楽器として用いています。従来の楽器では出すことができない電子楽器特有の、電気的に処理された音・音色が効果的に用いられています。とくにソロの部分では、ゆったりとした浮遊感のある音が繰り広げられます。ちなみに、この作品が作曲された1948年時点では、オンド・マルトノは単音しか出せませんでした。

オンド・マルトノのクラシック音楽での有用性を認めたパリ音楽院は、1947年にオンド・マルトノ・クラスを設け、演奏者の育成にも力を注いでいます。

オンド・マルトノ

Saxophone

サキソフォン

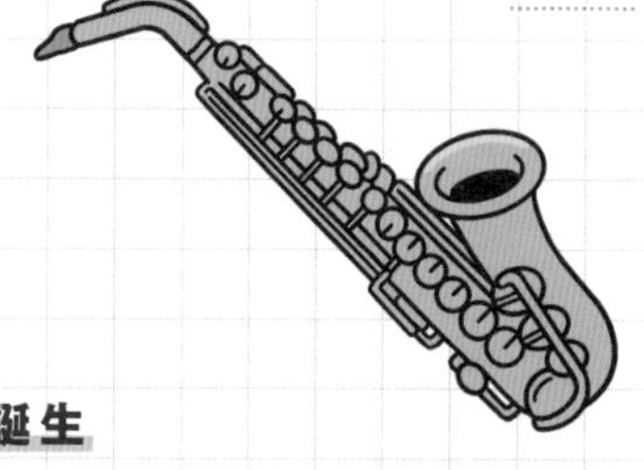

誕生

サキソフォンは、1840年代に誕生した木管楽器です。クラリネットと同じように、吹き口に薄く削ったリードと呼ばれる1枚の木片をセットし、これを振るわせることで音を出します。管の部分は金属で作られているため、金管楽器と間違いやすいのですが、吹き口の形状から、木管楽器に分類されます。

サキソフォンを発明したのは、ベルギーの楽器製作者アドルフ・サックスです。彼は、バス・クラリネットや、ホルンの開発にもかかわっていました。サックスがサキソフォンを開発するきっかけは、音量が小さかった管楽器の弱点を改善するためでした。サキソフォンは、そうした弱点を見事に解決し、ブラス・バンドに迫力ある音量をもたらします。サキソフォンには、演奏できる音域によってソプラニーノ、ソプラノ、アルト、テナー、バリトン、バスがあります。

クラシック音楽でのサキソフォン

サキソフォンは他の管楽器と比べて新しく、またクラシック音楽の作曲家がこの音色を必要としなかったことから、オーケストラの基準となる編成にはありません。

サキソフォンをオーケストラで用いた代表的な作品には、フランスの作曲家ジョルジュ・ビゼーの『アルルの女　第1組曲』(1872)があります。また、ロシアの作曲家モデスト・ムソルグスキーのピアノ組曲『展覧会の絵』を、フランスの作曲家ラヴェルが、オーケストラ用に編曲(1922)し、「古城」という曲で、アルト・サキソフォンをソロ楽器として用いています。また1928年に作曲したバレエ音楽『ボレロ』ではソプラノとテナー・サキソフォンを使っています。さらにロシアの作曲家セルゲイ・プロコフィエフもバレエ音楽『ロメオとジュリエット』でテナー・サキソフォンを用いています。

そのほか、〈フランス六人組〉のダリウス・ミヨーは『スカラムーシュ』で、シュトックハウゼンは『友情に』、ヤニス・クセナキスは『XAS』、ジョン・ケージは『Four5』でサキソフォンを作品で用いています。

ポピュラー音楽で大活躍

サキソフォンは、とくにポピュラー音楽で活用されます。ビックバンド・ジャズのビリー・ヴォーン楽団は、多数のサキソフォンで独特なサウンドを生み出し、「Sail Along, Silve'ry Moon」などをヒットさせます。また、チャーリー・パーカーやソニー・ロリンズなど多くのスター奏者を生み出します。さらに、ロック・ミュージックでも用いられています。

クラシック音楽とポピュラー音楽

生活に浸透するポピュラー音楽

19世紀後半に発明された録音という新しいテクノロジーによって、音楽のあり方が変化します。それ以前は、楽譜に記録された音を楽器によって演奏し、人々は音楽ホールなどで生演奏を楽しんでいました。しかし、録音によって音楽が記録されたことで、偉大なアーティストの演奏も、音質や音域などを忠実に再現できるわけではありませんが、どこにいても楽しむことができるようになりました。そして、ラジオの登場によって、音楽は多くの人々のもとへ届けられるようになります。

初期のラジオ放送は、生放送が基本でした。音楽を放送するときは、ラジオのスタジオに歌手や伴奏する演奏者が集まり、生演奏されました。

その後、レコード盤による放送が始まります。当時のレコード盤は、録音時間が短かったため、レコード盤となった音楽の多くは、演奏時間が短いポピュラー音楽でした。

一方、ポピュラー音楽に比べると演奏時間の長いクラシック音楽は、20世紀前半の録音技術では、曲の全体を収めることができませんでした。その結果、クラシック音楽は、ラジオで放送される場合には、生演奏されていました。

こうした事情から、ラジオによる音楽放送は、ポピュラー音楽が中心となり、ポピュラー音楽が急速に人々の中に広まります。

あらゆる可能性を追求するクラシック音楽

20世紀のクラシック音楽は、それまでの常識や概念にとらわれない、音楽の可能性を追求する模索で始まります。世界中の民族音楽に創作の活路を見出そうとしたり、旋律・和音・調性の復活が試みられます。また〈偶然の音〉を作品とする作曲家も登場します。

そして、20世紀のクラシック音楽は、新たな創作スタイルも模索します。コンピュータで得られた音で作曲したり、演奏不能な作品を電子楽器で再現させるなど、テクノロジーを活用した音楽創作などが注目されます。

一方、テクノロジーに頼らず、植物や昆虫から発せられる音など、自然界や、生活環境から出る音に注目し、音楽創作の素材とする作曲家もあらわれます。こうして、クラシック音楽の領域はさらに拡大し、今も多様な作品が生み出されています。ただ、20世紀のクラシック音楽が、作品として定着し、評価を得られるかは、時を待たなければなりません。

ポピュラー

Popular Music

長い歴史の中で、記録に残り、今に伝わる音楽の多くは、支配層のために作られたものでした。また、キリスト教が生まれると布教のための聖歌ばかりに光があたっていました。

中世になると、そうした音楽から派生した〈世俗音楽〉と呼ばれる民衆の音楽が記録に登場します。世俗音楽は、吟遊詩人と呼ばれる、主に騎士階級の出身者が、楽器を弾きながら歌う音楽でした。彼らが、各地を巡って歌うことで、民衆に音楽を広めました。

一方、教会は布教のために聖歌隊をつくり、オルガニストなどの音楽家を雇います。また王侯貴族は、音楽を専門とする人たちを雇い、宮廷楽団をつくります。こうして、音楽を仕事とする音楽家が誕生します。

そして、西洋音楽の歴史に大事件が起きます。始まりは、新大陸〈アメリカ〉発見と、ヨーロッパからの移民です。この新天地で、西洋音楽から生まれた移民の世俗音楽と、アフリカの音楽とが〈不運〉な経緯で出会い、音楽の歴史にとって大転換となる〈幸運な融合〉が始まります。

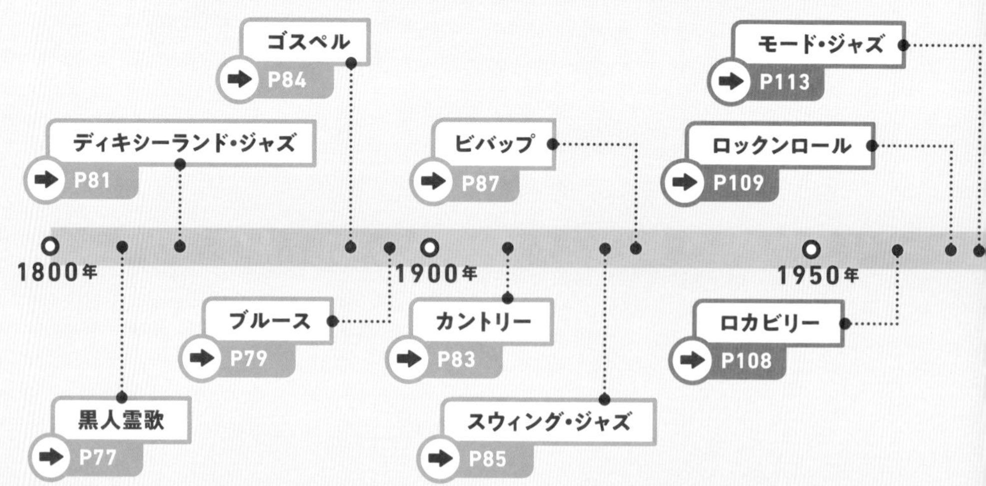

音楽の時代

1800年—2020年

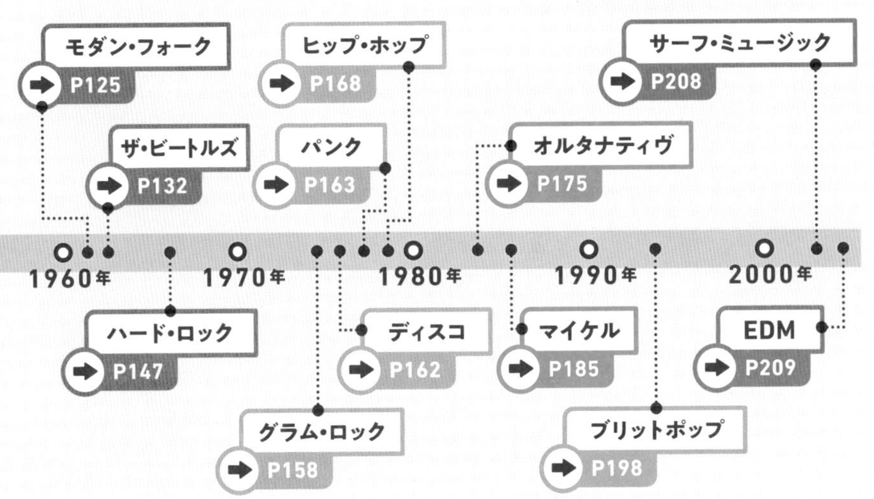

1800—1950年

この時代のポイント

新大陸で音楽が融合し、多様なジャンルが生まれる

ヨーロッパから新大陸であるアメリカへの移民は、17世紀の初頭から始まりました。初期の移民史で知られているのが、1620年にイギリスを出航した「メイフラワー号」です。120名ほどの清教徒（せいきょうと）を乗せた船は、航路をそれて迷い、目的地に着くことができませんでした。冬になったため、陸地に近い海上に停泊し、船内で越冬することになりました。この間に、病などで半数が亡くなってしまいます。そして、翌年の春、現在のマサチューセッツ州プリマスに上陸することができました。

このように、このころの航海は危険を伴うものでしたが、その後も移民はイギリスからだけでなくオランダ、ドイツ、フランスなど、ヨーロッパ各地からやってきました。その多くはプロテスタント（新教）の人々でした。

各国の移民はそれぞれのコミュニティーを形成しながら定住し、また各国の人々が交流することで新たな文化が誕生しました。

その後、移民による開拓が進み、労働力が不足すると、西アフリカの人々を奴隷として連行するようになります。彼らは劣悪な環境のもと、綿花プランテーションなどで働かされます。

しかし、「奴隷貿易」という不幸な出来事によって、アフリカ音楽とヨーロッパ音楽が出会い、互いに大きな影響を与えることになります。ヨーロッパ各国のさまざまな音楽と、西アフリカの音楽が新大陸で出会ったことでブルース、ジャズ、ロック、ラップなどさまざまな音楽が誕生しました。

不幸な奴隷制度から生まれた心の叫び

黒人霊歌

(Black Spiritual)

押し付けられた宗教

西アフリカから奴隷船に乗せられ新大陸へ連行された人たちにも、自分たちの宗教がありました。しかし、雇用主は彼らを従属させるためにキリスト教の信仰を求めました。そこで、彼らはストレートにキリスト教を受け入れるのではなく、自分たちの信ずるアフリカの宗教と融合させました。

宗教融合で誕生した霊歌

ヨーロッパとアフリカの宗教融合の過程で黒人霊歌が誕生します。彼らは聖書に書かれた文言を、彼らなりに理解して歌にしたのです。誕生したころの黒人霊歌は、キリスト教の正式な礼拝の場で歌われるものではなく、過酷な労働に明け暮れる自分たちを励まし、また慰めるために歌われました。

呼びかけに応え、即興的に歌われた

黒人霊歌は、労働の場で歌われる労働歌と似たスタイルをもち、コール&レスポンスという形式で歌われました。これは、リーダーが発したフレーズを、他の人たちが一斉に応えるというもです。労働歌は場面によって即興的に歌われるため、決まった形式をもっていませんでした。黒人霊歌は、時として雇用主に知られぬようにコミュニケーションとしても使われました。

この曲をチェック!

Go Down Moses

この曲には、旧約聖書「出エジプト記」の一節が使われています。モーゼが苦しむユダヤ人を引き連れ、エジプトを脱出する姿です。歌詞の内容は聖書の一節ですので、雇用主にはキリスト教の教えを歌っていると思わせ、その内容を自分たちの境遇に当てはめ、この歌に〈脱走〉という意味をもたせます。そして、彼らはこの歌を合図に、脱走を企てます。

アメリカ音楽の父と呼ばれた作曲家

スティーブン・コリンズ・フォスター

(Stephen Collins Foster)
1826-1864年

軽快なリズムは黒人音楽の影響

教科書にものる「スワニー河(Old Folks At Home)」や「懐かしきケンタッキーの我が家(My Old Kentucky Home)」などの作曲で知られるフォスターは、アイルランド系移民の子孫で、独学で作曲の勉強をし、生涯に200曲ほどを作曲しました。作曲を仕事にする前は、兄が経営する海運会社に勤めます。彼はそこで、船着場で働く黒人の労働歌や霊歌を耳にします。その雰囲気を感じて作曲したのが「おおスザンナ(Oh Susanna)」でした。

大ヒットでの一攫千金をのがす

「おおスザンナ」の楽譜は、1848年に出版され、カリフォルニアのゴールドラッシュで西部へ向かう人たちに歌われたことで大ヒットします。しかし、わずかな金額で契約したため、フォスター自身が大金を手にすることはありませんでした。また、契約が曖昧(あいまい)だったために、多数の出版社から発売され、曲はますますヒットします。しかしフォスターは、この金脈を手にすることなく、不遇な最期をむかえます。

影響はクラシックやポピュラー音楽にも

フォスターは、黒人をからかうような内容のミンストレル・ソングや、ホテルのサロンなどで歌われる白人向けのパーラー・バラードを数多く作りました。しかし、一方で黒人に暖かな目を向け、黒人音楽に影響を受けた曲も作り、後のポピュラーやクラシックに大きな影響を与えます。

ちょい情報!

日本で1975年に発売された「およげ!たいやきくん」という曲は、レコードが累計で500万枚以上も売れる大ヒットとなりました。しかし、この曲を歌った歌手は、売れないと考え、買取契約で5万円を受け取っただけでした。フォスターも、その名は残りましたが、契約さえしっかり取り交わしていれば、極貧で生涯を終えることはなかったのかもしれません。

Old Folks At Home

この曲は、ミンストレル・ソングと呼ばれるジャンルの曲です。当時、ミンストレル・ショーと呼ばれる興行がはやり、そのために作られた曲です。ミンストレル・ショーは白人が顔を黒く塗り、寸劇をしながら歌うショーです。そして、この曲のメロディーにぴったりとはまる〈スワニー河〉という言葉をフォスターが歌詞に付け加えたことで、この曲は「スワニー河」とも呼ばれ、1935年にはスワニー河が流れるフロリダ州の州歌となりました。

不思議な音階をもった

ブルース

(Blues)

ブルース・スケールの誕生

黒人霊歌は、ヨーロッパ音楽の影響を受け、さらに変化します。ヨーロッパ系移民が、アフリカ系の人たちに自分たちのメジャー音階を教えたところ、第3音(ミ)、第5音(ソ)、第7音(シ)に、それぞれ半音下げた音を加えて歌い出しました。その音階で歌われるメロディーに、ヨーロッパ系の人たちは、「憂(うれ)い」を感じます。そのため「憂い」を表す言葉「ブルー」をあてて、その音階をブルース・スケールと呼びます。

ブルースは、主にギターで歌われた

ブルースで歌われる歌詞は、生活の苦しみや恋愛など、日常の思いでした。そして、伴奏に使われた楽器は、アフリカ系の人たちでも安価で手にすることができたアコースティック・ギターでした。

ブルースは12小節の小宇宙

ブルースの構成は、とてもシンプルです。最初の4小節のメロディー(A)、続く(A)と同じような展開をする4小節のメロディー(A')、そして次の4小節のメロディー(B)の計12小節で完結します。シンプルに、これを繰り返すスタイルですが、そのシンプルさがロックなどに大きな影響を与えることになります。

④ ロバート・ジョンソン

ブルース歌手のロバート・ジョンソン(1911～1938)は、アメリカ南部ミシシッピ州ヘイズルハーストに生まれます。17歳でギターを手に入れます。そして20才のころ、ブルースを歌うために、全米を旅するようになります。彼のギター演奏を目にした聴衆は、これほどのテクニックをマスターできたのは、「悪魔に魂を売りわたしたに違いない」と噂するようになります。これが伝説として語りつがれます。1936年、25歳のとき、彼は初レコーディングをします。しかし、27年という短い生涯だったために、ジョンソンがレコーディングできたのは、たったの2回だけです。しかし、彼の演奏が残されたことで、後のミュージシャンに多くの影響を与えます。

この曲をチェック!

Cross Road Blues

Robert Johnson

1936年に作られたジョンソンの代表曲「Cross Road Blues」は、十字路でヒッチハイクのための車を探す内容です。しかし、この曲に登場する十字路は、ギター・テクニックを手に入れるために悪魔に魂を売ったとする、伝説の場所として語られます。1968年にはロック・バンドのクリームが、この曲をカバーし、世界的なヒットを記録します。

リズムが強調されたメロディーで体も揺れる

ラグタイム

(Ragtime)

酒場で生まれた几帳面なピアノ曲

ラグタイムは、酒場のピアノで演奏されることの多い曲でした。アメリカ南部のミズーリ州あたりで生まれたといわれています。演奏していたのはアフリカ系アメリカ人です。酒場という、くつろぎの空間で演奏されていましたが、アドリブは許されず、楽譜どおりに弾くことが求められました。

クラシックの作曲手法を用いていた

ラグタイムは、いくつかの小曲を組み合わせて構成されていました。これはクラシック音楽の組曲形式と呼ばれるものでした。ラグタイムは、アフリカのリズムと西洋のメロディーが融合したものでした。ラグタイムの最初の大ヒットは、アフリカ系アメリカ人のスコット・ジョプリンが作曲した「メイプル・リーフ・ラグ」です。

スコット・ジョプリン

Point 3 左手は規則正しく右手はリズミカルに

ピアノによる演奏は、左手で和音を弾き、右手でメロディーを弾きますが、このとき右手で奏でるメロディーは、シンコペーションという、ひとつの音を次の音へつなげ、わざと規則的なリズムをくずした演奏をします。これが連続することでリズミカルな音があふれだし、軽快な音楽が生まれるのです。

この曲をチェック!

The Entertainer

Scott Joplin

ジョプリンは、黒人奴隷だった父母のもとテキサス州で生まれます。けっして豊かではない生活でしたが、母は彼にピアノを買い与えます。才能が芽生え、10代から数々のサロンで演奏を始めます。その後、大学で作曲とピアノを学びます。このことで西洋音楽とアフリカのリズムが融合し、ラグタイムが誕生したのです。1899年には「メープル・リーフ・ラグ」を作曲し、大ヒットします。その後、彼はオペラを作曲しますが、不評に終わります。彼が再評価されるのは、死後50年以上たった1973年でした。この年に公開されたアメリカ映画『スティング』の主題歌に、1902年に作曲した「ジ・エンタティナー」が使われ、大ヒットしたのです。このことで、ラグタイムは再び注目を集めます。

葬列のブラスバンドから生まれた音楽

ディキシーランド・ジャズ

(Dixieland Jazz)

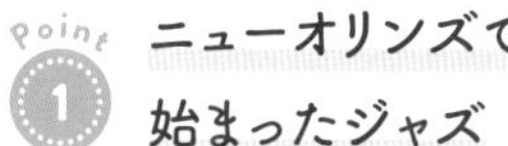

Point 1 ニューオリンズで始まったジャズ

ジャズは、即興性の高い音楽です。楽譜を忠実に演奏するラグタイムと違い、アドリブと呼ばれる即興的なメロディーを奏でます。つまり、同じ曲でも途中からメロディーが変わるのです。ジャズは、ブルース、ラグタイム、フランスの行進曲などの影響をうけてニューオリンズの酒場で生まれました。ミュージシャンは、葬列でも演奏しました。墓地までは悲しいメロディーを奏で、帰りには陽気な演奏をします。このときの陽気な演奏がジャズの始まりとされています。

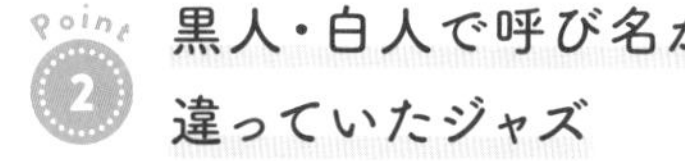

Point 2 黒人・白人で呼び名が違っていたジャズ

アメリカ南部ミシシッピー州の街ニューオリンズで黒人が演奏していたジャズを「ニューオリンズ・ジャズ」と呼び、白人が演奏していたジャズを「ディキシーランド・ジャズ」と呼んでいました。しかし、いまでは白人・黒人の区別をせずに、どちらの演奏も〈ディキーシーランド・ジャズ〉と呼んでいます。

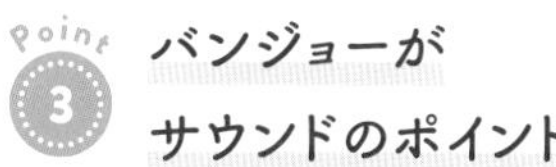

Point 3 バンジョーがサウンドのポイント

ニューオリンズで演奏していた黒人たちが使った楽器にバンジョーがあります。鉄の弦を張ったアフリカ生まれの楽器です。このバンジョーの伴奏がディキシーランド・ジャズのサウンドを際立たせています。明るいバンジョーの響きにあわせ、メロディーを奏でるのはトランペット、トロンボーン、クラリネットです。

この曲をチェック!

When The Saints GO Marching In

ディキシーランド・ジャズの曲で、よく知られている「聖者の行進」は、もともと黒人霊歌(スピリチュアル)の曲でした。曲の内容は〈天国へ向かう聖者の行進に自分も加わりたい〉というものです。つまり天国に召されたいという願いが歌われています。現実が苦しく、天国には幸福が待っているという思いのあらわれなのです。この曲は、葬列が墓地から戻るときに演奏されました。演奏は、明るく、ウキウキするものです。この曲の演奏で、有名なのは、ルイ・アームストロングのものです。トランペット奏者であり、ボーカリストでもあった彼の演奏は、キャラクターの明るさもあって、詞の内容とのギャップが際立ちます。ディキシーランド・ジャズが誕生したころの雰囲気を味わうために、ビッグバンドでの演奏ではなく、小編成バンドで演奏されたものがおすすめです。

1900年代のはじめころ

身の回りの道具を楽器とした

ジャグ・バンド/スキッフル

(Jug Band/Skiffle)

生活用品が楽器に大変身

ジャグ・バンドとスキッフルは、20世紀の初頭に登場した演奏スタイルです。どちらも黒人の音楽に影響を受けていました。そして、共通するのは使われていた楽器です。洗濯板、水差しなど、生活で使われるモノが楽器となりました。また、洗濯おけなどで作ったベース、タバコが入っていた箱を利用したギターなど、身の回りにあるモノで楽器を創作していたのです。

ジャグ・バンドの呼び名は水差しから

楽器として使われていた水差しは、英語でジャグ(jug)と呼ばれ、ジャグが演奏に重要な位置を占めていため、ジャグ・バンドと呼ばれるようになりました。使われたジャグはウィスキーなどを貯蔵するためにも使われるビン状のもので、その挿し口に息を吹き込むことで音を鳴らしていました。のちにジャグを使わず、身の回りのモノを使って演奏するバンドのこともジャグ・バンドと呼ばれました。ちなみに、スキッフルでは、ジャグは必須条件ではありませんでした。

Point 3

イギリスで復活!

ジャグ・バンド、スキッフルという音楽スタイルは大きな音楽の潮流を起こすことはありませんでしたが、身の回りのさまざまな道具を楽器として使うサウンドのユニークさが、1950年代中ごろのイギリスでリヴァイバルされます。ロニー・ドネガンは、バンジョー、ウォッシュボード(洗濯板)、ティーチェスト・ベース(茶箱を利用したベース)という風変わりなバンド編成で演奏しました。この手軽なスタイルがイギリスの若者たちに注目され、ザ・ビートルズなどが音楽を始めるきっかけとなります。

Walk Right In

The Cannon's Jug Stompers

The Rooftop Singers

この曲は、ザ・キャノンズ・ジャグ・ストンパーズというジャグ・バンドで活躍していたバンジョー奏者ガス・キャノン(Gus Cannon)によって、1930年に作曲されました。彼のバンドによるレコードでは大ヒットしませんでした。しかし、30年以上もたった1963年に、アメリカのフォーク・グループ、ルーフトップ・シンガーズによてカバーされ世界的に大ヒットします。このヒットにより、オリジナル盤も再発売されます。オリジナルでの伴奏は、ガス・キャノンのバンジョーがフィーチャーされ、間奏にはアフリカの楽器カズー(息を吹き込み膜を振動させ、声に変化をつける楽器)が使われ、これぞジャグ・バンドというサウンドを聴くことができます。

各国の伝統音楽が溶け合った

カントリー・ミュージック

(Country Music)

ひとつのスタイルにとどまらない音楽

主にイングランド、アイルランド、スコットランドからの移民の音楽が源流となり、長い年月の中で育まれ、生まれた音楽です。アパラチア山脈の周辺地域に移民した人たちの間で、互いに影響しあい、この地方の音楽は変化をかさねていきます。20世紀に入り、アパラチア山脈あたりの農民たちの間でヒルビリーというカントリー・ミュージックの原型ともいえる音楽が生まれます。アイルランド系、イングランド系の影響を強く受けた音楽で、主にフィドル(ヴァイオリンの英語名)をメインにして演奏されました。

ヨーデルも取り込んだカントリー

1927年に登場したジミー・ロジャーズは、ヨーロッパ・アルプス地方のヨーデルを取り入れた曲を発表します。彼は、白人のゴスペル、ヒルビリー、黒人のブルースなど、さまざまな音楽を吸収し、カントリー・ミュージックの、ひとつのスタイルを作り上げます。レコードのセールスでも成功し、カントリー・ミュージックの「創始者」とも「父」とも称えられています。しかし、彼の活動期間は1927年から1933年までと短く、デビュー前の27歳のときに患った病の影響で1935年に亡くなります。

ギター奏法の新スタイルを完成させる

同じころ登場したザ・カーター・ファミリーもまた、カントリー・ミュージックの、ひとつのスタイルを作り上げます。ギターとオートハープ(ボタンを押すことで和音を奏でることができる弦楽器)の伴奏と、ゴスペルの影響を受けたハーモニーで注目を集めます。また、親指で低音部を奏で、人差し指をはじくように伸ばし、高音部の複数の弦を奏でるギター奏法は斬新で、のちのフォーク・ソングなどのギター伴奏に大きな影響を与えます。

Blue Yodel

Jimmie Rodgers

「ブルー・ヨーデル」は、1927年に録音された曲です。ヨーデルを取り入れたユニークな歌唱で注目を集めます。この曲は別名「T For Texas」と呼ばれ、また「ブルー・ヨーデルNo.1」と、ナンバーを付けて表記されます。というのは、彼は「ブルー・ヨーデル」というタイトルで、メロディーが異なる曲を9作品もレコーディングしていて、それぞれの曲には1〜9までのナンバリングと副題が付いています。

ジャズやブルースとの融合で誕生した

ゴスペル

(Gospel)

黒人霊歌の進化形

ソロ・シンガーとコーラス隊との掛け合いによって歌われるゴスペルですが、これは黒人霊歌(Black Spiritual)で使われたコール・アンド・レスポンスという手法から生まれました。ソロ・ボーカルのリーダーが歌った歌詞を、その他の人たちが繰り返したり、対話形式で返すことで、声によるパワフルで躍動感あふれる音楽が生まれたのです。

ゴスペルは「よい知らせ」

黒人霊歌は、歌いつがれるうち、歌われる内容がキリスト教へとさらに接近し、キリスト教の神をたたえる音楽になっていきました。音楽的には、アフリカ系のリズム、アフリカをルーツとする歌、そしてアフリカ系アメリカ人が生み出したブルーノート・スケールで歌われます。さらに、ジャズに影響をうけることで、ゴスペルは誕生しました。ゴスペルという言葉は、日本では「福音」と訳され、意味は、神からの「よい知らせ」ということになります。

2つあるゴスペル

ゴスペルは、もともとプロテスタント系の宗教音楽をさす言葉でしたが、新大陸でアフリカ系アメリカ人によって生み出された神を讃える音楽に、この呼び名がつけられました。つまり、ゴスペルと呼ばれる音楽には、大きく分けると白人が歌うゴスペルと、黒人が歌うゴスペルがあります。しかし、その後のゴスペル音楽への黒人の貢献により、一般的にはゴスペルと呼ばれる音楽は、黒人が歌うものを指すようになりました。

Precious Lord, Take My Hand

この曲は1937年に作られたとされ、作曲者は「ゴスペルの父」と呼ばれるThomas A.Dorseyと楽譜にクレジットされています。しかし、George N.Allenが作曲した賛美歌から多くを引用しているとの指摘があります。レコーディングされ、各地の教会で歌われます。のちに1960年代の公民権運動でも歌われました。

Oh Happy Day

The Edwin Hawkins Singers

1993年に公開された映画『天使にラブ・ソングを2』(Sister Act2:Black in the Habit)で使われたことで、世界的なヒットを記録したゴスペルです。作曲はEdwin Hawkinsです。彼は、18世紀の賛美歌を下地にして、1969年にこの曲を作りました。コーラス隊が繰り返す「オー・ハッピー・デイ」にのせて、ソロ・シンガーが縦横に歌います。

ダンス音楽にマッチした

スウィング・ジャズ

(Swing Jazz)

ダンス音楽としても求められたジャズ

広く受け入れられるようになったディキシーランド・ジャズ(ニューオリンズ・ジャズ)は、ダンス音楽としても求められるようになります。しかし、その特徴であるアドリブ演奏がダンス音楽としては不向きでした。また、アドリブによって曲が変化することも不都合でした。そこで、ダンスに適したジャズが生まれます。それが、スウィング・ジャズでした。

いつも同じ演奏でダンスに最適な音楽

スウィング・ジャズは、白人・黒人の大編成のバンドで演奏されました。すべての楽器のために楽譜が用意され、それに合わせ演奏者は忠実に演奏しました。そのことで、いつでも同じ演奏が可能になり、発売されていたレコードとも同じ演奏がライブでも聴けるようになったのです。スウィング・ジャズは、大編成でしたので、ビッグ・バンド・ジャズとも呼ばれます。

One O'clock Jump

Count Basie & His Orchestra

ピアノ奏者であったカウント・ベイシーが1937年に発売した同名アルバムに収録されていた曲です。2種類のアレンジで録音が残されていますが、バージョン2では、ベイシーの軽やかなピアノ・ソロで始まり、曲はサキソフォンへとつながり、複数のトランペットが軽快なリズムを刻みます。

Take The"A"Train

Duke Ellington Orchestra

発車ベルのようなピアノ・ソロで始まり、スウィング感あふれるサキソフォンとトランペットの演奏によって、軽快に走る列車に乗っている気分にさせます。〈"A"Train〉とは、ニューヨークの地下鉄のA系統のことです。ジャズのスタンダード曲として多くのアーティストにカバーされます。

In The Mood

Glenn Miller Orchestra

トロンボーン奏者グレン・ミラーが、1938年に結成した楽団です。この曲は躍動感あふれるリズムがサキソフォンによって刻まれ、軽快にメロディーが展開します。ミラーは、第2次世界大戦が始まると軍隊に入り、慰問演奏を精力的におこないますが、飛行機事故で帰らぬ人となります。曲が楽譜に残されていたこともあり、残ったメンバーによってオーケストラは存続します。

Sing,Sing,Sing

Benny Goodman & His Orchestra

もとは、他のバンドのための曲でしたが、ベニー・グッドマン楽団のためにアレンジされ、演奏されたことで、スウィング・ジャズの代表作となります。ステップを踏みたくなるドラム・ソロで始まる曲は、サキソフォンとトランペットが掛け合いで軽快にメロディーを奏でます。また、ベニー・グッドマンはクラリネット奏者でもあったので、短く印象的なフレーズも、聴くことができます。

ロマの音楽と結びついた

ジプシー・スウィング

(Gypsy Jazz)

アメリカのジャズとの出会い

アメリカで誕生したジャズは、ヨーロッパの音楽にも影響を与えます。ベルギー生まれのロマ、ジャンゴ・ラインハルトは、アメリカからやってきたジャズ楽団の公演に接し、ジャズに目覚めます。そして、自分たちの音楽と融合させジプシー・スウィング(マヌーシュ・ジャズ)を生み出します。ジプシーとは、ロマの人たちのことです。ロマは、インドをルーツとする民族で、10世紀以前に移動生活を始め、世界各地で生活しています。その中で、フランス北部からベルギーで暮らすロマの人たちのことをマヌーシュと呼びます。

サウンドを支えたギター

ジプシー・スウィングは、ギター、ヴァイオリン、ウッド・ベースなど、弦楽器がメインで演奏されます。とくにギターの音は独特で、ジャンゴ・ライハルトが使っていたギターはフランスのセルマー社製で、マリオ・マカフェリによって作られたギターでした。このギターが醸(かも)し出す哀愁あふれる音が、ジプシー・スウィングを支えていました。外観の特徴はDの形に開けられたサウンドホールです。セルマー社が製作したものは1000本ほどでしたが、そのレプリカは今も制作されています。

2本の指で生まれた超絶ギター・テクニック

ジプシー・ジャズの生みの親であったジャンゴ・ラインハルトは、ベルギーで生まれます。彼は、家族とヨーロッパ各地を移動し、パリ周辺で暮らしていたときにダンスホールで演奏生活を始めます。まだ10代前半でした。しかし、18歳のころ、火災によるゲガで左手の薬指と小指が動かなくなります。ギターの弦を押さえることが困難になりますが、独自の演奏法を生み出し、スピード感あふれる音楽を奏でました。

この曲をチェック!

Minor Swing

Django Reinhardt

1937年に録音の「Minor Swing」は、ともに活動したヴァイオリニスト、ステファン・グランペリとの共作です。ギターとヴァイオリンが巧みにシンクロして刻むスウィング感あふれるリズムで始まります。そしてスピーディーで哀愁にみちたメロディーが、ラインハルトのギターからつむぎ出されます。左手の人差し指と中指だけで演奏する、独特の奏法によって生まれる音が、存分に楽しめる曲です。

アドリブ演奏が魅力的な

ビバップ

(Bebop)

自分たちのための演奏が表舞台へ

明るく楽しいスウィング・ジャズは、多くの人たちに受け入れられましたが、楽譜そのままに、いつも同じ演奏を繰り返すことにミュージシャンが、面白さを見いだせなくなります。そんな思いをもったニューヨークで活躍するミュージシャンが、仕事の後にクラブに集まり、新しいジャズのスタイルを生み出します。それがビバップです。その中心にいたのが、アルトサックス奏者チャーリー・パーカーや、トランペット奏者ディジー・ガレスピーでした。仕事ではない演奏を重ね、ビバップは表舞台へと登場します。

コードというルールから解き放たれたアドリブ

ビバップは、コード進行にそったアドリブ演奏をするものですが、コードで使うことのできる音の数は限りがあります。そこで、本来のコードでは使うことのない音も使われるようになります。これによってテンションという音の響きが生まれ、より新鮮なアドリブ演奏になりました。ビバップは、演奏者のセンスと音楽的な知識が求められたため、自分たちのことをアーティストと呼んでいました。

ある曲のコード進行から、新しい音楽を創造

ビバップのバンド編成は少人数です。3人から6人ほどのメンバーは、決められたコード（和音）進行にそって、アーティストがアドリブ演奏をします。演奏は、はじめに基本となるメロディーを全員で演奏します。そのあと、そのメロディーで使っていたコード進行にそって16小節、32小節のアドリブを各メンバーが順番に演奏します。そして、最後に全員ではじめに演奏した基本のメロディーを演奏します。アドリブは演奏するたびに変わるため、レコードも、同じ曲でいくつものバージョンが残されています。

ディジー・ガレスピー

この曲をチェック！

A Night In Tunisia

Charlie Parker／Dizzy Gillespie

この曲には、いくつものバージョンがあります。そのひとつが、1947年に録音されたライブ・アルバム「Diz'N Bird At Carnegie Hall」に収録されたバージョンです。曲は、ディジー・ガレスピーとピアニストのフランク・パパレリの共作です。イントロで繰り返されるチャーリー・パーカーとディジー・ガレスピーの絶妙にシンクロした、繰り返される旋律が印象的です。それぞれのアドリブ部も疾走感あふれる演奏が聴けます。ビバップの名曲として、多くのアーティストによって演奏され、のちに歌詞もつけられています。

熱狂のビバップから離れて生み出された

クール・ジャズ

(Cool Jazz)

ビバップの揺れかえしで生まれたクール

ビバップは、それまでのジャズに対してモダン・ジャズと呼ばれます。躍動的でスピーディーなアドリブと、テクニカルな演奏が受け入れられ、大きな人気を得ます。しかし、その中で活躍していたアーティストによって、次の時代のジャズを模索する動きが起こってきました。チャーリー・パーカーのもとで演奏していたマイルス・デイヴィスはパーカーのもとを離れ、新しい試みを企てます。自由奔放なアドリブではなく、アレンジされ、各楽器の調和を重視し、整った演奏です。クール・ジャズの誕生でした。

時代の先を歩くマイルスのチャレンジ

1957年リリースのLPアルバム『Birth Of The Cool』のための準備は、1948年から始まっていました。マイルスは、アレンジャーのギル・エヴァンス、サックス奏者ジェリー・マリガン、ピアノ奏者ジョン・ルイスらとともに新しいジャズを求めて活動を始めます。マイルスのトランペット、ジェリー・マリガンのバリトン・サックス、そのほか、アルト・サックス、チューバ、フレンチ・ホルン、トロンボーン、ベース、ピアノ、ドラムの9人編成で、のちに『Birth Of The Cool』に収録される曲のうち、1949年の1回目のレコーディングでは、4曲が録音されます。緻密なアンサンブルと知的にアレンジされた4曲は、録音直後には、SPレコードとして発売されます。歴史的には1957年リリースの『Birth Of The Cool』の発売によってクール・ジャズが誕生したとされますが、その10年ほど前からクール・ジャズは、うごめき始めていたのです。

この曲をチェック!

Birth Of The Cool

Miles Davis

『Birth Of The Cool』に収録された曲のうち、「Move」「Jeru」「Budo」「Godchild」の4曲は、1949年に録音されています。これらの演奏はSPレコードとして発売されます。マイルスがチャーリー・パーカーのもとを離れ、新しいジャズを目指していたころの熱気や、マイルスの呼びかけに応えたミュージシャンとアレンジャーたちの意欲あふれる演奏や、アンサンブルへのこだわりが聴けます。ちなみにマイルスはこのとき、まだ22歳でした。この後、ジャズという枠組みにとらわれず、新しい音楽を次々と生みだし、音楽シーンに衝撃を与えるマイルスの豊かな才能を、すでに感じることができます。

1945年ころ

変わらないスタイルで奏でられる

ブルーグラス

(Bluegrass)

変化を良しとしない ブルーグラス

ブルーグラスは、アパラチア山脈の南部に定住した、スコットランドやアイルランドからの移民によって生み出された音楽です。同じ地域で誕生したカントリー・ミュージックは、基本的なスタイルを変えることなく、使う楽器が時代とともに変化し、また新しいリズムなども取り込んで進化していく音楽でしたが、その仲間のブルーグラスは、演奏スタイルが確立されたあとは、変化を受け入れず、かたくなに様式をくずすことなく生き残ってきた音楽なのです。そして、確立された伝統芸として、現代に受け継がれています。

Point 2

即興演奏も求められる ソロ・パート

ブルーグラスでは、鼻にかけたような発声法で独特な歌い方をします。また、テンポの速い曲では、間奏でソロを受けもつバンジョー、フラット・マンドリン、フィドル(ヴァイオリン)がテクニックを駆使したスピード感ある演奏をします。インストゥルメンタル曲では、各楽器がソロを交代で受けもつスタイルで演奏が進行します。ちなみに、ブルーグラスという名称は、このジャンルを確立したビル・モンロー のバンド、ザ・ブルーグラス・ボーイズからきています。

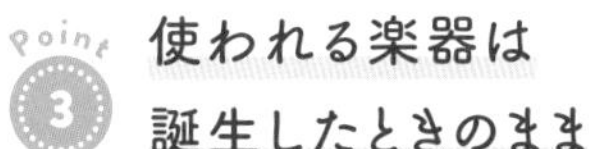

使われる楽器は 誕生したときのまま

ブルーグラスの伴奏で使われる楽器は、アコースティック・ギター、5弦バンジョー、フィドル、フラット・マンドリン、ウッド・ベース、リゾネーター・ギターなどです。リゾネーター・ギターというのは、ギターの音量を大きくするためにアルミ製の共鳴板を取り付けたものです。エレキ・ギターが生まれる前の時代の、音を大きくするための工夫でした。ギターの弦を上向きにして持ち、スライドバーと呼ばれるガラスや金属で作られた筒で弦を押さえて演奏します。

この曲をチェック!

Foggy Mountain Breakdown

Flatt&Scruggs

ザ・ブルーグラス・ボーイズにいたバンジョー奏者アール・スクラッグスと、ギター、ボーカルのレスター・フラットによって結成されたデュオ・グループが、1950年にリリースした曲です。バンジョーがフィーチャーされ、速弾きのテクニックが光ります。作曲はアール・スクラッグスで、映画『俺たちに明日はない』に使われました。

1940年代ころ

新しいスタイルのハーモニーが誕生

コーラス・グループ

(Chorus Group)

「床屋さん」でコーラス!?

ディキシーランド・ジャズでも、演奏に合わせて歌うこともありましたが、歌をメインにした音楽も芽生えていました。そのひとつに〈Barbershop Harmony〉があります。文字通り人々が集まる理髪店をステージに歌われていた音楽です。基本的に楽器の伴奏はなく、アカペラで歌われる四部合唱というスタイルでした。多くは、すでに発表されている歌を四部合唱にアレンジして歌われました。こうした経歴を経て成功したコーラス・グループが、ザ・ミルス・ブラザースでした。彼らの歌声はラジオからも流れ、注目を集めます。

心地よい姉妹のハーモニー

女性コーラス・グループも続々と誕生します。その中のひとつジ・アンドリュー・シスターズは三人姉妹で結成されたコーラス・グループです。姉妹ということで声質がそろっていて、また息の合った三声のハーモニーが魅力的でした。ザ・ミルス・ブラザーズも彼女らも、クローズド・ハーモニーという1オークターブ以内の音でハーモニーをつくるグループでした。

ザ・フォー・フレッシュメン

オクターブを越える音域で生まれた新しいハーモニー

1948年に結成されたザ・フォー・フレッシュメンは、4人組ジャズ・コーラス・グループです。彼らは、それまでのコーラス・スタイルだったクローズド・ハーモニーからスタートし、オープン・ハーモニーというスタイルで、コーラスの新しい時代を作り上げます。オープン・ハーモニーは1オクターブを超える音でハーモニーを作ることです。これにより、より複雑で魅力的なハーモニーが生まれました。このハーモニーは〈フォー・フレッシュメン・スタイル〉と呼ばれます。また、全員がギター、ベース、ドラム、トランペットなどの楽器を演奏し、のちのバンド・スタイルともいえる編成で演奏しました。グループはメンバーが入れ替わりながら、現在も活動しています。

Tiger Rag

The Mills Brothers

この曲で使われた楽器はギターだけですが、間奏でトランペットの音が聴こえます。これは手でラッパの形を作って、声で再現しています。また、ベースのパートも声で表現しています。基本的に声だけで生み出されるサウンドがバーバーショップ・ハーモニーの特徴です。

Graduation Day

The Four Freshmen

1956年にリリースされた曲で、オープン・ハーモニーのコーラスを、たっぷりと聴くことができます。この曲は、1964年にビーチ・ボーイズによってオリジナルに近いスタイルでカバーされます。フォー・フレッシュメンへのオマージュが強すぎるためか、カバーというより完コピに近い演奏です。

歌唱法や音楽シーンに影響を与えたシンガーが登場

ボーカル

(Vocal)

軽快なスキャットで魅了

14歳で孤児になったエラ・フィッツジェラルドは、生活苦から犯罪に手を染めますが、17歳のときオーディションでチャンスをつかみ、1935年からジャズ・バンドの専属歌手としてキャリアをスタートさせました。このバンドで録音した子どもの遊び歌をジャズ・アレンジした「A-Tisket,A-Tasket」が大ヒットします。1941年からはソロ歌手となり1980年代まで活躍しました。

ジャンルを越えた活躍

サラ・ボーンは、1942年のアマチュア向けコンテストで優勝し、プロ歌手になります。ビバップ・スタイルを、いち早くボーカルに取り入れ、ジャズ・ボーカルの可能性を切り拓きました。またジャズというジャンルにおさまらずポップスなども録音しますが、そのことで評価されない時期もありました。

淡々と歌い聴衆を魅了

1939年の「奇妙な果実(Strange Fruit)」で注目を集めたビリー・ホリデイは、ニューヨークで活躍した女性ジャズ・ボーカリストです。この歌は、リンチで木に吊り下げられた黒人を果実に例え、不条理な差別を批判した内容です。彼女は、歌手として成功を収める一方、酒に溺れ、麻薬に手を出すなど、荒(すさ)んでいましたが、音楽界に大きな影響を残しました。

ラジオを通じて家庭に浸透

ビング・クロスビーは、ラジオに出演することで、その名が知られるようになった歌手です。自身の番組をもち、その歌声がラジオから流れていました。また、マイクロフォンの使い方から生まれた、声を張り上げないクルーナーと呼ばれる歌唱法を生み出し、のちのポピュラー歌手に影響を与えました。

How High The Moon

Ella Fitzgerald

この曲は1940年にブロードウェイのレヴューのために作曲されたもので、1947年に録音された彼女の歌では軽快なスキャットが聴けます。

Strange Fruit

Billie Holiday

ジャズ・ボーカルの名アルバム『Billie Holiday』(邦題『奇妙な果実』)に収録されたこの曲は、彼女の代表曲となります。

A Lover's Concerto

Sarah Vaughan

1966年リリースのカバー曲です。バロック期のJ.Sバッハの楽曲をもとに作曲されたこの曲は、日本では、彼女の歌唱で知られています。

White Christmas

Bing Crosby

1942年にリリースされ大ヒットしました。その後もクリスマス・ソングの定番として毎年クリスマス・シーズンに売り上げを伸ばしています。

歌って踊れるスター誕生

ミュージカル

(Musical)

音楽とダンスが溶け合ったミュージカル

1930年代の世界恐慌で、ブロードウェイ・ミュージカルは低迷し、ブロードウェイの役者はハリウッド映画に活路を求めます。ダンサーだったフレッド・アステアと、女優ジンジャー・ロジャースは、ハリウッド映画のミュージカルで共演します。華やかな音楽と歌とともに繰り広げられるスピーディーかつ優雅な二人のダンスはミュージカル・ファンを魅了しました。二人が主演したミュージカル映画は10作品もつくられました。

さまざまなエンターテインメントが融合

喜劇を基本とし、ヨーロッパで誕生した〈オペレッタ〉は、アメリカに渡り、歌・音楽・ダンス・演劇の要素がひとつになったミュージカルという新しいエンターテインメントに姿を変えます。本格的なミュージカルは1927年に上演された『ショウ・ボート』といわれています。このミュージカルは、ミュージカルの本拠地として知られているニューヨークのブロードウェイの劇場で上演されました。

世界中で楽しめた映画になったミュージカル

1951年に、『ショウ・ボート』は映画になります。トーキー映画は、この時代には音質も良くなり、繊細な音も再現できるまでになっていました。この映画に使われた音楽は、内容に合わせてさまざまなジャンルの音楽要素が取り入れられていました。「Ol'Man River」という、この映画で印象的に使われた歌の旋律は、クラシックや、ジャズにアレンジされ、映画の各シーンで使われました。

この曲をチェック!

Ol'Man River

William Warfield

1951年に製作された映画版『ショウ・ボート』の中で歌われた曲です。作詞はのちにミュージカル『サウンド・オブ・ミュージック』の「ドレミの歌」「エーデルワイス」を手がけたオスカー・ハマースタイン2世です。登場人物ジョー(アフリカ系アメリカ人)によって朗々と歌われるジェローム・カーン作曲のこの曲は、映画のヒットとともに、さまざまな歌手によってカバーされました。ジェローム・カーンは、ほかのミュージカルのために「Smoke Gets In Your Eyes(煙が目にしみる)」の作曲も手がけています。この曲は、のちにザ・プラターズ、ナット・キング・コールらにカバーされ、大ヒットしました。

20世紀前半ころ

世界のポピュラー音楽を刺激した

サンバ/マンボ/タンゴ

(Samba/Mambo/Tango)

ブラジルで生まれたサンバ

ポルトガルが植民地としたブラジルにも、アフリカ北西部から奴隷が送り込まれました。19世紀の末ころ、サンバのもととなる打楽器のみで演奏される音楽が誕生し、これにヨーロッパの舞踏曲が混じり合い、20世紀の初頭にサンバが誕生します。

キューバで生まれたマンボ

ダンス音楽で知られるマンボは、キューバに住むアフリカ系の人たちによって生み出されたルンバが、アメリカのジャズに刺激されて1930年代に誕生した音楽です。1940年代になり、ペレス・プラード楽団が演奏することで広く知られるようになりました。

Point 3

アルゼンチンで生まれたタンゴ

スペインの踊りが植民地のアルゼンチンに伝わり、アフリカ系の踊りと影響しあってタンゴは生まれました。蛇腹を両手で伸縮させて空気を送り出し、ボタンを押して演奏するバンドネオンを中心に、ピアノ、ヴァイオリン、コントラバスという編成で、タンゴを演奏するスタイルができあがります。

ちょい情報!

もうひとつのタンゴ

日本では、タンゴをアルゼンチン・タンゴとコンチネンタル・タンゴのふたつに分類することが多いのですが、コンチネンタル・タンゴという呼び名は日本で命名したもので、世界的にはヨーロピアン・タンゴなどと呼ばれています。ヨーロッパのタンゴの特徴はバンドネオンではなくアコーディオンが使われていることです。

この曲をチェック!

Aquarela do Brasil

Ary Barroso

1939年に、ブラジルの作曲家アリ・バローゾによって作詞・作曲されたサンバの名曲です。原題は「ブラジルの水彩画」という意味ですが、日本では「ブラジル」というタイトルで親しまれています。

Mambo No.5

Pérez Prado

1949年に、キューバでマンボ楽団を率いていたペレス・プラードが作曲した作品です。曲の冒頭では、ブラスが小気味よくリズムを刻み、そのあと「ウッ!」という声が入る構成は、とても印象的です。

La Cumparsita

Roberto Firpo

1910年代中期に作られたタンゴの定番曲です。ウルグアイの作曲家マトス・ロドリゲスが、わずか17歳で作曲し、アルゼンチンのアロンソ=ミノット楽団が、初録音したといわれています。

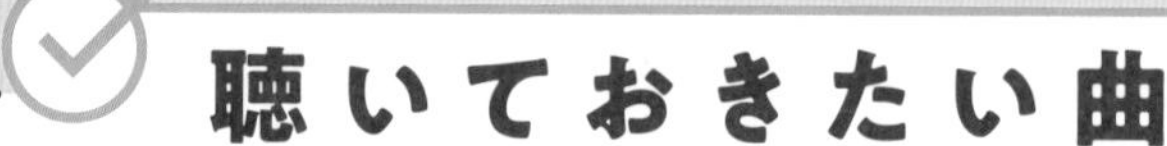

聴いておきたい曲 まとめ

Michael,Row the Boat Ashore

Pete Seeger

アメリカ南北戦争のころ、奴隷だったアフリカ系アメリカ人が歌っていた黒人霊歌（スピリチュアル）です。1860年代の初頭ころ、この歌を聴いた奴隷制度廃止をめざす運動家チャールズ・ピカード・ウェアが採譜し、後の世に伝えられました。合いの手の「ハレルーヤ」は黒人霊歌の特徴であるコール・アンド・レスポンスです。この歌は多くのアーティストによってカバーされています。

St.Louis Blues

Louis Armstrong/Bessie Smith

トランペット奏者であり、ブルースの父と呼ばれたW.C.ハンディが、1914年に作曲した曲です。彼がアメリカ南部を旅したとき、そこで耳にしたブルースの影響を受けたことが、この曲には色濃く反映されています。さまざまなアーティストによってカバーされていますが、1933年のルイ・アームストロング（愛称サッチモ）とベッシー・スミスのバージョンがよく知られています。

Cheek To Cheek

Fred Astair

アメリカのミュージカル映画『トップ・ハット（Top Hat）』で、フレッド・アステアが、共演のジンジャー・ロジャースとソーシャル・ダンスを踊るシーンで流れた歌です。アステアの甘い歌声が耳に心地よくとどくラブ・ソングです。このシーンでは、曲の後半にタップ・ダンスも交えて、軽快なステップを見せる二人の姿を楽しむことができます。この曲は、アカデミー賞の主題歌賞にノミネートされました。

Lili Marlene

Mariene Dietrich

1939年にドイツで発売された歌です。そのときのオリジナル歌手のレコードは売れませんでした。その後、ヨーロッパで戦争が始まり、ドイツ軍の慰問ラジオで流れたことで、故郷を思う兵士の共感を得ますが、厭戦（えんせん）的だと放送が禁じられます。この歌は、のちにナチスを嫌ってアメリカで市民権を得たドイツの女優マレーネ・ディートリヒによって歌われ、広く知られるようになりました。

Over the Rainbow

Judy Garland

ミュージカル映画『オズの魔法使(The Wizard of Oz)』の劇中で歌われた曲です。映画の主役ドロシーを務めたジュディ・ガーランドの歌唱でアカデミー歌曲賞を受賞します。作曲は、数々のミュージカル曲を手がけていたハロルド・アーレンです。14歳という設定のドロシーが歌うには大人びていると不評でしたが、ガーランドにとっても、アーレンにとっても代表曲となりました。

1800–1950年

This Land is Your Land

Woody Guthrie

プロテスト・ソングを数多く作り、アメリカの貧困や不平等に目を向けていたフォーク・シンガーのウディ・ガスリーが1940年に発表した曲です。ただし、メロディーは、1930年にザ・カーター・ファミリーによって歌われた「When the World's on Fire」の前半をほぼそのまま下地にしています。歌われた詞にはアメリカに批判的な1940年版と、批判を弱めた1944年版があります。

Straighten Up and Fly Right

The King Cole Trio

この曲を歌ったナット・キング・コール自身が作曲しています。詞の内容は、飛んでいる鷹の背中に乗る猿を、急降下して振り落として食べようする鷹と、食べられまいと言葉巧みに鷹を諭(さと)す猿とのコミカルな問答が繰り返される構成です。詞は韻(いん)をふむことで、曲のコミカルさを、小気味よく引き立てています。猿と鷹のやりとりは、黒人の民話から着想を得たといわれています。

La vie en rose

Edith Piaf

フランスの国民的歌手エディット・ピアフが、自ら歌詞を書き、1946年に発表したシャンソンの名曲です。この曲は友人の歌手のために作った曲でしたが、1947年に自らの歌唱でレコードをリリースしました。優雅に歌い、そして語るように言葉を連ねるフランスの世俗歌謡シャンソンのスタイルが楽しめます。ピアフの代表曲として、1950年の「愛の讃歌(Hymne à l'amour」も併せて聴いておきたい曲です。

Les Feuilles Mortes

Yves Montand

1946年に製作されたフランス映画『夜の門(Les Portes de la Nuit』の中で、出演していたイヴ・モンタンによって歌われたシャンソンの名曲です。邦題は「枯葉」です。その後、ジュリエット・グレコによって歌われヒットします。歌詞の英語版もつくられ、世界中のアーティストによってカバーされました。さらにジャズ・ピアノのビル・エヴァンスも演奏するなど、ジャズのスタンダード曲にもなります。

Tennessee Waltz

Pee Wee King&His Golden West Cowboys

自分の恋人を友人に紹介したことで、ふたりがワルツを踊ることになり、その間に友人と恋人が恋に落ち、自分が失恋するというカントリーの定番曲です。作曲したピー・ウィー・キング自身のバンドのレコードと、彼のバンド・メンバーで作詞を担当したレッド・スチュワートがバンドを脱退して発売したレコードの、どちらもヒットします。1950年にはパティ・ペイジ(Patti Page)のカバーもヒットしました。

発明と音楽

1877年 蝋管レコード

円筒型の「蝋管（ろうかん）」に音を記録する仕組みをトーマス・エジソンが1877年が発明します。エジソン本人により「メリーさんの羊」が1878年に録音されます。蝋管の音は不鮮明でしたが、音楽を記録できる発明は、「音楽を所有する」ことを可能にし、いつでも聴くことができるという、音楽のあり方に大きな変化をもたらしました。

1887年 SPレコード

20世紀になり、現在のアナログ・レコードと同じ円盤型の録音媒体が普及し、同じものを何枚も複製できる技術が確立します。SPレコードと呼ばれるものです。SPレコード（Standard Play Record）は、片面の再生時間が3分～4分ほどでした。SPレコードという呼び方は、1950年代に登場する、片面再生時間が20分ほどのLP（Long Play）レコードが登場したことで生まれました。

1887年 蓄音機

レコードを再生するものとして使われる蓄音機（Phonograph/Gramophone）という呼び名ですが、本来の意味は録音機です。エジソンが発明した蝋管タイプの〈蓄音機〉は録音が可能でしたが、円盤型のレコードが登場すると、大きなラッパによって音を増幅するものなど、さまざまな外観をもった再生専用の蓄音機が登場しました。そのためレコード・プレイヤーを指す言葉として蓄音機が用いられるようになります。初期のものは、SPレコードを回転させる動力はモーターではなく、機械式のゼンマイなどが使われていました。

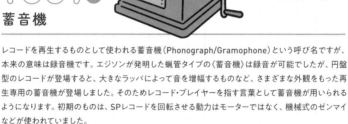

Recording/Playback 録音と再生

音楽は、演奏された瞬間に消えていくもので、生演奏を聴く以外に音楽を楽しむ方法はありませんでした。その「不便」を解決したのが、録音という発明でした。1877年には、録音・再生する装置をトーマス・エジソンが発明します。1887年には、ドイツ人でアメリカに移住したエミール・ベルリナーが、円盤型のレコードを発明します。初期のレコードは、音楽再生には不向きで、「トーキング・マシン」と呼ばれていたように、言葉を記録する装置として利用されていました。その後、改良が加えられ、1910年代にはオーケストラ、ジャズなどの音楽が録音され、音楽は多くの人に聴かれるようになります。

1919年 初期のラジオ

初期のラジオは、鉱石ラジオというもので、音はヘッドフォンを接続し、一人で聴くものでした。その後、ラッパ型のホーン・スピーカーや、マグネチック・スピーカーを搭載したラジオが登場し、みんなでラジオを聴くことができる時代になります。

1920年 商業放送の始まり

初期のラジオ放送では、ニュースやトーク・ショーなど、声を電波にのせる番組が主流でした。でも、すぐに音楽もラジオにとって重要な素材となります。歌声がラジオから流れ、ビング・クロスビー、フランク・シナトラなどのスターがラジオから生まれます。

1927年 短波放送

短波放送は、中波放送に比べて、より遠くまで電波が届きます。そのため、短波で放送すると、電波は地球の裏側まで届くことがあります。1927年にはオランダが、海外の植民地に向かって放送を始めます。このとき、オランダからインドネシアまで電波が届いたという記録があります。短波放送が始まったことで、電波は国境を越えてはるか彼方(かなた)まで届くようになり、音楽も国境を越えてリスナーに届くようになったのです。

Radio ラジオ

音を電波にのせて飛ばす技術を、レジナルド・フェッセンデンが1900年に発明します。それから20年の歳月を経て音質は向上し、1920年にはアメリカで中波による商業ラジオ放送が始まります。これは、現在のアナログAM放送と同じ原理でした。ラジオ局は瞬く間のうちに1000局を超えますが、中波電波は届く距離が短く、広域に同じ内容の放送を届けるためには中継局が必要でした。1926年にはアメリカ各州をまたいだ多数の放送局を結ぶラジオ放送網NBCが誕生します。メイン番組がニュースだったラジオは、音楽も放送されるようになり、多くの人が同じ音楽を同時に聴くという、画期的な聴き方が生まれました。

発明と音楽

1885年 サイレント映画

スクリーンの中で人や乗り物が動くだけで驚かれた映画ですが、ストーリーのある映画が作られるようになると、セリフはスクリーンに表示され、それに合わせてピアノやオルガンで音楽が生演奏されていました。ちなみに日本では、筋書きやセリフを「弁士」が読み上げるという演出で上映されました。

1927年 トーキー映画

音声付きの映画の初期の上映方法は、映画に合わせて、レコード盤に録音された音楽やセリフを再生するというものでした。しかし、すぐにフィルムに音声や音楽を録音し、場面とシンクロさせて上映する技術が発明され、映画に音楽という彩(いろどり)が付け加えられました。

1930年代後半 カラー映画

1916年、自然なカラーを再現できる「テクニカラー」が発明されます。1939年にはミュージカル映画『オズの魔法使い』がカラー映画で制作されます。1940年のディズニー制作カラー・アニメ映画『ファンタジア』は、全編に流れるクラシック音楽が、初めてのステレオ再生で上映されました。

Movie　映画

大きなスクリーンに映し出す映画は、フランスのリュミエール兄弟が発明し、1895年に公開されました。このときの映画は、走ってくる蒸気機関車や、仕事が終わって工場から出てくる人々を映しただけで、しかも音がありませんでした。しかし、それでも人々は驚きました。その後、物語映画が作られますが、登場人物のセリフは、スクリーンに文字で表示されました。また、音楽は映像に合わせ、その場で生演奏されていたのです。その後、1928年には、フィルムに音を録音する技術が生まれ、音も再生できるトーキー映画が制作されるようになります。映像もモノクローム(白黒)からカラーへと進化し、音楽映画なども制作されるようになり、映画は音楽を広める大きな力になります。

1940年代後半
レコード制作

音質が良くなったLPレコードを制作するために、テープ・レコーダーが利用されるようになります。以前に比べて長時間の録音が可能になったことで、演奏時間の長いクラシック音楽の録音も可能になりました。名指揮者の名演が録音され、いまでも名盤、名録音といわれる音がCDになっています。

1950年ころ
多重録音

テープ・レコーダーの登場によって、より効率的に多重録音が可能になりました。2台のテープ・レコーダーを使えば、A機に録音したギターの音を再生しながら、これに合わせて演奏したピアノの音をB機に録音することで、多重録音ができます。これを繰り返すことで、一人でも「合奏」が可能になったのです。

1951年
レス・ポールの多重録音

ギタリストのレス・ポールは、テープ・レコーダーが普及する以前から、円盤レコーダーで多重録音をしていましたが、テープ・レコーダーによって、より緻密(ちみつ)な多重録音にチャレンジします。12回もの多重録音により、1951年には「ハウ・ハイ・ザ・ムーン」をリリースします。

Tape Recorder　テープ・レコーダー

トーマス・エジソンが、1887年に蝋管での録音方式を発明した同じころ、テープ・レコーダーの基本的な仕組みである〈磁気録音〉のアイデアも生まれていました。そして、1898年には、デンマークのヴォルデマール・ポールセンによって、ピアノ線を使った磁気による音声記録装置が発明されます。しかし、ピアノ線は重く、しかも伸びるなどの欠点が多く、この発明によって誕生した録音装置は、一般に普及することはありませんでした。その後、その欠点をカバーするために採用されたのがテープでした。初期の装置は、紙テープも使われていました。そして、1928年にテープをプラスチックにしたレコーダーがドイツで発明され、これにより、長時間の音楽録音が可能になります。

1951－1960年

1950年代のポイント

ロックンロールが誕生し 多様な音楽の扉が開き始める

20世紀以前も、音楽は楽譜を出版することで、ビジネスとして成り立っていました。そして、20世紀に入ると、多くの人に音楽を届けるための、さまざまな技術革新が登場します。こうしたテクノロジーの進化を追い風に、ビジネスとしてのポピュラー音楽は、多様な音楽ジャンルを生みだします。

進化の始まりは、レコードの登場です。19世紀末ころに登場した初期のレコードは、音質が悪く、録音時間が短い蝋管（ろうかん）と呼ばれる筒でした。そのため音楽利用には不向きなものでした。しかし、音が録音できる仕組みが発明されたことで、次の発明へと開発は向かいました。

1900年代初頭には、円盤型のレコードが登場します。3分ほどと録音時間が短いものでしたが、音楽を記録する発明が実用化されました。このことで、音楽は演奏した瞬間に消えていたものから、記録できるものになったのです。

そしてラジオが発明され、1920年代には商業放送が始まります。受信機があれば、最新の音楽をいち早く聴くことができる仕組みができあがったのです。初期のラジオ放送は、上質な音とはいえませんでしたが、音楽は電波にのって多くの人々のもとへと届くようになりました。

1950年代に入ると音質が良く、記録時間が長くなったLPレコードが発明されます。そのことで、何百万枚も売れるヒット曲が誕生し、音楽ビジネスは一気に加速します。

そんな時代に、ポピュラー音楽の歴史を大きく変えることになるロックンロールも誕生したのです。

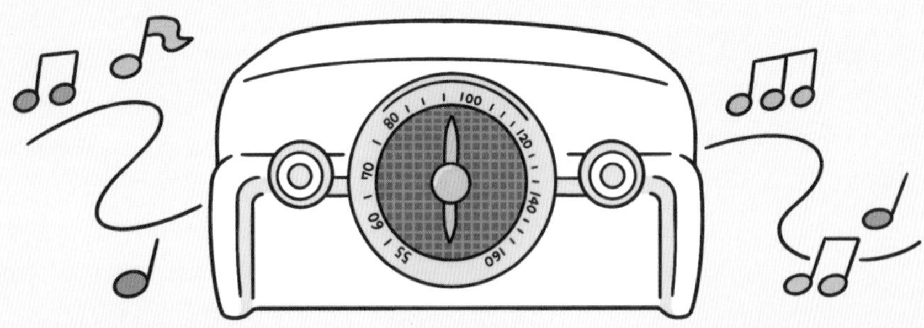

多くの音楽に大きな影響を与えた

リズム＆ブルース

(Rhythm and Blues)

ブルースにリズムがプラスされて誕生

跳ねるリズムをもったブルース曲を、それまでのブルースと区別するために使われ出した言葉が、リズム&ブルース(R&B)です。ブルースが、リズムを強調するようになったのは、ゴスペルやジャズなどに刺激されたためでした。こうした音楽をブルースと区別するために、音楽業界の専門誌『ビルボード』が、1949年ころ、この言葉を使ったとされています。こうしたことから、R&Bという音楽は、このときより前の1940年代前半に生まれていたようです。

黒人と白人で別々だったヒット・チャート

R&Bという呼び名が生まれる以前、アフリカ系アメリカ人たちの音楽は、レース・ミュージック(Race Music)と呼ばれていました。直訳すれば「人種音楽」です。白人の音楽と黒人の音楽を区別するための呼び名です。この時代は、黒人のレコードは主に黒人が購入していて、この言葉は差別的なものでした。ヒット・チャートもレース・ミュージック部門を設け、白人の音楽とは別に集計されていました。黒人のミュージシャンでもレコードの売り上げが10万枚を超える曲もあったのですが、黒人による音楽は区別されていたのです。

差別の壁をちょっとだけ崩した呼び名

R&Bという呼び名は、レース・ミュージックという、差別的な呼び方を正すために生まれたことから、「これがR&B!」という定義をすることが容易ではありません。さまざまなスタイルがあり、リズムはサックス、ドラム、ピアノ、エレキ・ギターなどで刻まれます。また、それほどリズムを感じることができない曲も、レース・ミュージックという呼び名から変えるために、R&Bと呼ばれました。R&Bという用語が果たした功績は、音楽の世界にもあった人種の境界を越えるきっかけとなったことでした。この重要な呼び名は、ロックやヒップ・ホップなどに、大きな影響を与えることになります。

この曲をチェック!

Lawdy Miss Clawdy

Lloyd Price

アメリカ南部のニューオリンズで活動していたロイド・プライスによって作詞・作曲されたこの曲は、1952年にリリースされ、大ヒットします。バック・バンドは、ピアノ、スネア・ドラムで激しく、かつ軽快にリズムを刻みます。そして、シャウトするボーカルは、ロックンロールの誕生が近いことを予感させます。

1930年代ころ〜

サウンドを大きく変えた

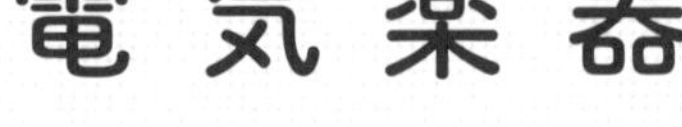

(Electric Music Instrument)

エレキ・ギター

バンドの中で音が小さかった弦楽器の音を大きくする工夫は、1900年代初頭から試みられました。初期のエレキ・ギターはアコースティック・ギターに、ピックアップという音を拾う部品を付けたものでした。この音をアンプで大きくしました。この仕組みは、ベース・ギターにも使われます。1940年代にはギブソン社やフェンダー社のエレキ・ギターが、ロカビリーや、ロックンロールの誕生に貢献します。

ハモンド・オルガン

19世紀には、ペダルを踏んで空気の流れを起こして音をだす、小型のリード・オルガンが誕生します。そして、1930年代には磁気を利用して音を出すハモンド・オルガンが発明されます。パイプに空気を送り込んで音を出す仕組みをもたないオルガンの登場は画期的でした。電気的に音を増幅するサウンドは独特で、多くのレコードに、その音が記録されます。

ローズ・ピアノ

エレクトリック・ピアノは、弦や金属棒などを生ピアノと同じようにハンマーで叩き、その音をピックアップで拾い、電気的に音を増幅させる仕組みをもったピアノです。電気ピアノで有名なのが1940年代後半にアメリカで誕生したローズ・ピアノです。金属棒をハンマーで叩いて増幅させた音は、独特のまろやかな音を響かせました。

How High the Moon

Les Paul and Mary Ford

1951年にリリースされたこの曲は、レス・ポールが一人でギターを弾き、多重録音で制作された曲です。エコーのかかった音は何回も音を重ねることで生まれたものです。

The Sermon

Jimmy Smith

1958年にリリースされたアルバム『The Sermon!』に収録されている曲です。20分にも及ぶこの曲で、ハモンド・オルガンの音を、存分に楽しむことができます。

You Are The Sunshine of My Life

Stevie Wonder

1972年にリリースされたアルバム『トーキング・ブック』に収録された曲です。イントロ部分でローズ・ピアノが奏でられます。

ヒットを見える化した

ビルボード

(Billboard)

ヒット曲がわかる雑誌の登場

レコード盤が登場するまでは、音楽が売れる、ヒットするというのは、実演で人が集まること、楽譜が売れるということでした。そのため、一般の人たちは、どの曲がヒットしているのか、客観的なデータで知ることができませんでした。しかし、レコード盤が発売され、販売されたレコード枚数をカウントできるようになると、販売数をもとにヒット・チャートの作成が可能になりました。そして、このデータを収集して掲載する雑誌が1910年代中ごろに登場します。それが〈ビルボード〉でした。

はじめはサーカスなどの情報誌

さまざまな販売データを集計してヒット・チャートを掲載している〈ビルボード〉の歴史は、1894年に始まります。はじめは、サーカスなどの公演情報を掲載していました。〈ビルボード〉という名称は、公演予定を掲示する看板を意味するビルボードから付けられたものです。1914年には、音楽チャートの掲載を始めます。初期のチャートは、高価だったレコード盤を安く聴くことができるジュークボックスでの再生回数などをもとに作成していました。

ラジオ局へのリクエストもカウント

ラジオ放送で音楽が流れるようになると、レコードの売上とともに、ラジオ局に寄せられたリクエストなどのデータも収集し、ランキングを発表していました。ヒット曲が見える化されたことで、音楽ファンは発表されるランキングに夢中になり、音楽ビジネスは盛り上がりました。今では、CDの売上、ダウンロード、ストリーミング再生、SNSデータなど、多様な情報を集計してチャートを発表しています。日本では〈オリコン〉が国内のデータを集計し、ヒット・チャートを発表しています。

White Chrismas

Bing Crosby

ビルボードの記録によると、世界で最も売れた曲は「ホワイト・クリスマス」です。1941年のクリスマスに、この曲はリスナーに届けられます。ビング・クロスビーが司会を務めるラジオ番組で歌ったのです。この年は、12月初旬にハワイの真珠湾が、日本によって攻撃された年でした。1942年、レコードがリリースされます。全米第1位に輝いたこの曲は、その後もクリスマス・シーズンに売れ続け、累計5000万枚を記録します。

聴きやすいメロディー

ハード・バップ

(Hard Bop)

テクニカルとメロディアスの調和

アーティストの高度なテクニックによって、競い合うようにアドリブを展開していたビバップの反動から、緻密(ちみつ)にアレンジされ、演奏するクール・ジャズが生まれます。しかし、自らのテクニックを駆使できないクール・ジャズに、ものたりなさを感じたアーティストによって、新しいジャズが試行されます。ハード・バップと呼ばれるジャズです。ビバップほど、テクニカルではなく、アドリブで使う音の数を少なくした、より聴きやすいメロディーをもったハード・バップが誕生します。

ちょい情報!

ハード・バップは、ハードという言葉の響きから、ビバップをより先鋭化させたように思えますが、実はその反対で、リスナーにとっては心地よいメロディーを、そしてミュージシャンにとっては自らのテクニックを駆使できるということを追い求めたものでした。ちなみに、70年代にはそれまでのロックに対して、より音を先鋭化させたハード・ロックが生まれますが、このハードとはちょっと逆の言葉の使い方になっています。

Point 2 新しさを追求するマイルス

ハード・バップの誕生には、クール・ジャズを生み出すことに貢献したマイルス・デイヴィスが大きくかかわります。マイルスは、ジャズの変革期に必ずといっていいほど登場します。1949年に録音されたクール・ジャズの誕生を告げるアルバム『Birth Of The Cool』からわずか2年後に、マイルスはハード・バップの到来を予感させるアルバム『Dig』をリリースしています。このあとも、マイルスは70年代にはクロスオーバー、80年代にはフュージョンといった新しいムーヴメントを起こします。

Cool Struttin'

Sonny Clark

1958年にリリースされた同名アルバムに収録されています。都会を颯爽(さっそう)と歩く、女性の足元をクローズアップしたジャケットのセンスが光ります。曲は、このイメージにぴったりの軽快なイントロで始まります。

Sprit Kick

Art Blakey

1954年リリースのライブ・アルバム『A Night At Birdland Vol.1』に収録の曲です。アート・ブレイキーの軽快なドラミングと、トランペットのクリフォード・ブラウンのなめらかなアドリブが、気持ちよくからみ合います。

都会でバンド・スタイルに変化した

シカゴ・ブルース

(Chicago Blues)

シカゴへ伝わったブルース

ロバート・ジョンソンなど、初期のブルースのことはデルタ・ブルースと呼びます。この呼称は、ミシシッピー川とヤズー川に挟まれたエリアをミシシッピー・デルタと呼んでいたことに由来します。彼らの活動の中心は、テネシー州メンフィスあたりでしたが、彼らが各地を移動して活動したことから、ブルースはアメリカ北部の街、イリノイ州シカゴにも伝わり、影響を受けてブルースを演奏するミュージシャンが現れます。1950年前後のことです。

バンド・スタイルで、より力強く

デルタ・ブルースでは、伴奏としてアコースティック・ギターとハーモニカが使われ、主に一人で演奏していましたが、シカゴ・ブルースでは、バンド・スタイルで演奏されるようになります。バンド・スタイルになると、アコースティック・ギターでは音量が足りないため、エレキ・ギターが使われるようになります。こうしたバンド・スタイルで演奏を始めたひとりが、マディ・ウォーターズでした。

エレキ・ギターを前面にしたブルース

ピアノ、ベース、ハーモニカ、サキソフォン、ドラム、エレキ・ギターなどを取り入れたバンド・スタイルのシカゴ・ブルースでは、ギターはボーカルに対し、呼応するかのように演奏され、間奏では歌うようなフレーズがギターで弾かれました。ギターが伴奏楽器ではなく、ボーカルと同じように重要な位置を占めていました。エレキ・ギターを前面に出した演奏を始めたひとりにオーティス・ラッシュがいます。

この曲をチェック!

I'm Your Hoochie Coochie Man

Muddy Waters

1954年にリリースされた曲です。シンプルなデルタ・ブルースとは異なり、ハーモニカをメインにしたイントロで始まり、エレキ・ギター、ドラム、ピアノ、ベースが加わり、力強いバンド・サウンドがボーカルを支えます。

I Can't Quit You Baby

Otis Rush

1956年にリリースされたデビュー曲です。彼は、左利きでしたが、右利き用に弦を張ったギターを逆さに持って演奏しました。作詞・作曲は、数々のブルースの名作を書いているウィリー・ディクソンです。この曲はレッド・ツェッペリンなど、のちのロック・スターにカバーされています。

1950年代中ごろ〜

流行をキャッチして変化する

ボーカル・グループ

(Vocal Group)

ハイトーン・ボイスが魅力

音楽ジャンルを異にするボーカル・グループがこの時代、数多く活躍していました。黒人ボーカル・グループのザ・プラターズは、女性ひとり、男性4人のグループで、1955年にリリースした「Only You」が大ヒットします。ハイトーン・ボイスのリード・ボーカルに、バック・コーラスがマイルドに彩りを添えます。R&B系に分類されますが、オーケストラをバックにした「Smoke Gets In your Eyes」など、ジャンルにとらわれないボーカル・グループでした。

バーバーショップ・スタイルからポップスへ

白人女性ボーカル・グループでは、ザ・コーデッツが、4声でハーモニーをつくるバーバーショップ・スタイルで1950年代の前半に活躍し、「Mr. Sandman」がヒットします。しかし、ロックンロールが流行するようになった1950年代後半の1958年には、スネア・ドラム、ウッド・ベース、バンジョーがリズムを刻んだ軽快な曲「Lollipop」をリリースし、大ヒットさせました。時代の変化にアーティストも演奏スタイルを変化させるようになったのです。

同じグループ名で継続する音楽ビジネス

この時代、ボーカル・グループに奇妙なことが起きます。ザ・ドリフターズというグループは1953年に「Money Honey」という曲がヒットします。そして、リーダーだったクライド・マクファターが徴兵で脱退するとき、グループの権利を、マネージャーらに譲渡します。そのため、マネージャーは1950年代だけでも20回以上もメンバー・チェンジを繰り返し、音楽ビジネスを続けます。事情は異なりますが、ザ・プラターズも、メンバー・チェンジを繰り返しながら、2020年代に入っても活動しています。

ザ・プラターズ

Twilight Time

The Platters

1958年にリリースされた曲です。もとは1944年にThe Three Sunsというグループのインストゥルメンタル曲でしたが、これに歌詞をのせてザ・プラターズがヒットさせました。

Pink Shoelaces

The Chordettes

1957年にリリースされた曲です。バーバー・ショップ・スタイルだった彼女たちが、ドラム、ベース、金管のホーン・セッションなどをバックにしたポップ・ナンバーです。

新旧のカントリー・ミュージック

ホンキートンク/ナッシュビル・サウンド

(Honky Tonk/Nashville Sound)

ハンク・ウィリアムス

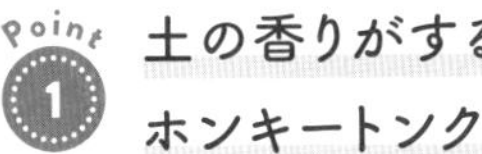

Point 1 土の香りがする ホンキートンク

　カントリー・ミュージックに、ホンキートンクと呼ばれる、ちょっと鼻にかかった歌い方をするジャンルがあります。本来この呼称は、20世紀の初頭に、安酒場で演奏されていた音楽のことで、さらに調律の狂ったピアノで演奏される音楽もホンキートンクと呼ばれていました。そして、1940年代後期になると、中西部から西海岸あたりで演奏されていたカントリーの一種がホンキートンクと呼ばれるようになります。また、ホンキートンクは音楽ビジネスの中ではカントリー・ミュージックの古い呼び方だったヒルビリーとも呼ばれるようになります。

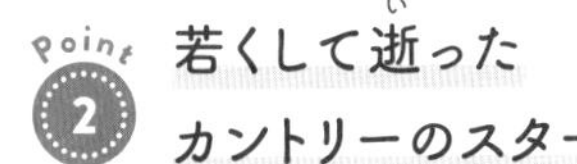

Point 2 若くして逝(い)った カントリーのスター

　1940年代の終わりころ、ホンキートンクのスター、ハンク・ウィリアムスが「Lovesick Blues」などをヒットさせます。演奏には、ギター、ウッド・ベース、フィドル(ヴァイオリン)、ハワイのスティール・ギターなどが取り入れられました。「Lovesick Blues」のイントロでは、スティール・ギターでハワイの音楽を思わせるフレーズを奏で、ハワイの音楽との交流も感じさせます。その後もヒット曲を出していたウイリアムスですが、1953年に鎮痛剤などが原因で、29歳でこの世を去ります。

Point 3 新しいカントリーの風

　ギタリストのチェット・アトキンスがプロデュースし、1958年にリリースされたドン・ギブソンの「Oh Lonesome Me」は、カントリー・ミュージックに、新しいサウンドをもたらします。テネシー州ナッシュビルで活動するチームによる録音だったため、ナッシュビル・サウンドと呼ばれます。コーラスがさりげなく加えられ、それまでの少し土の香りのするカントリー・ミュージックとは、一線を画した洗練されたものでした。

この曲をチェック!

Jambalaya (On The Bayou)

Hank Williams

　1952年にリリースされた曲です。メロディーは古い伝承音楽から着想されています。のちにカーペンターズなどにカバーされ、大ヒットを記録します。

I Can't Stop Loving You

Don Gibson

　1958年にリリースされたシングル「Oh Lonesome Me」のB面だった曲です。のちにレイ・チャールズによってカバーされ、世界的なヒットを記録します。

ロックンロールを生み出した

ロカビリー

(Rockabilly)

カントリーとブルースの出会い

ロカビリーは、アフリカ系アメリカ人がルーツのブルースと、アパラチア山脈南部周辺に移住したイングランドやアイルランド系移民がルーツのヒルビリーとが、影響しあって生まれ音楽です。ヒルビリーは、カントリー・ミュージックの古い呼び名で、〈田舎者〉という意味もあり、差別的な言葉でした。ヒルビリーは、ゴスペルやブルースなどに影響されて生まれたブルーグラスの影響も受けていました。ブルーグラスは、カントリーと同じルーツをもつ音楽です。

カール・パーキンス

ウッド・ベースがサウンドの要(かなめ)

ロカビリーは、ロックンロールが生まれる少し前に登場し、ロックンロールを誕生させた音楽です。リズムを強調した音楽でしたが、カントリー系の歌手にも歌われ、カントリーのエッセンスも感じ取ることができました。サウンドの特徴は、ドラムで刻むリズムに加え、ウッド・ベースで軽快に刻まれるリズムです。弦をフレットに当たるくらい強くはじくことで、独特の跳ねるリズムをつくりだします。ボーカルは叫ぶように歌い、小気味よく歌詞を投げかけます。ロカビリーのアーティストには、ジーン・ヴィンセント、カール・パーキンス、エルヴィス・プレスリー、ビル・ヘイリーと彼のコメッツなどがいます。

That's All Right

Elvis Presley

この曲は、ブルース歌手アーサー・クルーダップ(Arthur Crudup)によって作られ、エルヴィス・プレスリーによってレコーディングされ、1954年にリリースされます。クルーダップ本人がレコーディングしたバージョンでは、この曲はブルースそのものです。その曲をエルヴィスは、カントリー・フレーバーで味付けし、ロカビリーの曲として歌っています。

Blue Suede Shoes

Carl Perkins

1956年にリリースされたロカビリーのスタンダード曲です。カップルがダンスをしているときに、「オレの靴を踏むなよ!」と叫ぶ男の気持ちが歌われています。この曲は、カール・パーキンス自身の作詞・作曲です。ちなみにシングルで発売されたときのカップリング曲だった「ハニー・ドント」は、後にザ・ビートルズなどがカバーしたロカビリーのスタンダード曲です。

世界中を熱狂させた

ロックンロール

(Rock'n'Roll)

音楽番組から生まれた呼び名

ラジオDJのアラン・フリードが、1951年に「ムーンドッグズ・ロックンロール・パーティ」という番組をスタートさせ、ロックンロールという呼び方を普及させたといわれています。ロックンロールという言葉は、黒人の俗語でセックスを意味するもので、フリードが使うころには、ダンスという意味にも使われていました。彼は、この言葉を黒人歌手が歌うR&B曲を紹介するときに、たびたび使い、普及させたのです。

ジェリー・リー・ルイス

白人の若者に受け入れられるR&B

アラン・フリードの番組で取り上げられた音楽は、主に黒人のR&Bでした。1950年代前半のアメリカのラジオ番組としては珍しく、白人向けのラジオ番組で、彼は黒人のR&Bを放送していました。ここで流れたのは、チャック・ベリー、レイ・チャールズ、リトル・リチャードといった黒人アーティストの曲でした。彼らの曲をロックンロールと呼ぶことで、R&Bは白人の若者に受け入れられ、白人アーティストがR&Bに影響された曲を歌い始めます。

白人アーティストの成功

白人のエルヴィス・プレスリーらの曲がヒットしたことで、ロックンロールという呼び方は、主に白人アーティストに使われるようになります。ロックンロールは、エレキ・ベースが力強い低音でサウンドを支え、シャウトするボーカルと、激しい身振りで、若者をひきつけました。それはテレビで放送され、目と耳から若者を刺激する音楽が誕生したのです。

(We're Gonna) Rock Around The Clock

Bill Haley & His Comets

1954年にリリース。ロックンロール最初の大ヒット曲といわれています。シンプルなフレーズの繰り返しは、とても心地よく響きます。ビル・ヘイリーの知人だったソニー・デイ(Sonny Dae)も同時期にリリースしますが、やや複雑な編曲のためか、彼ほどヒットしませんでした。

Great Balls Of Fire

Jerry Lee Lewis

1957年にリリースされ、短期間で100万枚の売上を記録しました。ルイスの弾くピアノに、ドラム、エレキ・ベースというシンプルな編成でしたが、パワフルなサウンドを作り上げました。その後、子どものころ親しんだカントリー・ミュージックに転向し、「To Make Love Sweeter For You」などをヒットさせます。

ロックンロールのキング

エルヴィス・プレスリー

(Elvis Presley)
1935年-1977年

偶然の引越しで音楽の道へ

ソロ・アーティストとして、レコードやCDが5億枚を超えるセールスを記録しているエルヴィスは、1977年8月16日、42歳の若さでその人生を終えます。彼が音楽を始めるきっかけは、母の機転でした。11歳のころ、銃を欲しがるエルヴィスに、母はギターを与えます。このプレゼントにエルヴィスは、夢中になります。その後、一家は黒人が多く住むテネシー州メンフィスに引っ越します。音楽が盛んだったこの町で、エルヴィスはゴスペルなど、黒人の音楽を日常的に耳にすることになります。こうした環境が、エルヴィスをさらに音楽へと向かわせました。

働いて作ったデモ・レコード

エルヴィスは18歳の夏に、トラック運転手などで得た給料から、レコーディングのための資金を捻出し、デモ用のシングルを作ります。このデモ用のレコードは、アセテート盤と呼ばれる薄い樹脂でできたものでした。これが、サン・レコード創始者の目にとまり、エルヴィスはデビューのチャンスをつかみます。19歳の夏に、ブルース歌手アーサー・クルーダップの曲「That's All Right」をカバーし、レコード・デビューします。こうして、エルヴィスはロックンロール・キングへの道を歩み始めます。

歌って演じて、踊ったエルヴィス

エルヴィスは、歌うときに腰をくねらせていたため、テレビに出演したときには上半身だけが放送されました。放送できないほど、エルヴィスの踊りは、当時のアメリカではセクシーだったのです。次々とヒットを出したエルヴィスは映画にも出演し、劇中歌もヒットします。徴兵で陸軍に入隊したときはニュースとなり、除隊してからこのエピソードをもとにした『G.I.Blues』という映画も制作されました。劇映画は31作品も制作されましたがマンネリ化したストーリーから、人気は低迷します。

ステージで輝く新たな魅力

映画の興行成績が低迷していたエルヴィスは、ステージで復活します。そして、1970年のラスベガスでのステージを収めた映画『エルヴィス・オン・ステージ』が全世界で大ヒットし、これをきっかけに全米各地で公演をするようになります。バラードからロックンロールまで変化に富んだ歌唱で、エルヴィスはステージで観衆を魅了しました。しかし1977年、誤った薬の飲み方によって、突然この世を去ります。死後もCDなどが売れ続け、キングは音楽史に、その名を残しています。

エルヴィスの全米No.1ヒット曲は18曲もあります。ここでは魅力を知るための、おすすめの8曲を紹介します。

Heartbreak Hotel

1956年

エリヴィス初の全米No.1を記録した曲です。息を吸い込むように歌うボーカルが斬新です。

Don't Be Cruel

1956年

イントロのエレキ・ギターが印象的で、ボーカルをバックアップするコーラスも光ります。

Hound Dog

1956年

「Don't Be Cruel」と同時に録音され、両A面でリリースされます。サウンドはワイルドな仕上がりです。

Love Me Tender

1956年

メロディーは、19世紀からあった曲です。これに、新たに歌詞を書いてリリースしました。

Jailhouse Rock

1957年

映画『監獄ロック』の主題歌です。イントロのギター・コードの繰り返しが印象的です。

Can't Help Falling in Love

1961年

クラシックから着想を得て作曲されたバラード曲です。全米2位でしたが、美しい旋律です。

Viva Las Vegas

1964年

ミュージカル映画の主題歌で、全米29位でしたが、エルヴィスの底抜けの明るさがはじけます。

Suspicious Minds

1969年

カントリー風エレキ・ギターのイントロに始まり、ブラスが加わり、エルヴィスを盛り上げます。

声の可能性を追い求めた ドゥワップ (Doo-Wop)

1 楽器のように声をあやつる

1950年代に登場したコーラス・グループの中に、楽器伴奏をボーカルで再現するグループがあらわれます。伴奏を声で表現するときに〈ドゥーワッ〉などと繰り返していたことから、こうしたスタイルのコーラスを、ドゥワップと呼ぶようになります。多くは、リード・ボーカルのほかに、テナー、バリトン、ベースを担当するメンバーが、伴奏パートを声で表現しました。楽器による伴奏も用いましたが、あくまで声によって楽器の音を再現し、ハーモニーを作り上げました。ドゥワップは、ゴスペルやR&Bなどの影響を受けていました。ゴスペルのコール・アンド・レスポンスや、R&Bにみられる軽快なリズムが、巧みに取り入れられていました。このムーヴメントの中心で活躍していたのは、ザ・ムーングロウズ、ザ・ファイブ・サテンズなどでした。

2 白人グループもドゥワップ

主に黒人のグループが活躍していたドゥワップですが、人気が高まるにつれて白人ドゥワップ・グループもあらわれます。カナダ出身4人組のザ・ダイアモンズです。1956年リリースの「The Church Bells May Ring」では、イントロで教会の鐘を声で表現し、センスのよいドゥワップ・スタイルを見せています。

ちょい情報!

日本でも、アメリカでのドゥワップ・ブームを素早くキャッチし、ドゥワップ・スタイルで歌うザ・キング・トーンズが1960年にデビューします。そして、1980年には、シャネルズがデビューし、「ランナウェイ」が大ヒットします。黒人音楽への憧れから、ボーカルを担当するメンバーは、顔を黒く塗ってステージに立ちました。

In The Still Of The Night

The Five Satins

1955年に結成された5人組グループが1956年にリリースした2枚目のシングルです。R&Bチャートで3位を獲得します。イントロで繰り返されるシュド・ビ・シュビドゥーというコーラスは、まさにドゥワップ・スタイルです。

Sincerely

The Moonglows

ザ・ムーングロウズは、有名DJであったアラン・フリードの目にとまり、デビューのチャンスをつかみます。1954年リリースされたこのバラード曲は、翌年のR&Bチャートで1位に輝き、彼らにとって最大のヒットとなります。

1950年代後半ころ

高度な音楽理論によって導き出した

モード・ジャズ

(Modal Jazz)

決められたコードに縛られないアドリブ

ハード・バップでは、聴きやすいアドリブを重視し、使える音数を制限していました。1950年代後半になり、こうした制限に息苦しさを感じるアーティストがあらわれます。そうした人たちが試行し始めたのがモード・ジャズです。モード・ジャズでは、曲(テーマ)は旋法(モード)という音列で作られていて、アドリブもテーマと同じ旋法(せんぽう)で作られます。コード進行に縛られた従来のアドリブとは異なり、旋法におけるアドリブでは、使える音の制限はなく自由なアドリブが可能になりました。

モード・ジャズの名盤

モード・ジャズを試行し、完成の形にまで牽引(けんいん)したのがマイルス・ディヴィスです。コード進行に制限されない新しいジャズのスタイルであるモード・ジャズは、1959年にリリースされたアルバム『Kind of Blue』で聴くことができます。このアルバムのために、マイルスは仲間を集めます。クラシック音楽を学び、モードについての理論にも詳しいビル・エヴァンス、テナーサックスにハード・バップではない音楽を求めていたジョン・コルトレーンなどのプレイヤーが参加しました。

2つのコードで展開されるアドリブ

旋法に基づくアドリブでは、従来のコード進行によるアドリブのように音の使い方などに規則や制約などはなく、自由にアドリブがおこなえるようになりました。モード・ジャズの代表曲「So What」は、ドリアン・モードという旋法で作られています。曲の中間部分で、何の前触れもなく旋法とコードが半音高められ、また元に戻るという構成です。曲は、この2つのコードの繰り返しで作られています。そこに緊張感はなく、時間が停滞しているかのようです。アドリブも、ゆったりとしたテンポで、各奏者の自由で解放的なフレーズを聴くことできます。

So What

Miles Davis

ドリアン・モードによる「So What」は、イントロの後、ベースとピアノの掛け合いでテーマがはじまります。ベースはメロディーを、ピアノはコードでベースの演奏に応えます。その後、管楽器が加わります。テーマが終わると各楽器のアドリブに移り、コードからつむぎ出される独特なフレーズを聴くことができます。

優雅なアレンジで奏でられた

イージー・リスニング

(Easy Listening)

個性的なアレンジが光る

イージー・リスニングというジャンルは、オーケストラ編成で奏でられる音楽で、1950年代ころから注目を集めます。アメリカではパーシー・フェイス、イギリスではフランク・チャックスフィールド、マントヴァーニが活躍しました。この3人に共通しているのは、編曲・指揮をするということです。彼らが作り出す音楽は、ムード音楽とも呼ばれました。それぞれがアレンジに工夫をこらしていたことから、リスナーは、どのオーケストラの演奏か、すぐにわかるほど個性的でした。

ヴァイオリンの高音で魅了

パーシー・フェイス・オーケストラが、1959年にリリースした「夏の日の恋」は、全米1位を記録しました。この曲は映画『避暑地の出来事』のテーマ曲で、彼の作曲ではありませんでしたが、多数のヴァイオリンが同じメロディーを高音域で奏で、さらにまろやかに響く管楽器によって、優雅で独特のサウンドを生み出しました。この曲は、人気の高さからアレンジを変えたバージョンが、いくつもリリースされています。

波音もカモメの鳴き声も音楽に

フランク・チャックスフィールド・オーケストラは、1953年にアメリカの作曲家ロバート・マックスウェルの「Ebb Tide（引き潮）」をリリース。カモメの鳴き声と波の音から始まり、哀愁をただよわせたメロディーへとつながるドラマチックなアレンジによって、リスナーを魅了しました。

ヴァイオリンでリヴァーブ効果

イタリア生まれのアンヌンツィオ・パオロ・マントヴァーニが率いたマントヴァーニ・オーケストラは、ヴァイオリンをグループ分けすることで巧みに残響を生み出すアレンジをほどこし、独自のサウンドを生み出します。1953年リリースの「ムーランルージュのテーマ」は、アメリカでもヒットします。

ポップなヒット曲を送りだした

シンガー・ソングライター

(Singer-Songwriter)

曲を作り歌うアーティストの登場

1950年代の後半になると、自ら作詞・作曲をした曲を歌うシンガー・ソングライターが登場します。ニール・セダカ、ボビー・ダーリン、ポール・アンカなどです。彼らはヒット曲を次々と送り出し、新しい歌手のスタイルを作り上げました。

Point 2 ポール・アンカ

カナダ出身のシンガー・ソングライターです。自ら作詞・作曲したデビュー曲「Diana」が大ヒットし、ロング・セラーとなります。1967年には、フランスの歌手クロード・フランソワが歌っていたシャンソン「Comme D'Habitude」に英語訳詞をつけ、フランク・シナトラに提供します。この英語曲名「My Way」は、現在も歌い継がれる名曲となっています。

ボビー・ダーリン

ボビー・ダーリンは、女性歌手コニー・フランシスの作曲担当で音楽キャリアをスタートさせます。1958年に自身の作曲で「Splish Splash」を、1959年に「Dream Lover」をリリースし、大ヒットさせます。前者はロックンロールで、後者はポップな曲でした。彼は、その後も「Mack The Knife」などさまざまなジャンルの曲をリリースし、成功を収めます。

ニール・セダカ

祖母がピアニストで、自らもジュリアード音楽院で学んだニール・セダカは、1958年にコニー・フランシスに提供した「Stupid Cupid」が大ヒットしたことでチャンスをつかみ、自ら作曲をした「The Diary」をリリースします。その後も「Oh!Carol」「Calender Girl」「Happy Birthday Sweet Sixteen」など軽快な曲調のヒット曲を送り出しました。

Runaway

Del Shannon

シンガー・ソングライターとして活躍したデル・シャノンが1961年にリリースした曲です。デビュー曲で全米No.1となります。

1950年代中ごろ～

カントリーの影響を受けた

ポップ・ミュージック

(Pop Music)

Point 1 エヴァリー・ブラザーズ

ジ・エヴァリー・ブラザーズは、1950年代後半に多くのヒット曲を出した兄弟デュオです。兄弟であることで、声の質が似ていて、ハーモニーがより美しく響きます。彼らのハーモニーは、クローズド・ハーモニーと呼ばれるもので、カントリー・ミュージックなどで用いられていたものです。ハーモニーを構成する音がオクターブ以内に収まっていて、古くはバーバーショップ・ハーモニーと呼ばれていました。ふたりは、息の合ったハーモニーでヒット曲を次々と生み出しました。そして、1960年代に入り、彼らのハーモニーに影響を受けたアーティストが登場します。ザ・ビートルズやサイモン&ガーファンクルです。

Point 2 ロイ・オービソン

ロイ・オービソンは、ハイスクール時代に結成していたバンドで、当時の流行だったカントリーやロカビリーを歌っていました。その活動がプロデューサーの目にとまり、1955年にデビューします。エルヴィス・プレスリーと同じレコード会社でも活動しますが、ヒットに恵まれず、レコード会社を移籍します。そして1960年に「Only the Lonely」をリリースすると、全米2位となるヒットを記録します。彼のボーカルはファルセット(裏声)を巧みに操り、その歌声はとても魅力的でした。その後もヒットを記録し、ボブ・ディラン、ザ・ビートルズのジョージ・ハリスンからリスペクトされ、1980年代には彼らとザ・トラヴェリング・ウィルベリーズを結成します。

この曲をチェック!

Bye Bye Love

The Everly Brothers

1957年リリースのデビュー曲です。全米2位を記録します。この曲はサイモン&ガーファンクルによって1970年にカバーされ、アルバム『Bridge Over Troubled Water(明日に架ける橋)』に、オリジナルとほぼ同じハーモニーでの演奏が収録されています。

Oh,Pretty Woman

Roy Orbison

1964年にリリースされ、全米1位を記録します。ロイ・オービソンの代表曲です。イントロのギターとスネア・ドラムが刻むリズムが印象的です。1982年にはヴァン・ヘイレンがカバーします。また、1990年公開の映画『プリティー・ウーマン』の主題歌にもなりました。

シンプルなダンスにフィットした

ツイスト

(Twist)

アフリカのダンスだったツイスト

1950年代の後半に、世界中の若者を夢中にさせたダンスがツイストです。ルーツは、アフリカ系アメリカ人が、19世紀にアメリカへ伝えたといわれています。男女が向かい合い、前後に開いた足を床につけたまま、上半身をクネクネとひねりながら、前後に動きます。両腕は曲げて体に引き寄せ、腰の動きとは反対方向にひねります。そして、男性が上半身を女性に近づけると、女性はこれに合わせて、上半身を後方へ傾けます。とても単純な動きですが、若者たちの心をとらえ、世界中で流行しました。

ダンスに合わせた音楽

ツイストを踊るために作られた音楽が、ツイストです。というわけで、ツイストというジャンルの音楽があって、ダンスのツイストが生まれたわけではありません。若者たちが、ツイストと呼ばれるダンスに夢中になっていたことから、ツイストというダンスに合わせた音楽を誕生させたのです。ツイストは、若者の流行に反応して、レコード会社が生み出した音楽でした。

テレビでヒット再燃

ツイストに注目して「The Twist」という曲を1959年にリリースしたのが、ハンク・バラード&ザ・ミッドナイターズです。この曲をチャビー・チェッカーがカバーしてリリースすると、翌年の1960年に全米No.1を記録します。そして、テレビ番組「エド・サリバン・ショー」に出演すると再び注目を集め、1961年に再度全米No.1を記録します。その後も、1962年に「Let's Twist Again」をリリース。ツイストとチャビー・チェッカーの名前は世界中に広まりました。

The Twist
Let's Twist Again

Chubby Checker

1959年にリリースされた「The Twist」は2度も全米No.1を記録する大ヒットになりました。オリジナルのハンク・バラードのバージョンとアレンジが大きく違わないのですが、チャビー・チェッカー版が大ヒットしました。テレビの時代になっていたことから、人なつっこいチャビーの容姿やキュートなパフォーマンスが受け入れられたのかもしれません。このブームの勢いに乗って「Let's Twist Again」は1961年にリリースされ、大ヒットします。

聴いておきたい曲 まとめ

Be-Bop-a-Lula

Gene Vincent

ロカビリーの名曲として知られるこの曲は、ジーン・ヴィンセントのデビュー曲「Woman Love」のB面（カップリング）でしたが、こちらの曲がヒットすることになります。また、この曲はジーン・ヴィンセント&ヒズ・ブルー・キャップスの名義でリリースされました。そのバンドのギタリスト、クリフ・ギャラップの奏法は、のちのギタリストに大きな影響を与えます。

The Banana Boat

Harry Belafonte

この曲は、もともとジャマイカの港で働く人たちのワーク・ソングでした。この曲をリリースするとき、カリブ海の島々で歌われていた民謡のカリプソとして紹介されましたが、実はジャマイカ民謡のメントというジャンルの音楽です。ジャマイカ系の母を持つハリー・ベラフォンテによって歌われ、世界的なヒットになります。この曲は歌詞の掛け声になっている「Day-O」とも呼ばれます。

Peggy Sue

Buddy Holly

バディ・ホリー&ザ・クリケッツの名義でリリースされたシングルです。イントロからの力強いドラミングで、この曲が「Peggy Sue」だと、すぐにわかります。そして彼のトレード・マークでもある、しゃくり上げるように歌うボーカルが続きます。全米2位を記録する大ヒットとなります。しかし、1959年に移動中の飛行機事故で、バディ・ホリーは22歳の若さで亡くなります。

Lucille

Little Richard

ピアノの鍵盤を激しく叩きつけてリズムを刻み、力強くシャウトするボーカル・スタイルがトレードマークのリトル・リチャードは、後のロックに大きな影響を与えました。彼のボーカルは、メロディーをなぞるのではなくリズムを作り出すもので、まさにロックンロールそのものでした。1956年の「Long Tall Sally」はザ・ビートルズにもカバーされています。

Dynamite

Brenda Lee

12歳のとき、カントリーの名曲「Jambalaya」でデビューしたブレンダ・リーが、翌年にリリースした曲です。ロカビリー調のこの曲を、小柄な体からは想像できないほどの声量で歌いました。大ヒットとはなりませんでしたが、この曲によって、彼女は〈リトル・ミス・ダイナマイト〉と呼ばれるようになります。その後、多くのヒット曲を送り出します。

1951–1960年

Sail Along,Silv'ry Moon

Billy Vaughn and His Orchestra

ビリー・ヴォーンは、1954年に楽団を結成して「Melody of Love」をリリースします。甘いメロディーがアルト・サックスで奏でられたイージー・リスニング曲です。「Sail Along,Silv'ry Moon（浪路はるかに）」は、1937年にビング・クロスビーが大ヒットさせた曲です。これをサキソフォンをメインにしたインストゥルメンタル曲にアレンジして1957年にリリースします。この曲は、彼らにとって、最大のヒットとなります。

Johnny B.Goode

Chuck Berry

ロックンロールの名曲として、後にザ・ビートルズなど、多くのミュージシャンにカバーされることになるこの曲は、チャック・ベリー自身が作曲したものです。イントロで繰り返されるギターのリフが印象的です。ステージでは腰をかがめ、足を前後に開き、アヒルのように歩きながらギターを弾く〈ダック・ウォーク〉で、観客を熱狂させました。

Tequila

The Champs

グループのメンバーで、サックス奏者だったダニー・フローレスが作曲したインストゥルメンタル曲です。リリースされると、瞬く間のうちにヒットチャートの1位に輝きます。ラテン系の軽快なリズムをバックに吹かれるサックスの音が、心地よく響きます。カリフォルニアで活動していたことから、後に登場するサーフィン／ホットロッドにも大きな影響を与えました。

Shout!

The Isley Brothers

ジ・アイズレー・ブラザーズは1954年にデビューし、1960年代にはモータウン・レコードから数多くのヒット曲を送り出した3人組ボーカル・グループです。1959年にリリースされたこの曲は、ボーカルとコーラスが、スピーディーなコール・アンド・レスポンスを繰り返すゴスペル・スタイルのR&B曲です。シングルでリリースされたとき、A面にパート1、B面にパート2が収録されました。

Mack The Knife

Bobby Darin

この曲は、ドイツの音楽劇『三文オペラ』で使われた曲です。英語詞に訳されたものを、1955年にルイ・アームストロングが歌い、ヒットさせます。アームストロングのバージョンでは、エンディング部分でディキシーランド・ジャズ風の演奏を聴くことができます。この曲を、ボビー・ダーリンは、ちょっと都会風にしゃれたジャズ・アレンジでカバーします。そして、全米1位を9週間も記録する大ヒットになります。

発明と音楽

1940年ころ
アセテート盤

LPレコードが登場する前、金属盤に合成樹脂をコーティングし、この盤に針をのせて回転させることで録音が可能なアセテート盤と呼ばれるレコード盤がありました。この方法では、安価にレコード盤が作れたことから、デモ用レコードの制作にも用いられました。エルヴィス・プレスリーが作ったデモ盤は、このアセテート盤でした。

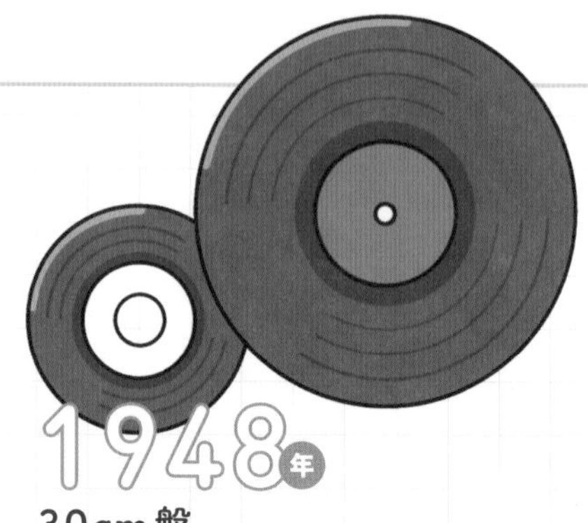

1948年
30cm盤

長時間の収録が可能になったLPレコードの利用方法は、複数の曲を収録したり、長い曲を1枚のレコードに収めたりするといったものでした。しかし、1960年代になると、LPレコード1枚に同じテーマで書かれた複数の曲を収録したコンセプト・アルバムが登場し、音楽表現の可能性を広げることになります。

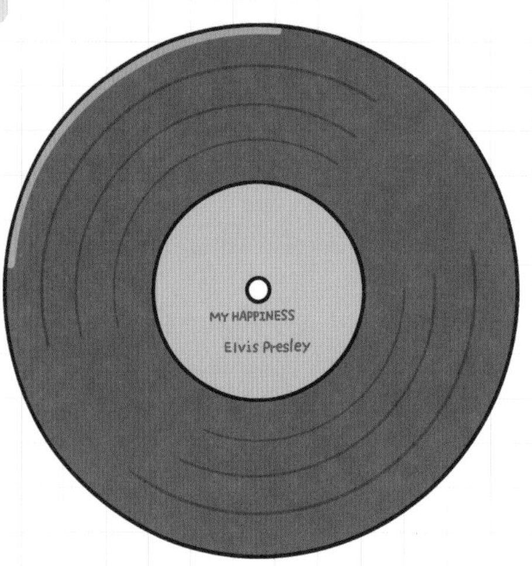

1948年
17cm盤

真ん中に大きな穴の開いた17cm盤は、その形状からドーナツ盤と呼ばれます。片面に1曲を収録するこの盤は、多くのレコード盤を収納するジュークボックスでも利用されました。ジュークボックスは、コインを投入することで自動的にレコード盤を再生する装置で、音楽の普及に貢献しました。

Vinyl Record　LPレコード

SPレコードと呼ばれる円盤型レコードは、片面の収録時間が3分ほどで、材質がもろく、落とすと割れやすいものでした。この欠点を解決するために、1940年代後半になると、ビニール製のレコードが登場します。円盤の直径は30cm（12inch）で、収録時間は両面で30分ほどでした。SPレコードに比べて長時間の収録が可能なことから、ロング・プレイ（Long Play）、略してLPレコードと呼ばれます。音質も、SPレコードに比べて向上しました。30cm盤には、複数の曲が収録されたことから、写真を整理する写真アルバムになぞらえて、アルバムと呼ばれます。また、17cm（7inch）サイズも製造され、片面に1曲を収録したことから、シングル盤とも呼ばれます。

1950年代中ごろ 50%を越える普及率

アメリカでは、テレビの世帯普及率が、1950年代中ごろに50%を超えます。この時期は、音楽ビジネスが大きく成長し、ポピュラー音楽が、ロカビリーからロックンロールへと進化するころとも重なります。アーティストは進んでテレビに出演し、画面を通してヴィジュアルをアピールしました。エルヴィス・プレスリーが出演した番組では、彼のダンスがセクシーすぎたため、下半身を映さなかったというエピドードもあります。

1954年 カラー・テレビ放送

テレビの世帯普及率が50%ほどになった1954年、アメリカでカラーによるテレビ放送が開始されます。ただし、カラー・テレビは白黒テレビに比べて高価だったため、カラー放送が始まって10年経っても、なかなか普及しませんでした。日本では、1966年のザ・ビートルズ日本公演が、カラーVTRで収録されます。そのライブは、日本テレビでカラー放送され、50%を超える視聴率を記録します。テレビによって音楽は、ますます多くの人のもとへ届く時代になったのです。

Television テレビ

1900年代の初頭、テレビの開発が本格的になります。日本でも1926年に、テレビ受像機に「イ」の文字を表示させる実験に成功します。1928年には、アメリカでテレビの実験放送が始まります。1936年には、ナチス・ドイツのもとで開催されたベルリン・オリンピックが、実験的にテレビ中継されました。本格的なテレビ放送は、1941年にアメリカで始まります。このときのテレビは「白黒テレビ」で、カラーではありませんでした。番組は、ラジオ時代から人気のあったバラエティー、音楽、コントなどをテレビ用にアレンジして放送していました。それでも、歌手の歌う姿を見ることができることは画期的でした。こうして、音楽はテレビを通じても大量に流れるようになります。

1961−1970年

1960年代のポイント

音楽はビッグ・ビジネスとなり 反抗・反逆さえも取り込んで巨大化

1950年代に誕生したロカビリー、ロックンロールは、音楽をレコードというパッケージに収めたことで、商品として大量に流通することになります。こうして音楽は、単なる娯楽という領域をはなれ、ビジネスとしての側面が大きくなっていきます。

1960年代に入ると〈ブリティッシュ・インヴェイジョン〉と呼ばれる現象が起きます。直訳すれば「イギリスの進攻」です。ちょっと物騒な言葉ですが、アメリカの音楽に影響を受けて、芽生え、花開いたイギリスの音楽が、大挙してアメリカに上陸した現象です。イギリス的に料理された音楽は、アメリカの若者たちの心をとらえ、多くのバンドがビジネスとしての成功を収めます。

この現象で、一番の成功を収めたのはザ・ビートルズです。彼らは多くのレコードを売り上げ、コンサートでは大観衆を集めます。その〈業績〉が国から認められ、勲章を授与されます。アーティストが成功を収めるということは、音楽産業の成功であり、国が潤うということでした。

一方、ビジネス的な成功の裏で、ロックンロールの変貌が始まっていました。恋など身の回りの事柄が歌われることの多かったロックンロールは、世の中への不満や、反体制的なテーマを取り上げた内容となります。そして、呼び名も短く〈ロック〉と呼ばれるようになります。しかし、こうしたテーマを歌うアーティストや、それを支持する若者たちの思いも、音楽ビジネスは、軽々と呑(の)み込んでいきます。〈反抗〉も〈反骨〉も、流行として扱われ、アーティスト本人の思いとは関係なく商品として流通していったのです。

演奏だけのロック・サウンド

インストゥルメンタル・ロック

(Instrumental Rock)

バンドの主役になった エレキ・ギター

1950年中ごろ、ロカビリーやロックンロールによってエレキ・ギターに注目が集まります。とはいえ、ロックンロール初期は、サキソフォンが主役で、ギターはまだ目立たない存在でした。1950年代後半に登場したデュアン・エディは、エレキ・ギターの低音部を強調した演奏によって、パワフルなインストゥルメンタル・ロック・サウンドを作り上げます。

歪(ゆが)んだサウンドの衝撃

デュアン・エディが登場した同じ時期、ネイティヴ・アメリカンのリンク・レイが、荒々しいエレキ・ギター・サウンドで注目を集めます。1958年にリリースした「Rumble」は、ギターの音を電気的に歪ませ、荒削りで心を揺さぶるサウンドを作り上げます。

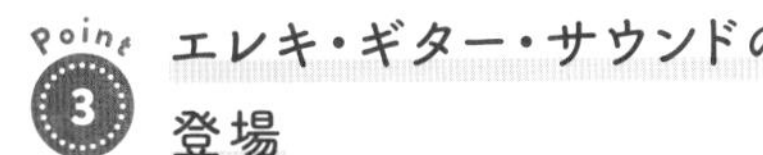

エレキ・ギター・サウンドの登場

デュアン・エディのバンドでは、エレキ・ギターとサキソフォンが対等でしたが、1950年代末ころになると、エレキ・ギター2本、エレキ・ベース・ギター、ドラムという4人編成のインストゥルメンタル・バンドが登場します。その代表格がザ・ベンチャーズです。彼らは、ジャズやカントリーの名曲を、エレキ・バンド・スタイルにアレンジして演奏しました。こうしたサウンド作りが1960年代のロック・バンドに影響を与えます。

Rebel Rouser

Duane Eddy

1958年リリース。サキソフォンをフィーチャーしたサウンドですが、エレキ・ギターの低音部を強調した斬新な演奏で注目を集めました。

Walk-Don't Run

The Ventures

1960年リリース。オリジナルは、1955年にジャズ・ギタリストのジョニー・スミスが作曲したものです。ザ・ベンチャーズの代表曲です。

Rumble

Link Wray

1958年リリース。タイトルはスラングで〈ケンカ〉を意味することや、荒々しい演奏からラジオで放送できない時期があった曲です。

Apache

The Shadows

イギリスの4人編成のバンドが、1960年にリリースした曲で、エレキ・ギターのトレモロ・アームを巧みに操った演奏で注目を集めます。

1960年代前半〜

西海岸のサーファーたちに受け入れられた

サーフィン/ホットロッド

(Surfin'/Hot Rod)

サーフィンと融和した音楽

サーファーが、好んで聴いた音楽がサーフィンです。インストゥルメンタル・ロックから派生し、牽引(けんいん)したのはディック・デイルです。彼は左利きでしたが、右利き用に張られた弦のまま演奏しました。低音弦を素早く弾くことで生み出されるうねりのある音と、アンプに内蔵された残響音を生みだすリヴァーブを組み合わせることで独特のサウンドを作り上げました。

ディック・デイル

サーフィンから派生したホットロッド

ジャン&ディーンは、インストゥルメンタルだったサーフィン・サウンドに、ボーカルと多彩なコーラスを合わせたスタイルを生み出し、「Surf City」をヒットさせます。また、彼らはホットロッドと呼ばれる改造車をテーマにした「Dead Man's Curve」をリリースします。若者に人気の改造車をテーマにした音楽は、ホットロッドと呼ばれるようになります。

コーラス・ワークと明るさが光るバンド

サーフィンを完成させたバンドが、ザ・ビーチ・ボーイズです。1961年に「Surfin'」でデビューし、サーフィン・ミュージックをリードします。1966年に曲の構成が複雑な「Good Vibrations」をリリースします。この曲はヒットしますが、明るさは影を潜め、このころからサーフィンの全盛期は終わりを告げます。

この曲をチェック!

Miserlou

Dick Dale

1962年リリース。彼の代表曲です。うねりのある音に加えリヴァーブを効かせたサウンドによって、迫りくる波を感じさせます。

Pipeline

The Chantays

1963年リリース。サーフの名曲で、彼らのオリジナル曲でしたが、数多くのバンドにカバーされ、ザ・ベンチャーズの演奏で有名になります。

Surf City

Jan & Dean

1963年リリース。作詞・作曲は、ジャン・ベリーと、ザ・ビーチ・ボーイズのブライアン・ウィルソンとの共作です。全米1位を記録します。

Surfin' USA

The Beach Boys

1963年リリースの明るさ全開のサーフィン・ミュージックです。高音で歌うファルセット・ボイスやコーラス・ワークが、彼らの魅力です。

古い歌に新しい解釈を加えた

モダン・フォーク

(Modern Folk)

新しい解釈で歌われるフォーク・ソング

モダン・フォークは、1960年代前後に登場した音楽ジャンルです。古くから伝わる民謡を、現代的に復活させるムーヴメントで、1940年代初頭ころから、ピート・シーガー、ウディ・ガスリーなどによって呼びかけられていました。こうした過去の曲に光を当てる動きをフォーク・リヴァイバルとも呼びます。

よみがえるトラディショナル・ソング

モダン・フォークを牽引(けんいん)したザ・キングストン・トリオは、19世紀の曲「Tom Dooley」を取り上げます。これに呼応して、ブラザース・フォアはバハマ民謡「Sloop John B」を、ジョーン・バエズは古謡の「The House of the Rising Sun」やユダヤ系の歌である「Donna Donna」などを歌い、ヒットさせます。

ピーター・ポール&マリー

ディランの始まりはモダン・フォーク

ボブ・ディランは、1961年にアルバム『Bob Dylan』でデビューします。アルバム収録曲の多くはトラディッショナル・ソングやブルースで、自分で作った曲は2曲だけでした。フォーク・リヴァイバルの流れにのってデビューしたのです。1963年にリリースされた「Blowin' in the Wind」は、反戦歌として知られています。

Tom Dooley

The Kingstone Trio

1958年にリリースされたこの曲は、19世紀に作られた曲がもとになっています。絞首刑になった男の悲劇が淡々と歌われています。

Puff,the Magic Dragon

Peter,Paul & Mary

1963年リリース。少年とドラゴンの友情を描いた曲です。プロテスト・ソングの多い彼らにとっては珍しくファンタジックな曲です。

Donna Donna

Joan Baez

1961年リリース。原曲は1938年にユダヤ系アメリカ人によりドイツに住むユダヤ人が使っていたイディッシュ語で作詞されていました。

Blowin' in the Wind

Bob Dylan

1963年リリース。アコースティック・ギターとブルース・ハープだけの伴奏が、ディランの素朴なボーカルを際立てています。

西洋音楽理論から解き放たれた

ファンキー・ジャズ/フリー・ジャズ

(Funky Jazz/Free Jazz)

Point 1 黒人独自の表現を目指したファンキー

ニューオリンズで、ブラス・バンドから発展していったジャズですが、スウィング・ジャズ、クール・ジャズ、モード・ジャズなどは、西洋音楽の理論を用いながら変化をとげてきました。こうした変化に対して、アフリカ系アメリカ人らしさを取り戻そうとするアーティストが現れます。ナット・アダレイやホレス・シルヴァーです。彼らの黒人らしさを追い求めたジャズは、ファンキー・ジャズと呼ばれます。ファンキーとは、泥臭いといった意味です。

ナット・アダレイ

Point 2 自分たちの音楽を取り戻すムーヴメント

ファンキー・ジャズは、ブルースやゴスペルの影響で生まれました。そのためブルース・ジャズとも呼ばれます。ファンキー・ジャズとして有名な曲「Mercy,Mercy,Mercy」は、キャノンボール・アダレイが1966年にリリースしました。素朴なメロディーが繰り返し演奏され、泥くさい粘り強さが感じられます。

Point 3 フリーという名の難解な音楽

西洋音楽理論に偏りすぎたジャズのあり方に対して、ファンキーとは別のムーヴメントが同じころ起こります。フリー・ジャズです。その名のとおり、自由にジャズを演奏しようというものです。サキソフォン奏者のオーネット・コールマンは、1961年にアルバム『Free Jazz』で、この試みを形にします。

この曲をチェック!

Work Song

Nat Adderley

1960年リリース。トランペットに似た楽器コルネット奏者のナット・アダレイが作曲しました。ブルースを感じさせる曲調です。

Song for My Father

Horace Silver

1965年リリース。冒頭はサックスとトランペットの印象的なメロディーが繰り返され、ピアノのアドリブではファンキーな演奏が聴けます。

Free Jazz,Pts.1&2

Ornette Coleman

スピーカーの左右に2つのバンドを振り分け、2つのバンドが競い合いながら演奏し、あるときは協調し、あるときは反目する不思議な曲です。

Ascension

John Coltrane

ハード・バップ、モード・ジャズを牽引(けんいん)してきた彼が、1965年に発表したフリー・ジャズのアルバムです。縦横無尽に音が乱れ飛びます。

ブラジルで誕生した新しいリズム

ボサノヴァ

(Bossa Nova)

サンバから生まれたボサノヴァ

アフリカからブラジルへ連行された奴隷たちから生まれた音楽がサンバです。そのサンバから生まれたのがボサノヴァです。1958年、アントニオ・カルロス・ジョビン作曲の「Chega de Saudade」が、ボサノヴァの始まりといわれています。この当時は、ボサノヴァという呼び名はなく、「Samba de Bossa」と呼ばれていました。ポルトガル語で「独特なサンバ」といった意味合いです。

アストラッド・ジルベルト

ボサノヴァを世界に広めたアーティスト

「Chega de Saudade」をギターを弾きながら歌ったのは、ジョアン・ジルベルトという歌手です。彼は、ささやくような歌声で歌い、ギターによって独特のリズムを刻みました。このギターの演奏もボサノヴァを魅力的にした大きな要素でした。ボサノヴァ(Bossa Nova)のノヴァはポルトガル語で新しいを意味し、「新しい個性」という呼び名どおりの斬新な音楽が誕生したのです。1959年公開のフランス・ブラジル合作映画『黒いオルフェ』で、ボサノヴァの曲が使われたことで、ボサノヴァは世界に知られることになります。

ジャズとのコラボで世界へ

1963年、ジョアン・ジルベルトは、アメリカのサックス奏者スタン・ゲッツとアルバム『ゲッツ/ジルベルト』を発表します。アルバム収録の「イパネパの娘(The Girl from Ipanema)」では、ジョアンとともに妻のアストラッド・ジルベルトがボーカルを担当しました。この曲の評判がよかったことから、アストラッド・ジルベルトの歌う英語版がリリースされ、大ヒットします。

Chega de Saudade

João Gilberto

1958年リリース。作詞のヴィニシウス・ヂ・モラエスは、作曲のアントニオ・カルロス・ジョビンとともにボサノヴァを生み出しました。

The Girl from Ipanema

Astrud Gilberto

アルバム『ゲッツ/ジルベルト』収録の曲を英語詞にしてリリース。ジャズのピアノ奏者オスカー・ピーターソンなどがカバーしています。

音楽プロデューサーが作り上げた

ウォール・オブ・サウンド

(Wall of Sound)

隙間のない壁のようなサウンド

演奏家ではなく、プロデューサーという立場から、ポピュラー音楽に大きな影響を与えたのがフィル・スペクターです。彼は、1959年にザ・テディ・ベアーズという3人組コーラス・グループを結成し、「To Know Him is to Love Him」という曲で全米1位を獲得します。その後、プロデューサーとして制作側にまわります。彼は、レコーディング・テクニックを駆使し〈ウォール・オブ・サウンド〉という音が壁のようにそそり立つ、それまでにないサウンドを生み出しました。この手法によって、彼は多くのヒット曲を送り出します。

フィル・スペクター

ウォール・オブ・サウンドに影響を受けた日本のアーティストに大滝詠一がいます。彼はギターの伴奏を録音するとき、何人ものギタリストを集め、同時に同じフレーズをずれのないよう演奏させました。技術的にはひとりの演奏を多重録音することも可能でしたが、あえて多人数の演奏で力強いサウンドを作り出しました。

一発録音によるワクワクするサウンド

1963年に、ザ・ロネッツの「Be My Baby」がリリースされます。この曲の録音のために、フィル・スペクターは、大勢のミュージシャンをスタジオに集め、同時に演奏させる〈一発録り〉という手法を用いました。当時、すでにテープ・レコーダーを使い、楽器を各パートごとに演奏して、効率的に録音するテクニックがありましたが、彼は失敗すれば初めから演奏をやりなおす、手間のかかる方法で、ライブ感のある、分厚く響くサウンドを作り出します。

Baby,I Love you

The Ronettes

1963年にリリースされたザ・ロネッツの2作目です。リード・ボーカルのヴェロニカ・ベネットはフィル・スペクターと結婚しますが、彼のDVに苦しみます。素晴らしいサウンドを誕生させたスペクターでしたが、奇行が目立つようになります。

Da Doo Ron Ron

The Crystals

1963年にリリースされた4人組コーラス・グループの曲で、全米3位となりました。曲名になっている〈Da Doo Ron Ron〉は、歌詞ができあがっていないときに、適当に口ずさんでいたフレーズで、響きの良さから、そのまま曲に採用されました。

ポップなソウル・ミュージック

モータウン・サウンド

(Motown Sound)

黒人が設立したポップなレコード会社

1960年前後に、黒人音楽にポップな感覚をプラスしたサウンドが誕生します。それらの音楽は、レコード会社名からモータウン・サウンドと呼ばれました。会社は、自動車産業が盛んなアメリカ中西部の〈モーター・タウン〉と呼ばれたデトロイトで設立されたことから、モータウンと命名されました。

ビジネスとしての音楽を追求

1950年年代末ころ、モータウン・レコードの創設者ベリー・ゴーディ・ジュニアは、自身が経営していたレコード店が破綻したため、作曲を始めます。しかし印税だけでは収入が少なく、タムラ・レコードを設立します。そして1959年、バレット・ストロングが歌った「Money」がヒットし、この曲で新しいサウンドが注目を集めます。

チームで作った新しいサウンド

1960年に、タムラ・レコードは、モータウン・レコードとなり、タムラはレーベル名として残ります。モータウン・レコードからは、ヒット曲が次々と生まれます。楽曲制作はチームを組んで進められ、ミーティングによって楽曲を評価し、多くの人に受け入れられることを目指しました。チームで作り、それを評価する仕組みによって、70年以降もモータウンはヒット曲を作り続け、ビジネスとして大成功を収めます。

ベリー・ゴーディ・ジュニア

この曲をチェック!

You've Really Got a Hold on Me

Smokey Robinson&The Miracles

1962年リリース。リード・ボーカルのスモーキー・ロビンソンはのちに副社長となりモータウン・レコードを牽引(けんいん)します。

Please Mr.Postman

The Marvelettes

1961年リリース。ザ・ビートルズは、この曲の他にモータウンの「Money」「You've Really Got a Hold on Me」をカバーしています。

I Want You Back

The Jackson 5

1969年リリース。10歳だったマイケル・ジャクソンがリード・ボーカルを担当した兄弟グループです。この曲は全米1位のヒットとなります。

Superstition

Stevie Wonder

1972年リリース。モータウンの新しいサウンドを模索し、伴奏にシンセサイザーを取り入れる試みをしています。全米1位を記録します。

黒人音楽への憧れから生まれた

ブルー・アイド・ソウル

(Blue-Eyed Soul)

カバーではない本物のソウル

1960年代前半ころ、人種間にはまだまだ壁がありました。しかし、音楽の世界では、黒人音楽と白人音楽の間にあった壁に穴が開き始めます。黒人が白人の音楽を、白人が黒人の音楽をカバーするようになります。こうした雰囲気の中、白人ボーカル・デュオ、ザ・ライチャス・ブラザーズがデビューします。彼らは、1964年に「You've Lost That Lovin' Feelin'」、1965年に「Unchained Melody」をリリースし、大ヒットします。彼らの歌は、黒人が聴いても黒人のフィーリングが感じられたことから、〈ブルー・アイド・ソウル〉と呼ばれるようになります。青い目をした白人が歌うソウルの誕生でした。グループ名のライチャスは、〈本物の〉〈完璧な〉といった意味があります。デビュー前の彼らの歌を聴いた黒人が、本物のソウルを感じたことで付けられたグループ名でした。

ライチャス・ブラザース

イギリスでも黒人音楽が浸透

1960年代半ばころ、イギリスにもブルー・アイド・ソウルのアーティストが登場します。ザ・スペンサー・デイヴィス・グループ、ゼムのヴァン・モリソンなどです。ヴァン・モリソンは、1964年にゼムを結成し「Gloria」などの曲をヒットさせます。1966年にゼムを脱退した彼は、「Brown Eyed Girl」を1967年にリリースし、アメリカでもヒットします。

この曲をチェック!

Unchained Melody

The Righteous Brothers

1965年リリース。1990年公開の映画『ゴースト/ニューヨークの幻』で使われ、再びヒットします。ちなみにグループ名はブラザーズですが、二人は実の兄弟ではありません。

Good Lovin'

The Young Rascals

1966年リリース。ボーカルが醸(かも)し出すフォーリングは黒人そのものです。エレキ・ギターによって軽快に刻まれるリズムと、コール・アンド・レスポンスのコーラスが気分をワクワクさせます。

Gimme Some Lovin'

The Spencer Davis Group

1966年リリースで、ソウルを感じさせるスティーヴ・ウィンウッドのボーカルが光ります。彼は、後にソロとなり、1980年代にもソウルフルな曲をリリースし、活躍します。

Everytime You Go Away

Daryl Hall & John Oates

1980年リリースのアルバム『Voices』に収録された曲です。シンプルな伴奏と、ソウルフルなボーカルが心に染み込みます。メンバーのダリル・ホールによる作詞・作曲です。

アメリカ音楽に強く影響を受けた

マージービート/リヴァプール・サウンド

(Mersey Beat/Liverpool Sound)

ラジオから流れるアメリカ音楽

1950年代中ごろ、イギリスではスキッフルが流行します。これは、身の回りのモノを楽器として用いる音楽で、1900年代初頭にアメリカで生まれました。高価な楽器がなくても、気軽に音楽を始められたことから、音楽を楽しむ下地が生まれます。1950年代後半になると、ラジオからアメリカの音楽があふれ出し、影響を受けた若者たちは、自分たちのサウンドを生み出すようになります。

貿易港リヴァプールから生まれたサウンド

イングランド北西部を流れる、マージー川の河口に位置する港湾都市がリヴァプールです。港には、海外からの船も停泊し、街はさまざまな国籍の人たちが楽しむためのパブやクラブがありました。こうした環境もあり、この街からザ・ビートルズ、ジェリー&ザ・ペースメーカーズなど、後にアメリカでも活躍するバンドが生まれます。彼らのサウンドは、川の名前からマージービートと呼ばれるようになります。

イギリスから世界へ発信される音楽

マージービートは、リヴァプール出身のバンドに対する呼称で、ザ・ビートルズが誕生したことで、注目を集めます。ちなみにロンドンや、その他の都市から誕生したバンドのサウンドは、ブリティッシュ・ビートと呼ばれ、ザ・ローリング・ストーンズ、ザ・ヤードバーズ、ザ・ホリーズなどが活躍しました。多くのバンドが、1960年代前半のイギリスで誕生し、アメリカと肩を並べる音楽発信国となります。

ちょい情報!

マージービートをリヴァプール・サウンドと呼ぶのは、日本だけです。これは、レコード会社がイギリスのバンドのオムニバス盤を発売するときに、他の地域も含め、この呼称でまとめてしまったためです。

How Do You Do It?

Gerry & The Pacemakers

ザ・ビートルズのマネジャー、ブライアン・エプスタインに認められてデビューしたバンドです。軽快なサウンドで、全英1位を記録します。

Hippy Hippy Shake

The Swinging Blue Jeans

1963年リリース。シャウトするボーカルとリヴァーブ(残響)を効かせたラフなギター・サウンドが力強いうねりを生み出します。全英2位を記録。

Needles and Pins

The Searchers

1964年リリース。オリジナルはアメリカの女性歌手ジャッキー・デシャノンです。イントロのギター伴奏を強調したアレンジが印象的です。

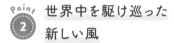

音楽の可能性を追求した

ザ・ビートルズ

(The Beatles)

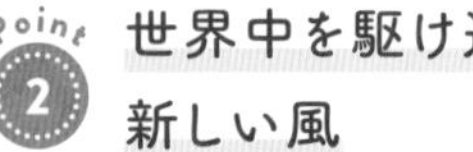

Point 2 世界中を駆け巡った新しい風

1962年、ザ・ビートルズは「Love Me Do」でデビューします。1963年リリースの「I Want To Hold Your Hand」が初めて全米1位となります。しかし、絶頂期の1966年、ザ・ビートルズは聴衆の前での演奏をやめます。巨大な会場に対応した音響がなかったことや、歓声を上げげて、彼らの歌を聴こうとしない観衆への不満があったといわれています。

Point 1 リヴァプールから世界へ

イギリス北西部の街リヴァプールで誕生したザ・ビートルズは、1957年にジョン・レノンが結成したスキッフル・バンドのザ・クオリーメンが始まりでした。その後、ポール・マッカートニー、ジョージ・ハリスン、リンゴ・スターが加わります。1970年に解散するまでポピュラー音楽に新しい波をもたらしました。

Point 3 スタジオにこもり新しい音楽を追求

1967年、レコーディング技術を駆使したアルバム『Sgt.Pepper's Lonely Hearts Club Band』をリリースします。ジャケットには、有名人の写真がコラージュされ、そのカラフルさや、意味が話題になりました。その後、先進的な楽曲を送り出しましたが、1971年メンバー間の音楽性の違いから解散しました。

この曲をチェック!

I Want To Hold Your Hand

1963年リリース。日本では、1964年にリリースされ、日本でのデビュー曲となりました。ドイツ語で歌った盤もあり、キレのいい印象です。

Nowhere Man

1965年リリースされたアルバム『Rubber Soul』に収録された曲です。ライブでは再現が難しい複雑なコーラス・ワークを聴くことがでます。

All You Need is Love

1967年リリース。世界中を衛星中継で結ぶ生放送〈Our World〉で演奏しました。日本でも放送され、4億人以上の人たちが視聴しました。

Abbey Road

1969年リリースのアルバムです。1970年発売の『Let It Be』より後に録音されているため、最後のオリジナル・アルバムになります。

ブルースをロックへと再構築した

ザ・ローリング・ストーンズ

(The Rolling Stones)

ワイルドでラフなサウンドが魅力

1962年から現在まで、解散することなく活動しているイギリスのバンドです。デビュー当時のザ・ビートルズがスーツ姿の優等生イメージだったのに対し、ザ・ローリング・ストーンズはちょいワル系でした。ミック・ジャガーのラフでセクシーなボーカルや、キース・リチャーズのギターがつむぎ出す音数の少ない、力強いうねりがバンドのサウンドを支えました。

バンド名はブルースの曲名から

バンド名は、アメリカのブルース歌手マディ・ウォーターズの「Rollin' Stone」という曲名から命名されたというエピソードがあります。彼らはアメリカのブルース、R&B、ソウルといった黒人音楽に強い影響を受けています。初期の楽曲はカバー曲が多く、大成功とはいえない状況でしたが、1965年に「Satisfaction」が初めて全米1位となります。

60年以上も変わらぬサウンドで活動

彼らは、ザ・ビートルズが解散した1971年以降も、活動を続け、イギリスを代表するバンドとしてアルバムを次々とリリースしました。1973年『Goats Head Soup』収録の「Angie」、1974年『It's Only Rock'N'Roll』収録のアルバム同名曲、1981年『Tattoo You』収録の「Start Me Up」などがヒットします。彼らは、激しく変化する音楽の流行に左右されることなく、一貫してローリング・ストーンズ独自のサウンドを奏で続けています。2016年には原点ともいえるブルースをカバーした『Blue & Lonesome』をリリースしています。

ミック・ジャガー

この曲をチェック!

Paint It Black

1966年リリース。インドの弦楽器シタールが効果的に使われています。それまでの彼らの曲調からは離れた、新しい試みを聴けます。

Honky Tonk Women

1969年リリース。この曲の原型は、アルバム『Let It Bleed』に収録の「Country Honk」で、カントリーに影響を受けている曲です。

Jumpin' Jack Flash

1968年リリース。からみ合うように演奏されるギターとベースは、録音のときにはキース・リチャーズが担当しています。

Start Me Up

1981年リリースのアルバム『Tattoo You』に収録の曲です。キース・リチャーズのエッジの効いたギター演奏が曲全体を際立てます。

1960年代中ごろ

音楽を〈輸出品〉とした

ブリティッシュ・インヴェイジョン

(British Invasion)

Point 1 イギリスの音楽がアメリカへ進出

1960年代に入ると、イギリスでは多くのバンドが誕生します。彼らは、多種多様なアメリカ音楽の影響を受け、アメリカでは生まれなかった音楽を生み出しました。こうして彼らは、音楽マーケットの規模が大きいアメリカへ進出します。多くのバンドがアメリカで活躍した現象は、ブリティッシュ・インヴェイジョン（イギリスの侵攻）と呼ばれます。

Point 2 音楽ビジネスの成功に対し勲章を授与

アメリカへ進出したバンドやアーティストは、若者たちの支持を得て成功します。ザ・ビートルズ、ザ・ローリング・ストーンズを始め、ザ・フー、ザ・デイヴ・クラーク・ファイヴ、ザ・キンクス、ハーマンズ・ハーミッツ、ザ・ホリーズなど、多くのバンドがアメリカのチャートで上位に輝きました。そして、音楽を〈輸出品〉としてとらえていたイギリス政府は、この活躍を称え、多額の外貨をもたらしたザ・ビートルズに、勲章を授与します。

Point 3 交流が生み出す新しいサウンド

ブリティッシュ・インヴェイジョンは、特定の音楽ジャンルのムーヴメントではありませんが、アメリカとイギリスの音楽が多角的に交流するという現象をもたらしました。このことで、ミュージッシャンの交流が深まり、新しい音楽が生まれる下地を作ることになりました。

My Generation

The Who

1965年リリース。ギターのピート・タウンゼントの作詞・作曲です。荒々しい演奏でおとな達に不満をぶつける歌詞が飛び出します。

You Really Got Me

The Kinks

1964年リリース。イントロでは、ギターの低音部だけをピッキングし、また音を歪(ひず)ませることで力強いサウンドを生み出しています。

Because

The Dave Clark Five

1964年リリース。ハーモニーが心地よいバラード曲です。イギリスではB面、アメリカではA面でリリースされ、全米3位のヒットとなります。

Bus Stop

The Hollies

1966年リリース。12弦ギターのイントロで始まるこの歌は、バス停で出会った女性との恋が実るものですが、曲調は寂しげです。

1960年代中ごろ

エレキ・サウンドで奏でられる

フォーク・ロック/カントリー・ロック

(Folk Rock/Country Rock)

Point 1 フォーク・ロック誕生を象徴する出来事

1965年7月、アメリカのロードアイランド州ニューポートで開催された〈ニューポート・フォーク・フェスティバル〉に、ボブ・ディランがエレキ・ギターを携えて登場します。観衆は驚き、拒絶します。ディランは、歌うことができず、舞台を降ります。その後、アコースティック・ギターを手に再登場します。この年の1月、ディランはバンドをバックにアルバム『Bringing It All Back Home』をレコーディングし、すでにロックへのアプローチを始めていたのです。

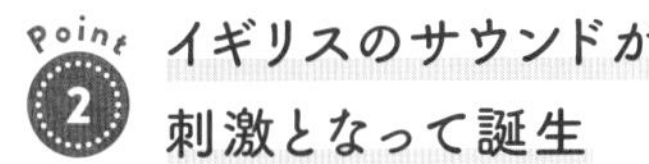

Point 2 イギリスのサウンドが刺激となって誕生

フォーク・ロック/カントリー・ロックというジャンルが誕生するきっかけは、〈ブリティッシュ・インヴェイジョン〉の衝撃でした。ジ・アニマルズは、アメリカのトラディショナル・ソングである「朝日のあたる家」を、エレクトリック・サウンドでアレンジし、ヒットさせます。こうした斬新なサウンドが、ボブ・ディランやザ・バーズなど、アメリカのミュージシャンに大きな刺激を与え、新しいサウンドが生まれたのです。

Point 3 変化を味方にするカントリー

もともとカントリーは変化を受け入れないジャンルですが、イギリスからのサウンドに対しては敏感に反応し、カントリー・ロックと呼ばれるジャンルが生まれます。このムーヴメントは1960年代後半から1970年代前半まで、多くのミュージシャンに影響を与えます。

この曲をチェック!

Sin City

The Flying Burrito Brothers

1969年リリースのアルバム『The Gilded Palace of Sin』に収録された曲です。ペダル・スティール・ギターが効果的に使われています。

Mr.Tambourine Man

The Byrds

ディランの曲をロック・アレンジし、大ヒットします。印象的なイントロはリッケンバッカーの12弦エレキ・ギターが使われています。

Have You Ever Seen The Rain?

Creedence Clearwater Revival

1970年リリース。アコースティック・ギターと、力強いピアノの音が作り出す印象的なイントロで始まるこの曲は、日本でもヒットしました。

Mr.Soul

Buffalo Springfield

1967年リリースのアルバム『Buffalo Springfield Again』に収録された曲です。ニール・ヤングのボーカルと、ゆるいギターが聴けます。

時代を投影しながら転がり続ける

ボブ・ディラン

(Bob Dylan)

難解で文学的な歌詞

1960年代初頭に登場したボブ・ディランがつむぎ出した言葉は、60年以上を経ても輝き続けています。難解といわれる歌詞は、多くの評論家によって解説が試みられますが、ディランのつづる言葉の謎は、さらに深まります。2016年には、ノーベル文学賞を授与されます。ディランは授賞式に出席せず、パティ・スミスがディランの曲を歌唱しました。

フォークからロックへ

フォーク歌手ウディ・ガスリーのレコードを聴いて影響を受けたディランは、1962年3月にアコースティック・ギターとブルース・ハープ(ハーモニカ)の伴奏で歌った1作目のアルバム『Bob Dylan』をリリースします。ところが、ここに収録された「Highway 51 Blues」などは、アコースティック・ギターでの演奏にもかかわらず、ロックを感じさせるものでした。ディランにとって、フォークとロックを区別するという考えは、もともとなかったのかもしれません。

変幻自在な音楽活動

1965年の5作目アルバム『Bringing It All Back Home』では、フォーク・ロック・サウンドへと変化します。さらに、6作目『Highway 61 Revisited』に収録の「Like a Rolling Stone」では、エレキ・ギターとハモンド・オルガンをバックに6分を超えるロック・サウンドを奏でました。ところが、1969年の『Nashville Skyline』では、一転してすべての曲がカントリーという内容でした。しかも、それまでのしわがれ声ではなく、甘い声で歌うディランの変貌に、ファンは驚きました。こうして、ディランは特定の音楽ジャンルにこだわることなく、その後もロマの音楽を取り入れるなど、常に新しい試みを続けます。

Lay,Lady,Lay

アルバム『Nashville Skyline』に収録。この曲は、映画『真夜中のカーボーイ』のために書かれましたが採用されませんでした。

Forever Young

1974年リリースのアルバム『Planet Waves』に収録の曲です。テンポとアレンジの違う2つのバージョンが収録されています。

Knockin' On Heaven's Door

1973年リリース。映画『ビリー・ザ・キッド/21才の生涯』のサウンドトラック盤に収録の曲です。映画にはディランも出演しています。

Hurricane

1975年リリース。8分を超えるこの曲は、無実の罪で逮捕された元ボクサーを歌った曲です。ロマのヴァイオリンが曲全体を支えています。

黒人音楽が影響しあいながら進化した

ソウル・ミュージック

(Soul Music)

洗練されたアレンジとボーカル

ソウル・ミュージックは、ゴスペルがリズム&ブルース(R&B)の影響を受けて、1960年前後に誕生したジャンルです。ちなみにR&Bは、1940年代ころのブルースやゴスペルから誕生した、リズムが強調されたアフリカ系アメリカ人の音楽です。ちょっと、ややこしいのですが、ソウルはR&B誕生のもととなったゴスペルが、R&Bムーヴメントの刺激を受けて、さらに生まれ変わって誕生したのです。洗練されたアレンジと、祈るようなボーカルが特徴です。

活動していた地域で異なるソウル

ソウルはミュージシャンが活動していた地域で、グループ分けされます。カーティス・メイフィールドなどのシカゴ・ソウル、ハロルド・メルヴィン&ザ・ブルー・ノーツなどのフィラデルフィア・ソウル、そしてオーティス・レディングはサザン・ソウルに分類されます。

オーティス・レディング

People Get Ready

The Impressions

1965年リリース。ボーカルのカーティス・メイフィールドの作詞・作曲です。歌詞はゴスペルのスタイルを借りた人種差別撤廃を求める内容です。

A Change is Gonna Come

Sam Cooke

1964年リリース。美しいオーケストラ・アレンジによって歌われるこの曲は、黒人に対する差別撤廃を訴える内容です。

(Sittin' On) The Dock of the Bay

Otis Redding

レコーディングの3日後に、レディングは飛行機事故によって亡くなります。死後の1968年に発売され、全米1位のヒットとなります。

If You Don't Know Me By Now

Harold Melvin & The Blue Notes

フィラデルフィア・ソウルを代表するグループが1972年にリリース。1989年にイギリスの白人バンド、シンプリー・レッドによってカバーされ、大ヒットします。

I Say a Little Prayer

Aretha Franklin

1968年リリース。ゴスペルのコール&レスポンスで進行する曲は、数多くのヒット曲を送り出した作曲家バート・バカラックの作品です。

Hold On,I'm comin'

Sam & Dave

1966年リリース。ブラス・セクションとリズム・パートが心地よいサウンドを刻みます。次の「Soul Man」も同じサウンドでヒットします。

1960年代後半～

アメリカ西海岸の気候に育まれたサウンド

ウエストコースト・ロック

(West Coast Rock)

若者たちの文化が花開いたウエストコースト

1960年代の後半、アメリカの西海岸に位置するカリフォルニア周辺で、若者たちの文化が花開きます。ヒッピーと呼ばれる人たちが、それまでのアメリカの価値観にしばられない自由な生き方を追い求め始めたのです。性やドラッグの解放をめざしたヒッピー・ムーヴメントは、西海岸に自由な雰囲気をもたらしました。

スコット・マッケンジー

大規模フェスティバルの先駆け

1967年、ヒッピー・ムーヴメントを背景にカリフォルニア州で〈モンタレー・ポップ・フェスティバル〉が開催されます。ジャンルの異なる30を超えるバンドやシンガーが出演し、3日間で20万人を超える人々が集まります。この成功が、のちの大規模イベントの開催へとつながります。

1970年代に活躍するアーティストの登場

モンタレー・ポップ・フェスティバルの成功により、ウエストコーストでは、音楽活動が盛んになり、クロスビー、スティルス、ナッシュ&ヤング(CSN&Y)、イーグルス、ザ・ドゥービー・ブラザーズなど、ウエストコースト・ロックを牽引(けんいん)するバンドが登場します。

この曲をチェック!

San Francisco (Be Sure to Wear Flowers in Your Hair)

Scott McKenzie

1967年リリース。モンタレー・ポップ・フェスティバルのテーマ曲として作られました。邦題は「花のサンフランシスコ」です。

Everybody I Love You

Crosby,Stills,Nash & Young

1970年のアルバム『Déjà Vu』に収録。メンバーのスティーヴン・スティルスとニール・ヤングの2人による作品です。洗練された4人でのコーラスが聴けます。

Take It Easy

Eagles

1972年リリースのデビュー曲です。軽やかなギター・サウンドと、さわやかなコーラス・ワークが聴けます。バンジョーも印象的に使われています。

Listen To The Music

The Doobie Brothers

1972年リリース。ギターが小気味よく刻まれ、バンジョーがからみつくカントリー・サウンドに、ツイン・ドラムが力強さを与えています。

南部のルーツ音楽が色濃く反映された

サザン・ロック

(Southern Rock)

デュアン・オールマン

Point 1 ツイン・ギターがつむぎ出すサウンド

アメリカ南部発祥の音楽から強い影響を受けたジャンルが、サザン・ロックです。具体的にはブルース、カントリー、そしてスウィング・ジャスなどから生まれたブギのリズムなどに影響を受けています。このムーヴメントの先駆けは、ジ・オールマン・ブラザーズ・バンドです。1969年アルバム『The Allman Brothers Band』をリリース。中心メンバーのデュアン・オールマンはソウルのアレサ・フランクリンなどのレコーディングに参加し、南部の音楽に触れていました。そのため、このアルバムはブルース・ロック的なサウンドでした。そして、2作目の『Idlewild South』では、彼らのサウンドの要となるツイン・ギターを聴くことができます。1973年には、サザン・ロックの名盤といわれ、全米1位となる『Brothers And Sisters』をリリースします。

Point 2 エレキ・ギターで刻まれるブギのリズム

1969年に結成されたZZトップは、ブルース系の3人組ロック・バンドでした。そのため、ブルースのアーティストとの共演が多く、彼らから多くの影響を受けていました。1973年に3作目となるアルバム『Tres Hombres』をリリースします。このアルバムに収録された「La Grange」では、ブギのリズムを取り入れた、彼ら独特のサウンドを聴くことができます。その後、活動休止期間がありましたが、1980年代に復活し、電子的に加工した厚みのあるブギ・ギター・サウンドを響かせ、サザン・ロックを牽引する活躍をします。

ZZトップ

Ramblin' Man

The Allman Brothers Band

1973年リリース。中心メンバーのデュアンが交通事故死したあとの曲です。曲の後半には洗練されたツイン・ギターの美しい演奏が聴けます。

Free Bird

Lynyrd Skynyrd

1973年のデビュー・アルバム『Lynyrd Skynyrd』収録曲です。ジ・オールマン・ブラザーズ・バンドのデュアン・オールマンに捧げられた曲です。

Legs

ZZ Top

1983年のアルバム『Eliminator』に収録の曲で、ブギを基本にしながら、シンセサイザーを取り入れ、新しいサウンドを作り出しています。

幻覚を音楽で表現しようとした

サイケデリック・ロック

(Psychedelic Rock)

ドラッグが生み出した音楽

1960年代後半に登場したウエストコースト・ロックの中で、ヒッピー・ムーヴメントの主張をダイレクトに表現した音楽がサイケデリック・ロックです。ヒッピーたちは、ドラッグの自由化を主張し、LSD、マリファナなどを使用していました。ジェファーソン・エアプレイン、グレイトフル・デッドなどのバンドは、こうしたドラッグの影響で見る幻覚を音楽で表現し、サイケデリック・ロックが誕生します。

グレイス・スリック

Point 2

サイケデリック・サウンドをリード

結成当初のジェファーソン・エアプレインは、メンバーそれぞれが、フォークやブルースなど異なったジャンルの音楽を指向していたフォーク・ロック的なバンドでした。しかし、グレイス・スリックが加わったことで音楽の傾向が変化します。1967年リリースのアルバム『Surrealistic Pillow』に収録された彼女の作品「White Rabbit」「Somebody to Love」は、サイケデリック(幻覚)を思わせるサウンドと、謎めいた歌詞により、サイケデリックの代表曲となります。

ドラッグがもたらしたもの

イギリスでも、エリック・クラプトンが所属したクリーム、シド・バレットが在籍していたピンク・フロイドなどがサイケデリック・ロック的な曲を作ります。しかし、ミュージシャン自身がドラッグを使用し、体にダメージを受けるなど、過酷な結末が待っていました。

この曲をチェック!

White Rabbit

Jefferson Airplane

1967年リリース。グレイス・スリックの語りかけるようなボーカルと、ドラッグを表現した奇妙な歌詞が呪術的な空気を作ります。

That's it For the Other One

Grateful Dead

1968年のアルバム『Anthem of the Sun』に収録。4つの曲をつなぎ合わせた編集により、全体として奇妙な世界観を作り出しています。

Sunshine of Your Love

Cream

1967年リリースのアルバム『Disraeli Gears』に収録。変則的なリズムを刻むドラムが、この曲の不思議なうねりと幻想感を作り出しています。

Astronomy Domine

Pink Floyd

1967年リリースのアルバム『The Piper at the Gates of Dawn』に収録。録音当時、リーダーのシド・バレットはLSDを常用していました。

ブルースにイギリス的なテイストを加味した

ブルース・ロック

(Blues Rock)

エリック・クラプトン

1950年代からあったブルース・ロックの芽

1950年代後半ころ、イギリスのブルース・ギタリストのアレクシス・コーナーの影響を受けたジョン・メイオールは、1962年にザ・ブルースブレイカーズを結成します。そして1965年、エリック・クラプトンが加入します。1966年、クラプトンのギターをフィーチャーしたアルバムをリリースし、ブルース・ロックを進化させます。

クラプトンが牽引したムーヴメント

エリック・クラプトンは、ザ・ブルースブレイカーズをすぐに脱退し、3ピース・バンド、クリームを結成します。このバンドはサイケデリックなサウンドも取り入れていましたが、基本的にはブルースでした。クリームは、メンバーの不仲から解散します。クラプトンは1968年、ブルース・ロックを発展させたバンド、ブラインド・フェイスを結成します。

アメリカでのブルース・ロック

1960年代後半のアメリカでも、ブルース・ロックが注目されます。ギタリストのマイク・ブルームフィールドは、ブルース・ハープ奏者でボーカルのポール・バターフィールド率いるザ・ポール・バターフィールド・ブルース・バンドに参加します。1965年のアルバムで、鮮やかなギター・プレイをみせます。

Double Crossing Time

John Mayall & The Bluesbreakers

1966年リリースのアルバム『Bluesbreakers with Eric Clapton』に収録の曲です。間奏でクラプトンのソロを、たっぷりと聴くことができます。

Crossroads

Cream

1968年リリースのアルバム『Wheels of Fire』に収録されたこの曲は、ブルース・シンガーのロバート・ジョンソンの曲をカバーしたものです。

Screamin'

The Paul Butterfield Blues Band

1965年リリースのアルバム『The Paul Butterfield Blues Band』に収録のこの曲は、マイク・ブルームフィールドの作曲です。

Presence of the Lord

Blind Faith

1969年のアルバム『Blind Faith(スーパー・ジャイアンツ)』に収録の曲で、クラプトンの作詞・作曲です。間奏でスリリングなソロを聴けます。

都会的に洗練されたアレンジが光る

ファンク

(Funk)

ファンキーを都会的に変貌させる

パワフルなボーカルから〈ミスター・ダイナマイト〉などのニックネームをもつジェームズ・ブラウンは、1950年代からゴスペルの影響を受けたボーカル・グループで活動していました。1960年代中ごろになるとホーン・セクション、パーカッション、エレキ・ギター、エレキ・ベースなど、すべての楽器でリズムを刻む演奏スタイルを試みます。こうした試みは、1964年にリリースした「Out Of Sight」で形になり、ファンクが誕生したとされています。力強くシャウトするジェームス・ブラウンは、泥臭い〈ファンキー〉を都会的な感覚でアレンジした〈ファンク〉に変貌させ、ムーヴメントを牽引(けんいん)していきます。

より洗練されたファンク

1970年代になると、Pファンクと呼ばれるムーヴメントが起こります。Pファンクは、パーラメントとファンカデリックという2つのグループを中心にしたムーヴメントで、その中心には、1950年代中ごろからボーカル・グループのパーラメントで活動をしていたジョージ・クリントンがいました。

2つのファンク潮流の融合

Pファンクに、ジェームズ・ブラウンのバックでベースを担当していたブーツィー・コリンズなどが合流します。ファンカデリックは実験的で斬新なアレンジとハードな演奏で、パーラメントはより都会的でクールな演奏で、Pファンクを発展させます。

Get Up I Feel Like Being a Sex Machine

James Brown

1970年リリースのアルバム『Sex Machine』に収録の曲です。ジェームズ・ブラウンのバンドThe J.B.s' との演奏は10分50秒にも及び、ライブ感あふれる演奏が聴けます。

I Want to Take You Higher

Sly & The Family Stone

1969年リリース。ボーカルとコーラスによるコール・アンド・レスポンスで、高みへ向かって駆け上がるような気分になる曲です。

Up For The Down Stroke

Parlament

1974年の同名アルバムに収録。繰り返される同じフレーズを、ボーカル、ブラス、ベース、ギターが一体となり、小気味よいリズムを刻みます。

Getaway

Earth,Wind & Fire

1976年リリースのアルバム『Spirit』に収録。コーラス、ベースなどが奏でる一体感のあるイントロで始まる、疾走するファンクです。

アメリカのポピュラー音楽が生み出した

フレンチ・ポップ

(French Pop)

ロックに刺激されたシャンソン

テレビやラジオの発達により、フランスでも、アメリカやイギリスのポピュラー音楽が広く聴かれるようになります。そして、アメリカ音楽に熱中する若者たちを〈イエイエ(Yé-Yé)〉と呼びました。しかし、フランスでは、フランスの文化を守るために、歌をラジオやテレビで放送するとき、フランス語以外の歌の割合を、法律で制限していました。そのため、フランスでは、英語の曲もフランス語でカバーするようになり、独特のポップスやロックが生まれます。こうしたジャンルの音楽を、シャンソンと区別するために、日本ではフレンチ・ポップと呼ぶようになります。

ちょい情報!

1960年代のはじめころ、日本でも外国語の曲を日本語に翻訳して歌うことが普通でした。音楽雑誌の編集者・草野昌一は、漣健児(さざなみ　けんじ)のペンネームで、多くの洋楽を翻訳しました。しかし、それは翻訳というより作詞に近いものでした。メロディーにぴったりとくる言葉が選ばれたことで、日本人にしっくりとくる曲になりました。そのため、英語版も聴いてみようという効果もあり、洋楽が浸透する起爆剤になったのです。

シルヴィ・ヴァルタン

独自の進化をとげたフレンチ・ポップ

フランスのロック・シンガー、ジョニー・アリディは、1960年にデビューします。デビュー当時は、英語でカバーしたアルバムをリリースしていましたが、英語の歌もフランス語の詞で歌うようになります。そのため本国やフランス語圏での人気は高かったのですが、アメリカやイギリスへは浸透しませんでした。彼と一時期、婚姻関係にあったしたシルヴィ・ヴァルタンも英語のロックンロール曲をフランス語でカバーして人気を得ます。その後、ポップスへとスタイルを変え、「La plus belle pour aller danser(アイドルを探せ)」が世界的にヒットします。

Noir c'est noir

Johnny Hallyday

1966年リリース。スペインのLos Bravosが英語で歌った「Black is Black」は、アメリカなどでもヒット。これをジョニー・アリディがフランス語でカバーし、ヒットします。

La plus belle pour aller danser

Sylvie Vartan

1968年リリース。映画『アイドルを探せ』の中で使われた曲です。この曲のレコーディングは、アメリカのナッシュビルでおこなわれました。

クラシック音楽のようにテーマを統一した曲作り

アート・ロック

(Art Rock)

アルバム全体で曲のコンセプトを統一

1960年代の前半ころまで、ポピュラー音楽のアルバムは、関連性のない曲が収録されているのが普通でした。ところが、1960年代中ごろに、アルバム全体を、ひとつのテーマで作られた曲によってまとめる試みが、ロックで始まります。1967年にリリースされたザ・ビートルズのアルバム『Sgt. Pepper's Lonely Hearts Club Band』では、レコード・ジャケットのイメージから、収録された曲まで、架空のキャラクターであるペパー軍曹の物語として描きました。こうしたテーマを統一したアルバムをコンセプト・アルバムと呼びました。そして、アルバム全体を芸術のように彩ったことから、これらのロック音楽をアート・ロックと呼ぶようになります。

アート作品となったアルバム

テーマを決めてアルバムを制作する試みは、アメリカでも始まっていました。ヴァニラ・ファッジは、すべてカバー曲で構成されたデビュー・アルバム『Vanilla Fudge』をリリースします。ドラマチックにアレンジされた曲は、カバーの域を越え、彼らのオリジナルとして聴くことができます。ポップなヒット曲をアートとして変貌させたのです。

『サージェント・ペパーズ～』に刺激されて誕生

左利きのジミ・ヘンドリックスは、右利き用ギターを逆さにして持ち、超絶テクニックによって、多彩な音を生み出しました。彼は、他のミュージシャンのバック・バンドで演奏していましたが、1966年にアメリカからイギリスへ渡ったときに見出され、デビューのチャンスをつかみます。そして、1967年に2作目のアルバム『Axis:Bold As Love』をリリースします。ここでの彼は、コンセプト・アルバム的なアプローチを試みています。

ジミ・ヘンドリックス

この曲をチェック!

You Keep Me Hanging On

Vanilla Fudge

1967年のアルバム『Vanilla Fudge』に収録。ダイアナ・ロスが在籍したボーカル・グループ、スプリームスの曲をカバーしたものです。

Up from the Skies

Jimi Hendrix

アルバム『Axis:Bold As Love』に収録の曲で、冒頭の「Exp」の斬新なサウンド・エフェクト・トラックに続く曲です。静かに語るように歌います。

美しいコーラス・ワークによる

ソフト・ロック

(Soft Rock)

シンプルで繊細なアレンジ

1960年代後半になると、ソウルやサイケデリックなど、さまざまなジャンルのサウンドは、エフェクターという装置で、音を強調したり、濁らせたりして、よりハードな音作りをするようなります。しかし一方で、よりマイルドなサウンドを目指すバンドも登場します。ジ・アソシエイション、ビー・ジーズ、ブレッドなどです。それらのバンドは、繊細で美しいハーモニーをサウンドの中心にしていました。こうした傾向はムーヴメントと呼べるものではありませんでしたが、パワフルなサウンドが時代の主流となっていた時期にも、多くの人たちの支持を得たことで、ソフト・ロックと呼ばれるようになります。

フォーク・ロックからソフト・ロックへ

ジ・アソシエイションは、もともとフォーク・ロックのバンドでしたが、1965年にメンバーが大幅に減ったことからコーラス・メインへと方向転換します。1966年、アルバム『And Then... Along Comes the Association』をリリースします。このアルバムに収録されていた「Cherish」がヒットします。

ビー・ジーズ

兄弟だからこそ生まれた絶妙なハーモニー

ビー・ジーズは、イギリス・マン島出身のギブ3兄弟が中心となって結成されたバンドです。1963年にオーストラリアで活動を始め、1970年代からはアメリカに活動の場を移しました。このバンドは、1960年代後半から「To Love Somebody」「Holiday」「Words」など数多くのヒット曲をリリースします。しかし、1970年代中ごろから、ディスコ・サウンドへ路線変更します。

この曲をチェック!

Massachusetts

Bee Gees

1967年リリース。イントロは、クラシックの室内楽を思わせる弦楽アレンジがほどこされています。ハスキーなボーカルと弦楽の響きがマッチします。

Make It With You

Bread

1970年リリース。抑制の効いたボーカルと、音数少なく緻密にアレンジされた伴奏が心地よい空間を作り出します。全米1位に輝きます。

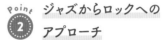

1960年代末～

エレクトリックなサウンドを取り込んだ

ジャズ・ロック

(Jazz Rock)

ジョン・マクラフリン

ジャズからロックへのアプローチ

ともにマイルス・デイヴィスと親交があるサックス奏者のウェイン・ショーターと、キーボード奏者のジョー・ザヴィヌルが中心となって、1970年にウェザー・リポートが結成されます。このバンドは、ジャズというスタンスからロックへとアプローチしました。1作目のアルバムでは、キーボードはエレクトリックへと移行していましが、ベースはウッド・ベースを用いていました。そして、2作目からはシンセサイザーを使うなど、より電子的なサウンドに変化します。

多様な音楽が織りなす心地よさ

ジャスやフラメンコ、そしてインド音楽にも精通したイギリス人ギタリスト、ジョン・マクラフリンは、すでにジャズの巨人であったマイルス・デイヴィスと出会い、セッションに参加したことで、新しいジャンルの音楽を生み出すことになります。1971年、マクラフリンは、マイルス・デイヴィスの後押しで、自らのバンド、マハヴィシュヌ・オーケストラを結成します。そして、彼が少年期から接してきた、多様な音楽要素を緻密（ちみつ）に組み立てたサウンドを誕生させます。

ブルース・ロックからジャズへのプローチ

1969年デビューのコラシアムは、イギリスのドラマー、ジョン・ハイズマンがリーダーのバンドです。このバンドのメンバーはブルース・ロックのジョン・メイオール&ザ・ブルースブレイカーズのレコーディングに参加していました。1作目のアルバムはブルース・ロック+ジャズ・テイストな内容です。このバンドは、ロックというスタンスを保ちながら、ジャズを取り込んだバンドといえます。

この曲をチェック!

Umbrellas

Weather Report

1971年のアルバム『Weather Report』に収録の曲です。エレクトリック・ベースの力強く歪（わが）んだ音がロックへのアプローチを感じさせます。

Vital Transformation

Mahavishnu Orchestra

1971年のアルバム『The Inner Mounting Flame』に収録。激しく刻まれるドラムのリズムの合間をマクラフリンのギターが疾走します。

歪み、リフ、ラウドが生み出す

ハード・ロック

(Hard Rock)

ロバート・プラント

音響機材もサウンドを後押し

ロックは、大音量と歪(ゆが)み、そしてシンプルでキャッチーな短い旋律を繰り返すリフによって、ハード・ロックという領域へ踏み出します。グランド・ファンク・レイルロードは、ギター、ベース、ドラムという3人編成でしたが、野球場でも聴衆を圧倒するほどのパワフルさで演奏をしました。音響設備の進歩によって、パワフルな演奏が可能になったのです。

ロックの可能性を広げた悪魔的な演出

オジー・オズボーンのボーカルと、トミー・アイオミのギターが醸(かも)し出す悪魔的サウンドが魅力的なブラック・サバスは、ヘヴィ・メタルの先駆者といわれますが、ハード・ロックとの境界線は定かではありませんでした。

オルガンとギターが生み出したうねり

ディープ・パープルは、ギターのリッチー・ブラックモアとキーボードのジョン・ロードが中心メンバーで、1970年リリースの4作目のアルバム『Deep Purple In Rock』からハード・ロックを指向します。1972年の6作目アルバム『Machine Head』に収録された「Highway Star」「Smoke On the Water」は、ハード・ロックの名曲となります。

高音域でシャウトするボーカル

ギタリストのジミー・ペイジは、高音でシャウトするボーカリストのロバート・プラントをスカウトし、ロンドンでレッド・ツェッペリンを結成し、斬新な展開をみせる「Whole Lotta Love」などをヒットさせます。

Heartbreaker

Ground Funk Railroad

1969年リリース。1作目アルバム『On Time』にも収録されていますが、1970年リリース『Live Album』に収録されたライブ・バージョンの方が迫力ある演奏を聴けます。

Communication Breakdown

Led Zeppelin

1968年リリースの1作目アルバム『Led Zeppelin』に収録。激しいバンド演奏を切り裂くように、ロバート・プラントがシャウトします。

Highway Star

Deep Purple

1972年リリース。ハモンド・オルガンが刻むリズムで疾走する情景を描き出し、間奏のギター・リフがさらなるスピード感をもたらします。

Paranoid

Black Sabbath

1970年リリースの同名アルバムに収録。ギターは、低音部分を主にピッキングするパワー・コードという奏法で弾かれ、曲をリードします。

クラシック音楽への憧憬から生まれた

プログレッシヴ・ロック

(Progressive Rock)

『Atom Heart Mother』

革新的なサウンドを構築

プログレッシヴという言葉は、〈前衛的な〉〈革新的な〉という意味ですが、プログレッシヴ・ロックの多くは、クラシック音楽へアプローチし、新しい音楽を創造しようとしました。端的にいえば、温故知新です。1968年にアルバム『In The Court of The Crimson King』でデビューしたキング・クリムゾンは、プログレッシヴ・ロックを誕生させたバンドといわれています。テープ・レコーダーで録音した音を音源にして、音色を変えることができるキーボード〈メロトロン〉で、弦楽器のような音を奏でました。

ライブでも再現される壮大なサウンド空間

1967年にデビューしたピンク・フロイドは、当時リーダー的存在だったシド・バレットが目指すサイケデリック・バンドでした。しかし、バレットがドラッグの過剰摂取のために脱退します。そして、残ったメンバーは1970年にプログレッシヴ・ロックのアルバム『Atom Heart Mother』をリリースします。1979年にはロック・オペラ形式のアルバム『The Wall』からシングル・カットされた「Another Brick in the Wall,Pt.2」が、全米1位となります。

緻密(ちみつ)なアレンジと複雑なリズム

1968年に結成されたイエスは、1970年リリースの3作目のアルバム『The Yes Album』からプログレッシヴ・ロック的なサウンドへと変化します。1971年のアルバム『Fragile』には、ブラームスの交響曲を、キーボードのリック・ウェイクマンが多重録音した「Cans and Brahms」が収録されています。

The Court of The Crimson King

King Crimson

1969年リリースのアルバム『In The Court Of The Crimson King』に収録の曲で、演奏時間は9分を超えます。弦楽器のように聴こえるのは、当時の最新技術で生まれたメロトロンです。

Atom Heart Mother

Pink Floyd

1970年リリースの同名アルバムに収録。演奏時間が23分41秒にもおよぶ大作です。LPレコードでは、A面にこの曲だけが収録されました。しかし、多彩なアレンジにより、長さを感じさせませんでした。

溢れ出すエネルギーで混沌とした1960年代を象徴する

ウッドストック・フェスティバル

(Woodstock Music and Art Festival)

自由でありたいと集まった人々

1969年8月、アメリカのニューヨーク州南部に位置し、ニューヨーク市から100kmほど離れたサリバン郡という片田舎にある農場で、大規模な音楽イベントがおこなわれました。ウッドストック・フェスティバルです。それ以前に開催されていたフェスティバルの規模を、はるかに超える40万人以上の人々が集まり、3日間にわたって開催されました。当初、フェスティバルは2万人ほどの規模で企画されていましたが、チケットは20万枚に迫る勢いで売れていました。そして、フェスティバルが始まると、チケットを持たない人々も押しかけ、途中から無料のフリー・コンサートとなりました。

音量も食料も足りなかった3日間

これだけの規模のコンサートは、それ以前にはなく、大観衆に音楽を届けることのできる十分な音響設備も用意されていませんでした。そのため会場で演奏を聴くことができたのは、一部の人たちだけだったといわれています。食料・飲料水も不足し、雨で中断するなど、悪条件が重なりましたが、大きなトラブルもなく、フェスティバルは終わります。

レコードと映画で全貌が明らかに

フェスティバルの様子は、3時間を越えるドキュメント映画『ウッドストック/愛と平和と音楽の三日間』として公開されます。この映画によって、このフェスティバルで何が起きていたのか、その一部を知ることができました。サンタナ、ジミ・ヘンドリックス、ザ・フー、スライ&ザ・ファミリー・ストーンなど、1960年代を彩った多種多様なサウンドがステージで繰り広げられていました。

Joe Hill

Joan Baez

ボブ・ディランとともにモダン・フォーク・ムーヴメントを牽引(けんいん)してきたバエズは、冤罪(えんざい)で死刑となった労働運動家でソングライターだったジョー・ヒルのことを歌ったこの曲を、自ら弾くアコースティック・ギターだけで演奏しました。

I'm Going Home

Ten Years After

イギリスのブルース・ロック・バンドの彼らは、ウッドストックでこの曲を歌う前に〈ヘリコプターで家に帰るんだ〉と語ります。ベトナム戦争が泥沼状況にあったときです。この言葉に、戦場から生きて帰れ、という強い気持ちを込めたのです。

聴いておきたい曲 まとめ

Hit the Road Jack

Ray Charles

ピアノを習っていたレイ・チャールズは、6歳のころ視力を失います。しかし、彼は音楽を続け、1949年にThe Maxim Trioのメンバーとしてレコード・デビューします。その後、ソロとして活動し「What'd I Say」などのヒット曲を送り出します。「Hit the Road Jack」では、彼の専属のバック・コーラスとして結成されたレイレッツのメンバー、マギー・ヘンドリックスとの軽快な掛け合いが聴けます。

Sealed With a Kiss

The Lettermen

1959年デビューの三人組コーラス・グループです。この曲は、映画音楽をカバーした「Theme from "A Summer Place"」のB面としてリリースされます。日本では1969年に「涙のくちづけ」としてA面リリースされました。彼らは、「Put Your Head On My Shoulder」「Can't Take My Eyes Off You」など多くのカバー曲をリリースし、洗練され美しいコーラス・ワークで人気を得ました。

Bittersweet Samba

Herb Alpert & The Tijuana Brass

トランペット奏者であり、音楽プロデューサーのハーブ・アルパートによって結成されたバンドです。この曲は、1965年リリースのアルバム『Whippd Cream & Other Delights』に収録されています。2分にも満たない曲ですが、メキシコ音楽のマリアッチ風なアレンジがほどこされ、印象的なメロディーが繰り返されます。日本ではラジオ番組〈オールナイト・ニッポン〉のテーマ曲としてヒットします。

California Dreamin'

mamas & Papas

カリフォルニアで結成された4人組フォーク・ロック系のボーカル・グループです。女性2人・男性2人の織りなすハーモニー・スタイルで、人気を得ました。この曲は1966年リリースのデビュー・アルバム『 If You Can Believe Your Eyes and Ears』に収録されています。メンバーのフィリップス夫妻によって書かれ、美しいコーラスとともに、タンバリンとドラムによるリズム、間奏のフルートが印象的です。

Sound of Silence

Simon & Garfunkel

1964年に、アルバム『水曜日の朝、午前3時』でデビューしたフォーク・デュオです。アルバムは売れず、グループは解散状態になります。ところが、このアルバムに収録されていたアコースティック・バージョンの「Sound of Silence」に、プロデューサーのトム・ウィルソンがロック・アレンジを加え、シングル・リリースしたところ、全米1位となります。グループは、このヒットのおかげで活動を再開します。

1961–1970年

Last Train to Clarksville

The Monkees

テレビ番組『ザ・モンキーズ』のためのオーディションによって選ばれ、結成されたバンドです。今では、当たり前のことですが、この時代には画期的な企画でした。毎回、バンド・メンバーが繰り広げる恋のドタバタをドラマ仕立てに描き、バンドの音楽がプロモーション・ビデオのクオリティで放送されました。メンバーがバンド演奏をしていないと批判されましたが、良質な楽曲に恵まれ、ヒットを連発します。

Light My Fire

The Doors

1965年に結成されたバンドです。音楽的傾向はアート・ロック、サイケデリック・ロックでした。ジム・モリソンの妖艶なボーカルと、キーボードのレイ・マンザレクが奏でるエッジのきいたフレーズが、バンドのサウンドを作り上げていました。ロック・バンドとしては珍しくベースレスでした。ベース・パートはマンザレクがキーボードによって演奏していました。この曲は全米1位を記録します。

Layla

Derek and the Dominos

ブラインド・フェイスのメンバーとしてアメリカ・ツアーをしたエリック・クラプトンは、そのときに知り合ったデラニー&ボニーの演奏に刺激され、サザン・ロックへと傾倒します。そして、デレク&ザ・ドミノスを結成し、アルバムをリリースします。この曲は、親友だったザ・ビートルズのメンバー、ジョージ・ハリスンの妻パティ・ボイドへの想いを綴(つづ)ったものです。このときは不倫でしたが、のちに結婚します。

Try (Just a Little Bit Harder)

Janis Joplin

ブルース・ロックとして分類される彼女ですが、パワフルな心からの叫びは、ジャンルの枠組みを軽々と超えた存在でした。アルバム『I Got Dem Ol' Kozmic Blues Again Mama!』に収録のこの曲は、ホーン・セクションをバックにソウルフルなボーカルが炸裂(さくれつ)します。1970年、アルバム『Pearl』制作中にドラッグの影響でこの世を去ります。27歳でした。『Pearl』は、全米1位を9週連続して記録します。

(They Long to Be) Close To You

Carpenters

兄のリチャードと妹のカレンが中心となり、1969年にレコード・デビューしたバンドです。リチャードはキーボード、コーラス、アレンジを担当し、カレンはボーカルとドラムを担当しました。カーペンターズの曲は、カレンの魅力的で個性的な声質と、美しいコーラス・ワークで、多くの支持を得ました。この曲は、作曲・編曲・歌手など、多彩な活動をしていたバート・バカラックの作曲です。

1964年
ステューダーJ37

音響機器メーカーのステューダー社は、1948年にスイスで設立されました。設立後、すぐにアメリカから取り寄せたテープ・レコーダーを研究・改良し、自ら生産を開始します。1964年、4トラック録音が可能な、マルチ・トラック・レコーダー〈J37〉をリリースします。J37は、ザ・ビートルズのアルバム『Sgt.Pepper's Lonely Hearts Club Band』に使われ、新しいサウンドの誕生に貢献します。

1967年
モーグ・モジュラー・シンセサイザー

アメリカの電子工学博士ロバート・モーグは、楽器として使うことのできるシンセサイザーの開発を進めていました。彼は、1920年にロシアで開発されたテルミンなどの電子楽器を研究します。テルミンは、アンテナのような棒に手をかざすことで、音程や音色を変えることができるものでした。1965年、研究の成果によって誕生したシンセサイザーは、レコーディング・エンジニアのウォルター・カルロスに託され、1968年にリリースされたアルバム『Swiched-On Bach』の制作に使われます。このアルバムは、J.S.バッハの作品をシンセサイザーだけで再現していました。

Multi Track Recorder/Synthesizer　多重録音/シンセサイザー

テープ・レコーダーによる多重録音は、1950年代からおこなわれていましたが、トラック数が2つと少なく、複雑な録音には不向きでした。この不便をクリアするために、幅の広いテープを使い、トラック数を増やす改良が加えられます。4トラックが登場し、32トラックまで増えますが、実用的ではなく24トラックが標準となります。

アメリカのロバート・モーグによって開発され、1967年に製品化された〈モーグ・モジュラー・シンセサイザー〉は、音楽界に大きな衝撃を与えます。電子的にあらゆる音を合成できる楽器の登場は、新しいサウンドを試行していたサイケデリック・ロックやプログレッシヴ・ロックなど、多くのジャンルで使われ、表現の幅を広げます。

1960 年代中ごろ

ステレオ・レコード

ステレオ録音の発明は、1930年代までさかのぼります。しかし、ステレオになるとレコード・プレイヤーが高価になることもあり、ステレオ録音されたレコードが普及するのは1960年代中ごろになります。初期のステレオ・レコードは、モノラル録音したものを加工して、ステレオ録音のように処理するものもありました。ステレオ録音盤の登場によって、よりリアルなサウンドを聴くことができるようになりました。

1960 年代後半

ウォール・オブ・サウンド

ザ・ビートルズが、アメリカ公演をおこなった1960年代中ごろ、スタジアムに集まった大観衆を満足させる音響システムはありませんでした。1960年代後半になると、大規模なコンサートを開くことの多かったアメリカのバンド、グレイトフル・デッドは、壁のように積み上げたスピーカーによって、大音量と音質の向上に挑戦します。こうした試行錯誤によって、質の高いサウンドを可能にするPAが生まれ、いまも進化し続けているのです。

Stereophonic Sound / Public Address ステレオ/PA

1960年代前半までのレコードは、モノラル録音で、再生はスピーカーひとつでも可能でした。こうしたレコードの世界に革新が起こります。ステレオ化です。スピーカーは2つになり、右と左から音が再生され、あたかも目の前で歌手やバンドが演奏しているような、広がりのあるサウンド再生が可能で、ステレオを生かすための録音が試行されます。

Public Addressは放送に使われる設備を指しますが、音楽では、スピーカー、アンプ、マイク、ミキサーなど、音楽を多くの人たちに伝えるための音響装置一式を指します。略してPAといわれます。1960年代には、大規模な野外ライブがおこなわれるようになり、良質なサウンドを大音量で再現できる音響設備の開発が求められました。

1971—1980年

1970年代のポイント

スタジアムとライブ・ハウス 多様化する音楽ジャンル

1970年代になると、音響技術の発達により、巨大な会場でのコンサートが可能になります。こうしたことから、音楽業界は大勢の観衆を集めることができる、アーティストやバンドを探し求めるようになります。こうしたビジネスに応えられる音楽は、この時代ではハード・ロックでした。何万人もの観衆を収容できるスタジアムや、野外コンサートなどで、大音量を武器に演奏をおこないました。しかし、そうした勢いも1970年代の中ごろになると失速します。

こうした状況のなか、小さなライブ・ハウスで演奏をしていたミュージシャンが台頭してきます。ニューヨーク・パンクと呼ばれる音楽です。彼らは、決して多くない観客に向かって全力で演奏をしていました。ここで大きな成功を収めたラモーンズは、海外でも人気を得て公演をおこないます。そこでは巨大なスタジアムでの演奏を見せましたが、アメリカでは大きな会場での演奏をほとんどしませんでした。彼らは、観客によりそった演奏を目指していたのです。

そして、ニューヨーク市のブロンクス地区から新たらしいムーヴメントが起こります。貧しいエリアで暮らす黒人たちによってヒップ・ホップやラップが生み出されます。リズムに重点を置いた音楽は、ファッションやアート、そしてブレイク・ダンスを生み出し、大きなムーヴメントとなって、アメリカやヨーロッパだけでなく、世界中に広がります。

1970年代は、融合の時代でした。あらゆる音楽が接近し、影響しあい、新しい音楽の創造を模索しました。ロック、ジャズ、クラシック、ラテン、ファンクなど、さまざまな音楽ジャンルが融合し、多様な音楽スタイルを生み出していきます。

パワフルなブラス・サウンドをフィーチャーした

ブラス・ロック

(Brass Rock)

心地よいブラス・サウンド

1960年代末ころに登場したブラス・ロックは、金管楽器のトランペットやトロンボーンなどのホーン・セクションをフィーチャーした音楽ジャンルです。ただし、ブラス・ロックというジャンル名は、日本での呼び名で、アメリカではジャズ・ロックとして分類されています。日本で人気の高かったのは、シカゴ、ブラッド・スウェット&ティアーズ、チェイスです。

歪(ゆが)んだギターとさわやかなブラスの融合

シカゴは、1969年にデビューし、1作目のアルバムでは、ファンファーレのような「Introduction」や、ギターの歪んだ音だけで演奏した7分に迫る実験的な曲「Free Form Guitar」など、多くの曲が5分を超える長いものでした。このアルバムからは、ブラスをフィーチャーした「Does Anybody Really Know What Time It Is?」「Beginnings」などがヒットします。その後、シカゴは、1975年前後からブラス・ロックから離れたサウンドで活動を続けます。

ソウルのブラスとは、違うテイスト

ブラッド・スウェット&ティアーズ(BS&T)は、1968年のアルバム『Child Is Father to the Man』でデビューします。1969年リリースの2作目アルバム『Blood, Sweat & Tears』に収録の「Spinning Wheel」がヒットします。チェイスは、1970年に結成され、1971年に「Get It On(黒い炎)」でデビューします。他のバンドと異なり、ブラスはトランペット4本だけという構成で、力強くキレのよいサウンドを響かせました。

25 or 6 to 4

Chicago

1970年のアルバム『Chcago』に収録。ブラスのキレのよいサウンドと、踏むことで音にゆらぎをつくるワウ・ペダルを使ったギターのアドリブが絶妙に絡み合います。

Spinning Wheel

Blood, Sweat & Tears

1969年リリース。イントロの印象的なホーンや、間奏でのジャズを感じさせるトランペットのアドリブなど、変化に富んだアレンジがほどこされています。

ジャマイカから世界へ広まった独特のサウンド

スカ/レゲエ

(Ska/Reggae)

ボブ・マーリー

ジャマイカン・ジャズとも呼ばれたスカ

スカは、ジャマイカの伝統的な音楽であるメントが、アメリカのジャズやR&Bの影響を受けて誕生しました。エレキ・ギターやドラムが刻む独特のリズムに、ホーン・セクションが軽やかにメロディーを奏でます。アドリブでは、ジャズの影響を強く感させます。スカは1970年代末ころに、イギリスでパンク・ロックと出会い、2トーン・スカとして世界的に知られるようになります。

スカからレゲエへの橋渡し

スカの速いテンポが、テンポがゆるいのレゲエへと変化する過程で、ジャマイカではロックステディと呼ばれる音楽が1960年代後半に誕生します。美しいコーラスをフィーチャーし、リズムはレゲエに近いサウンドでした。このジャンルで活躍したバンドには、のちにレゲエへと変化するザ・パラゴンズ、ザ・ウェイラーズなどがいました。

クラプトンがレゲエを世界へ

レゲエは、スカから派生した音楽です。ジャマイカ生まれのレゲエが世界に知られるようになったきっかけは、ボブ・マーリーがボーカルを務めるザ・ウェイラーズの「I Shot the Sheriff」を、エリック・クラプトンがカバーし、ヒットしたことでした。レゲエ・サウンドの魅力である、荒削りで独特のゆるいノリは、アメリカやイギリスの音楽シーンに大きなインパクトを与えます。フォーク・デュオのサイモン&ガーファンクル解散後のポール・サイモンは、1972年の「Mother and Child Reunion」で、いち早くレゲエのリズムを取り入れます。

この曲をチェック!

Freedom Sounds

The Skatalites

1962年にジャマイカがイギリスから独立した喜びを反映したスカの曲です、荒削りな素朴なブラス・サウンドが力強さを感じさせます。

I Shot the Sheriff

The Wailers

1973年リリースのアルバム『Burnin'』に収録された曲です。ザ・ウェイラーズのボーカル、ボブ・マーリーの作詞・作曲です。

異なるジャンルの音楽が交差する

クロスオーバー

(Crossover)

音楽ジャンルの境界が曖昧(あいまい)に

クロスオーバーとは、広い意味でいうと〈異なる音楽が出会って新しい音楽が誕生する〉ことです。そういう意味では、アメリカのポピュラー音楽は、誕生したときからクロスオーバーすることで、次々と新しいジャンルの音楽を誕生させてきました。そして、1970年代の初頭ころに、この呼称が用いられるようになるのは、さまざまなジャンルの音楽が交流し、それらをジャンル分けすることが難しくなったことが、大きな要因となっています。

ジャズから他ジャンルへのアプローチ

ブラジルのジャズ・キーボード奏者デオダートは、アメリカに渡ってジャズ・レーベルのレコード会社と契約します。1970年、アルバム『Prelude』に収録されたクラシックの交響詩「Also Sprach Zarathustra(ツァラストラはかく語りき)」は、ジャズやロックの要素を取り入れたアレンジがほどこされ、クロスオーバー音楽として大ヒットします。

ロックから他のジャンルへのアプローチ

プログレッシヴ・バンドのナイスに在籍していたキース・エマーソンは、1970年にエマーソン・レイク&パーマーを結成します。1971年にリリースしたアルバム『展覧会の会』では、ロシアのクラシック作曲家モデスト・ムソルグスキーの楽曲をロック・アレンジし、3人とは思えない迫力のサウンドをライブで演奏します。そして、スタジアム級の会場を埋め尽くした観衆を熱狂させました。

Also Sprach Zarathustra

DEODATO

デオダートは、エレキ・ベースや電子楽器を取り入れ、ロック・サウンドへの接近を試行していました。しかし、彼が取り上げた素材の多くはクラシック音楽でした。

Nut Rocker

Emerson, Lake & Palmer

アルバム『Pictures At An Exhibition(展覧会の絵)』に収録の曲です。このアレンジは、1962年のB.Bumble & The Stingersが演奏したものを、下地にしています。

キラキラに魅せる音楽

グラム・ロック

(Glam Rock)

映像で伝えられる音楽

グラム・ロックは、Glamorous(魅惑的な)から命名されたジャンルです。アーティストは、きらびやかな衣装に身を包み、化粧をするなど、ヴィジュアルを大切にしました。サウンドは、アーティストごとに異なりましたが、プロモーション・ビデオが作られ、魅力的なヴィジュアルで競い合い、音楽だけでなくファッションでも大きな注目を集めました。

ボーカルのけだるさが魅力

ティラノザウルス・レックスは、ボーカルのマーク・ボランを中心に、1968年に結成された2人組バンドです。バンド名は、1970年にT・レックスと改められます。ボランの中性的な容姿が魅力的で、アルバム『THE SLIDER』のジャケット写真で妖艶(ようえん)な姿を見せています。サウンド的にはボランズ・ブギとも呼ばれるキレのよいブギ・サウンドや、ギターの音を軽めに歪(ゆが)ませ、これにオーケストラを組み合わせることで生まれるゴージャスな空気感で魅了しました。

演劇的な演出で魅了したボウイ

1967年にデビューしたデヴィッド・ボウイは、1972年にリリースした5作目のアルバム『The Rise and Fall of Ziggy Stardust and the Spiders from Mars』あたりから、グラム・ロックと呼ばれる音楽ジャンルに傾倒し、きらびやかなヴィジュアルを前面にした音楽活動を展開します。体のラインを強調したキラキラのステージ衣装を身にまとい、中性的なメイクと妖艶な歌声で、聴衆を魅了しました。

デヴィッド・ボウイ

この曲をチェック!

Telegram Sam

T.REX

1972年リリースのアルバム『THE SLIDER』に収録の曲です。エレキ・ギターで刻まれるブギのリズムをバックに、やや硬質なボーカルが重なり、淡々としたサウンドが聴けます。

Starman

David Bowie

1972年リリースのアルバム『The Rise and Fall of Ziggy Stardust and the Spiders from Mars』に収録の曲です。ストリング・アレンジがボウイの中性的なボーカルを引き立てます。

中南米のリズムと融合した

ラテン・ロック

(Latin Rock)

カルロス・サンタナ

ラテン・ロックとの衝撃的な出会い

1969年に開催されたウッドストック・フェスティバルに登場したサンタナの演奏によって、ラテン・ロックは多くの人に知られることになります。ラテンのリズムを大胆に取り入れた演奏に、会場で聴いた人々はもとより、イベントの様子を記録したドキュメント映画でサンタナの演奏を目の当たりにした世界中の音楽ファンに、その演奏は鮮烈な印象を残しました。

情熱と哀愁が溶け合うサウンド

サンタナの中心メンバーでギター担当のカルロス・サンタナは、メキシコ出身で、10代のころアメリカへ移住します。カルロスは、このころ、ラテン系のロックやジャズに影響を受けていました。カルロスは、1966年にサンタナ・ブルース・バンドを結成します。その後、サンタナと改名し、1969年にアルバム『Santana』でデビューします。そして、その年に開催されたウッドストック・フェスティバルに出演し、一気に注目を集めます。カルロスの哀愁をおびた情熱的なギター演奏と、強烈なリズムで、ラテン・ロックの頂点に登りつめます。その後、1972年にリリースした4作目のアルバム『Caravanserai』からは、瞑想的な曲が多くなりますが、曲の根底にはラテンのリズムが流れています。

この曲をチェック!

Oye Como Va

Santana

1970年のアルバム『Abraxas』に収録の曲です。原曲は、1961年に作られたラテンの曲です。原曲では、金管楽器などで奏でられたメロディーが、ここではギターで演奏され、ロックと融合したパワフルなサウンドがを響かせます。

Nena

Malo

カルロス・サンタナの弟ホルヘ・サンタナがギターで在籍し、注目を集めたバンドです。この曲は、ラテン・ジャズに近いサウンドで、間奏ではギター、金管楽器、打楽器。キーボードなど、ラテンの魅力がつまったスリリングな演奏が聴けます。

1970年代中ごろ

ライブ・ハウスから生まれた

ニューヨーク・パンク

(New York Punk)

小さなウネリが表舞台へ

1970年代、音楽業界は巨大スタジアムでライブをおこなえる、集客力のあるアーティストの発掘に躍起になります。この状況を言い換えれば、野心的で新しい音楽を目指すアーティストたちの活躍の場が少なくなっていくということでした。そんなころ、ニューヨークのライブ・ハウスから新しい音楽が芽生えます。そこでは、さまざまなジャンルのアーティストが、決して多くはない観客に向かって、自分たちの思いを投げかけていました。そんな小さなウネリの中から、社会の常識へ異を唱えるパンク・ロックが誕生します。ニューヨーク・パンクの誕生です。ニューヨーク・パンクには、決まった音楽スタイルはなく、さまざまなスタイルのパンク・ロックが誕生しました。

パティ・スミス

社会と対峙(たいじ)する文学的な表現

自作詩の朗読や演劇活動をしていたパティ・スミスは、詩の朗読のバックにギターやキーボード、ドラムを加えるようになります。1975年にパティ・スミス・グループとしてアルバム『Horses』をリリースし、宗教や社会が抱える問題に言葉を投げかけました。

反逆精神を全身で表現

ラモーンズは、よれよれのジーンズと革ジャンというスタイルで演奏しました。エレキ・ギターの音を歪(ゆが)ませ、濁(にご)ったような音で演奏するスタイルが特徴的です。また、音楽的にはシンプルな構成で、パワフルでスピード感あるリズムで躍動感を生み出しました。

この曲をチェック!

Gloria

Patti Smith

1作目アルバム『Horses』に収録。オリジナルは北アイルランドのバンドThemの曲ですが、スミスによって歌詞は大幅に書き換えられています。冒頭の〈誰かのために神は死んだけど、私のためじゃない〉という歌詞は、オリジナルでは隠されていた詞の意味を鋭く引き出しています。

Blitzkrieg Bop

Ramones

1976年リリースのデビュー・アルバム『Ramones』に収録された曲です。エレキ・ギターの荒々しいイントロに続く、繰り返される掛け声が印象的な曲です。彼らの初期の曲は2分前後と短く、さらに同じ旋律が繰り返されることで、よりスピード感を感じさせます。

ジャンルの境界線が溶けて生まれた

フュージョン

(Fusion)

ジャズ的な音楽を聴きやすく

1960年代末ころから、音楽ジャンルの境界を越えた活動をするアーティストが登場します。これらはクロスオーバーと呼ばれていました。1970年代中ごろになると、こうした傾向はさらに盛んになります。そして、ジャズが他の複数の音楽ジャンルを取り込んで誕生した音楽をフュージョン(融合)と呼ぶようになります。高い演奏テクニックを駆使して、難解な音楽と思われがちなジャズを、よりポピュラーな音楽に衣替えしました。

敏腕のプレイヤーが集結

ニューヨークで活躍するスタジオ・ミュージシャン6人で結成されたスタッフは、フュージョンというジャンルを形作ったバンドです。ベースとキーボードにツイン・ギター、ツイン・ドラムという少し変わった編成でした。1976年に1作目のアルバム『Stuff』をリリースします。各パートがバランスよくアレンジされ、ジャズ的な演奏も耳に心地よく響きました。

ソフトに溶け合ったサウンド

スパイロ・ジャイラは、サックス奏者のジェイ・ベッケンスタインが中心となって結成されたグループです。1977年にアルバム『SPYRO GYRA』でデビューします。このレコードは、自主制作でした。初回プレスの枚数はわずか500枚でしたが、ラテン音楽を思わせる明るい曲調が評判を呼びます。これが、大手レコード会社の目にとまり、再発売されてヒットを記録します。その後も、ヒット作をリリースし、フュージョンの代表的なグループとなります。

ジェイ・ベッケンスタイン

この曲をチェック!

My Sweetness

Stuff

デビュー・アルバムの『Stuff』に収録された曲です。日本ではラジオ番組のテーマ曲として使われました。エレクトリック・ピアノのソフトで情緒的なイントロに続く、ボサノヴァのリズムが心地よく響きます。

Shaker Song

Spyro Gyra

1977年リリースのデビュー・アルバム『SPYRO GYRA』に収録の曲です。サックスが奏でるメロディーに木琴(もっきん)の仲間であるマリンバとの掛け合いが、軽やかなリズムと溶け合い、さわやかな空間を作りだします。

ダンスを盛り上げるための

ディスコ・ミュージック

(Disco Music)

Point 1 映画によって世界的なブームに

レコードを再生し、フロアで人々が踊るディスコは、フランスが発祥とされます。第二次世界大戦で、バンドの演奏が困難になり、レコードで営業した店を〈Discothèque〉と呼んだことから〈Disco〉という呼び名が生まれます。アメリカでの初期のディスコは、ゲイ文化と結びついていました。そのため、ディスコ音楽はゲイの音楽と思われていました。その後、1970年代中ごろに、ディスコ・ミュージックが一般の人々にも受け入れられ、巨大なダンス・フロアのディスコが誕生します。さらにディスコを舞台にした映画『サタデー・ナイト・フィーバー』も制作され、世界的なブームとなります。

Point 2 映画のサントラも大ヒット

1977年制作の映画『サタデー・ナイト・フィーバー』では、ビー・ジーズの曲が使われ、ディスコのスターとして一躍注目を集めます。それまで、アコースティックな曲が多かったボーカル・グループでしたが、エッジの効いたリズムをバックに、ディスコのヒット曲を連発します。

Night Fever

Bee Gees

1977年リリースの映画『サタデー・ナイト・フィーバー』のサウンドトラック盤に収録の曲です。小気味いいリズムをバックに、裏声で歌われる兄弟のボーカル・ハーモニーが軽快さを際立てます。このサントラ盤からは、「Stayin' Alive」もヒットします。

That's the Way (I Like It)

KC And The Sunshine Band

1975年リリースのアルバム『KC And The Sunshine Band』に収録の曲です。バンドはリーダーのKCを中心に10人を超えるスタジオ・ミュージッシャンによって結成され、ディスコを盛り上げる明るいサウンドでヒットします。

荒々しくシンプルな

パンク・ロック

(Punk Rock)

ニューヨーク・パンクがイギリスへ

1970年代の中ごろに誕生したニューヨーク・パンクの中で、ラモーンズのシンプルでパワフルなサウンドは、イギリスの若者たちに大きな衝撃を与えます。そのころ、イギリスでは、小さなパブ（酒場）で演奏をするバンドが多く登場します。こうしたバンドの中に、ニューヨーク・パンク、とくにラモーンズの影響を受けて、自分たちの演奏スタイルに取り込むバンドがあらわれます。セックス・ピストルズや、ザ・クラッシュです。体制に対する攻撃的な歌詞や、荒々しい演奏で、若者たちの心をとらえます。しかし、イギリスのパンク・ロック・ムーヴメントは嵐のように登場し、その熱狂は2年ほどで冷めていきます。

ロック史に残る伝説のバンド

1976年にデビューしたセックス・ピストルズは、パンク・ロックの伝説となったバンドです。メディアに登場すると過激な発言を繰り返し、その話題性で若者たちに存在をアピールしました。1977年には、イギリス国歌と同じタイトルの「God Save The Queen」をリリースします。この曲の歌詞は、女王を侮辱するものでした。この歌をテムズ川の船上で歌い、逮捕されます。そんな彼らのパフォーマンスに若者たちは熱狂します。バンドは、その勢いで1978年に、アメリカ・ツアーをおこないます。しかし。話題性ばかりを強調するプロモーションなどで、メンバー間に不協和音が生まれ、ツアー途中でバンドは解散します。

この曲をチェック！

God Save The Queen

Sex Pistols

彼らにとって2枚目のシングルです。エリザベス女王の即位25周年に合わせてリリースされたこの曲は、女王を侮辱する歌詞が問題となり、放送が制限されます。しかし、その話題性によって、この曲は大ヒットします。

White Riot

The Clash

セックス・ピストルズに影響を受けて結成されたバンドです。この曲は1977年リリースの1作目のアルバム『The Clash』に収録されています。暴動をあおるような歌詞が、荒らしくシンプルなメロディーで演奏されます。

1970年代後半ころ

パンクの嵐が去った後に登場した

ニュー・ウェーヴ

(New Wave)

デヴィッド・バーン

多様な音楽を受け入れて誕生

ギターの演奏テクニックを競い合うようなハード・ロックや、クラシック音楽にアプローチし、高度な音楽理論に基づいた演奏を見せたプログレッシヴ・ロックは、1970年代前半のポピュラー音楽界を席巻(せっけん)していました。こうしたテクニックや音楽理論を駆使した音楽も、1970年代中ごろには、シンプルでパワフルな演奏のパンク・ロックに圧倒されます。しかし、1970年代後半になるとパンク・ロックは勢いを失います。こうした状況の中、アメリカやイギリスで、ファンクやレゲエ、電子音楽など、さまざまな音楽ジャンルを取り込んだ音楽が誕生します。こうした音楽ジャンルはニュー・ウェーヴと呼ばれます。アメリカではトーキング・ヘッズなどが、イギリスではXTCなどが、ムーヴメントを牽引(けんいん)します。

パンクを下地にしたポップ

XTCは、ボーカルのアンディ・パートリッジが中心となって結成され、1977年にデビューします。1960年代のさまざまなジャンルの音楽から影響を受けていて、そのサウンドは軽快で明るいものです。シンプルに感じられるアレンジも計算しつくされたもので、スピード感のあるサウンドです。

都会的なセンスにアフリカのリズムが調和

トーキング・ヘッズは、ボーカルのデヴィッド・バーンを中心に、1974年に結成されます。メンバー全員が美術大学の出身という異色のバンドです。彼らは、ニューヨーク・パンクの拠点だったライブ・ハウスでも活動していたことから、当初はパンクと思われていました。しかし、アフリカのリズムを大胆に取り入れることで、音楽シーンに新しい風を吹き込みます。

Radios In Motion

XTC

1978年リリースのアルバム『White Music』に収録の曲です。やや荒々しいパンク・ロックの演奏スタイルを継承しながら、電子的なサウンドでポップに仕上げています。荒々しく弾かれるベースによって生み出されるヘヴィなリズムと、1960年代のザ・ビーチ・ボーイズを思わせる軽快なコーラスが新しさを生み出しています。

Born Under Punches (The Heat Goes On)

Talking Heads

1980年リリースのアルバム『Remain In Light』に収録の曲です。アフリカ由来のリズムを繰り返しながら、淡々と曲が進行します。間奏では、電子楽器とアフリカのリズムを刻む打楽器がからみ合い、奇妙で心地よい調和を生み出しています。

アイドル性があり親しみやすいサウンド

パワー・ポップ

(Power Pop)

ハードではなく はじける力強いサウンド

パワー・ポップという呼称は、ザ・フーのギタリスト、ピート・タウンゼントが、1967年ころの自分たちの音楽である、〈親しみやすいメロディーと、軽快なリズムでボーカルを支えるサウンド〉であることを表現するために使ったといわれています。しかし、その後ザ・フーは、ストーリー性のあるアルバムを制作し、ロック・オペラという独自の世界を築いたことから、彼らの音楽をパワー・ポップという呼称では言い表せなくなり、次第に使われなくなります。そして、1970年代中ごろになり、パワー・ポップという呼称が、ポップ色の強いロック・サウンドを奏でるチープ・トリックやラズベリーズなどに対して使われるようになります。

チープ・トリック

日本での成功から世界へ

チープ・トリックは、1973年にイリノイ州で結成されました。アイドル的なヴィジュアルをしたボーカルを、高いテクニックをもったエレキ・ギター、ドラム、ベースが支え、ポップでパワフルなサウンドを展開しました。1977年の2作目アルバムが日本でヒットします。翌年には、日本武道館で公演し、アルバム『Cheap Trick At Budokan』としてリリースされ、武道館とバンド名を世界中に印象づけました。

この曲をチェック!

Surrender

Cheap Trick

1978年リリースの3作目アルバム『Heaven Tonight』に収録の曲です。ボーカルの甘い声を前面に押しだし、エレキ・ギターはラフなサウンドを奏でながらもソフトな音で、ドラムは律儀な職人のように正確なリズムを刻みます。

Tonight

Raspberries

1973年リリースのアルバム『Side3』に収録の曲です。ハイトーンで甘い声質のボーカル、エリック・カルメンを中心に結成されたバンドです。カルメンはバンド解散後ソロで「All By Myself」などをリリースし、成功を収めます。

1970年代後半〜

都会的に洗練された黒人音楽

ブラック・コンテンポラリー

(Black Contemporary)

音楽情報誌がジャンル名変更

1978年に、音楽情報誌〈キャッシュボックス〉の黒人音楽チャートの分類名が、〈ブラック・コンテンポラリー〉に変更されたことで誕生した呼称といわれています。直訳すれば、〈今風な黒人音楽〉といった感じですが、その定義は曖昧です。その後、それまでのファンクやソウルのような、黒人的なサウンドではなく、都会的で洗練さ、甘い声で歌われる黒人音楽に対して使われるようになります。

流し目で、よりセクシーに

レイ・パーカーJr.&ザ・レイディオは、ボーカルのパーカーを中心に結成されたグループです。彼は、スティーヴィー・ワンダーなど、さまざまなアーティストのバック・バンドにギターとして参加していました。1978年リリースのアルバム『Raydio』に収録の「Jack and Jill」では、シンセサイザーなどを使った都会的なサウンドにフィットする、心地よく響くパーカーのボーカルが聴けます。

R&Bの大スターもリニューアル

1960年代から活躍し、「I Heard It Through The Grapevine」などをヒットさせ、R&Bでは大スターだった、マーヴィン・ゲイも、1980年前後からブラック・コンテンポラリーと呼ばれる都会的にアレンジされたサウンドで曲をリリースし、ヒットします。

この曲をチェック!

A Woman Needs Love

Ray Paker Jr. And The Raydio

1981年にリリースの同名アルバムに収録の曲です。1978年の「Jack and Jill」で見せたサウンドより、さらにソフトに洗練され伴奏で、ボーカルもセクシーに、ささやくように歌われます。

Sexual Healing

Mavin Gaye

1982年リリースのアルバム『Midnight Love』に収録の曲です。洗練され、ソフトにアレンジされたサウンドをバックに、セクシーで透明感のある歌声を響かせます。

ヨーロッパで華開くダンス・ミュージック

ユーロディスコ

(Eurodisco)

西ドイツから発信されるディスコ

アメリカでのディスコ・ミュージックのヒットにより、ヨーロッパ各国でもディスコ・ミュージックが盛んになります。そのなかで、1970年代後半ころ、ユーロディスコと呼ばれるジャンルが登場します。ユーロディスコの多くは、東西冷戦で分断されていた西ドイツで盛んに作られ、発信されました。ジンギスカンの「Dschinghis Khan」、ボニーMの「Rasputin」、アラベスクの「Hello Mr.Monkey」など、英語で歌われたダンス音楽がヒットします。曲は、ロシアの怪僧と呼ばれたラスプーチンや、中世モンゴルの英雄ジンギスカンなど、アメリカのディスコにはなかったテーマが多く、ファンクやR&Bなどにも通じるやや泥臭い、子どもにもアピールするサウンドでした。

ドナ・サマー

シンセサイザーで未来的なサウンドに

1970年代後半、イタリアではジョルジオ・モロダーが、シンセサイザーを用いてサウンド・メイキングを始めます。1977年のアルバム『From Here To Eternity』では、後のテクノ・ポップ的な試みもおこなわれました。彼は、アメリカ人のドナ・サマーの曲「I Feel Love」をプロデュースし、ドイツでリリースします。この曲では、シンセサイザーなどの電子楽器を多用し、未来的で不思議な空間を作り出しました。

Rasputin

Boney M.

メンバーは、ドイツ、ジャマイカ、ガーナなど各国から集められて結成されたグループです。1978年にリリースされたこの曲は、世界的なヒットとなります。アフリカのリズムやロシアの楽器を使用し、多国籍的なサウンドを作り出しています。

Hot Stuff

Donna Summer

1979年リリースの曲です。プロデューサーは、イタリア人のジョルジオ・モロダーです。「I Feel Love」とは異なり、生のドラムでリズムを刻み、間奏ではエレキ・ギターのソロも聴けます。シンセサイザーは、さりげなく使われています。

黒人の文化を具現化した音楽

ヒップ・ホップ/ラップ

(Hip Hop/Rap)

Point 2 ラップは即興詩

ヒップ・ホップのリズムに合わせてアクロバティックに踊るのがブレイク・ダンスで、即興で言葉を繰り出したものがラップです。ラップは、楽譜に表されるメロディーはなく、即興で次々と繰り出される言葉の抑揚が〈音楽〉となります。そして、言葉の韻(いん)が大切になります。似たようなイントネーションをもつ言葉を連ね、なおかつその言葉のつながりによって意味をもたせています。

Point 1 既存のリズムをミックスしたヒップ・ホップ

1970年代後半、ニューヨーク市のブロンクス地区で、ヒップ・ホップは誕生したといわれています。決して豊かな地域とはいえないブロンクスには、黒人が多く住んでいました、楽器など買うことができない彼らは、体でリズムを刻み、声を楽器のように操ることで、リズムを基本としたヒップ・ホップの原型を生み出します。その後、2台のレコード・プレイヤーを操作し、音楽の一部を繰り返し再生することで、〈ブレイク・ビーツ〉と呼ばれるリズムを生み出し、より複雑なヒップ・ホップへと進化させました。

Point 3 ラップは言葉のバトル

ラップは、言葉の格闘技ともいわれます。黒人同士の争いが絶えなかったことから、ラップで闘うというスタイルが生まれたといわれています。このスタイルが〈MCバトル〉という音楽スタイルに発展します。相手の繰り出す言葉に対して、即興で言葉を返し、相手をやり込める闘いは、緊張感のある空間を作り出します。

この曲をチェック!

King Tim III

The Fatback Band

1979年にリリースのアルバム『Factback XII』に収録の曲です。彼らは、ファンク・バンドですが、この曲ではラップを取り入れました。この曲が、ヒット・チャートにランクインしたことで初期のラップとして認識されています。

The Message

Grandmaster Flash & The Furious Five

1982年リリース。ヒップ・ホップ初期に登場したDJのグランドマスター・フラッシュを中心に結成されたグループです。7分を超えるラップは、ゲットーと呼ばれる、貧しい黒人たちが暮らすエリアでの、過酷な生活環境が語られます。

パンク・ロックとスカが融合した

2トーン・スカ

(Two Tone Ska)

新しいスカのスタイル誕生

イギリスで、パンクとスカが融合して誕生した音楽ジャンルが〈2トーン・スカ〉です。荒々しいパンクの演奏スタイルに、ジャマイカ音楽スカが取り入れられたサウンドは、それらの音楽を発売していたレコード会社の名前から2トーン・スカと呼ばれるようになります。ジャマイカとは、長くイギリスの植民地だったことから、さまざまな交流があり、レゲエやスカなどの音楽もイギリスに上陸していたのです。

肌の色を超えたサウンド

メンバーにジャマイカ移民が在籍したザ・スペシャルズは、1979年に自らのレーベル〈2トーン・レコード〉を立ち上げ、「Gangsters」で、レコード・デビューします。2トーンとは、白と黒のカラーで黒人と白人を表し、自分たちが肌の色を乗り越え、ひとつの音楽を作り出したことを表しています。

コミカルなパフォーマンスで人気に

スカにサキソフォーンを用いることで、新しいサウンドを作り上げたマッドネスは、1979年にデビューします。1981年リリースの「In The City」はホンダの自動車CITYのCMに使われ、芋虫(いもむし)を思わせる彼らのパフォーマンスがテレビに登場し、コミカルな姿が、そのサウンドとともに日本でも人気を得ます。

マッドネス

この曲をチェック!

A Message to You Rudy

The Specials

1979年リリースのアルバム『The Specials』に収録の曲です。イントロでは、スカの源流でジャマイカの伝統的な音楽メントの影響も見られ、曲全体としてはジャマイカ色が強いサウンドです。バンドは1981年には解散します。

One Step Beyond

Madness

1979年リリースの同名アルバムに収録された曲です。オリジナルは、ジャマイカの歌手プリンス・バスターが1964年にリリースした曲です。サキソフォンが軽快にメロディーを奏でる、スピード感のあるインストゥルメンタル曲です。

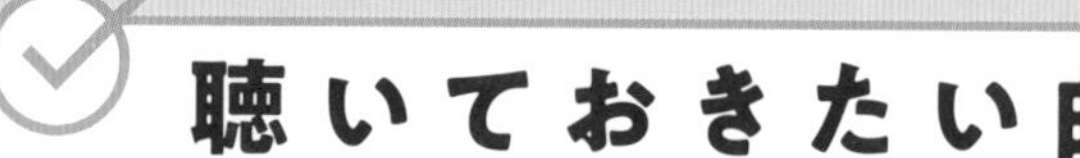

聴いておきたい曲 まとめ

Saturday Night

Bay City Rollers

1971年にデビューしたベイ・シティ・ローラーズは、4人兄弟とその仲間によって、イギリスで結成されたポップ・ロック・バンドです。何度かのメンバー・チェンジを経て、1974年に「Bye Bye Baby(Baby Goodbye)」、1975年に「Saturday Night」がヒットします。タータンチェックの衣装に身を包み、そのファッションがトレード・マークになりました。シンプルで、親しみやすいサウンドです。

Imagine

John Lennon

1971年リリースの同名アルバムに収録の曲です。この曲のもとになったメロディーは、レノンがビートルズ在籍時の1969年におこなわれた〈Get Back Session〉に残されています。歌詞の内容に「天国はない」「国はない」など、社会の常識に抗う言葉が並び、そうした想像をすることで、争いがなくなると歌います。歌詞の一部は、妻ヨーコの詩によってひらめいたことから、現在では作詞は共作となっています。

Born to Run

Bruce Springsteen

1975年リリースの同名アルバムに収録の曲です。スプリングスティーンは、10代から地元のバンドに参加して音楽キャリアを重ねます。1973年に〈第2のディラン〉というキャッチフレーズでデビューします。しかしロックを指向していた彼は、シンガー・ソングライターというイメージ作りに不満をもっていました。そして、3作目となるこのアルバムの表題曲でロック魂を爆発させ、大きな成功を収めます。

Bohemian Rhapsody

Queen

1975年リリースのアルバム『A Night at the Opera』に収録の曲です。シンセサイザーを使ったようなサウンドに聴こえるため、あえてシンセサイザー不使用と記載されています。そのサウンドは、多重録音で作られています。曲はイントロのコーラスで始まり、ボーカルのフレディ・マーキュリーのソロでバラードとなり、メンバー全員によるオペラ風の掛け合い、そしてハード・ロック的な演奏へと続きます。

Hotel California

Eagles

1976年リリース。架空のホテル・カリフォルニアを舞台にした歌詞は、アメリカの現状を暗喩(あんゆ)した内容となっています。ドライブの途中、ホテル・カリフォルニアに泊まった男が、バーで酒を注文します。バーテンダーは、「1969年からスピリッツ(Spirit)は置いていない」と答えます。Spiritには〈蒸留酒〉と〈魂〉の2つの意味をもたせています。後半のツイン・ギターが奏でる長いリフが、謎めいた歌詞を引き立てています。

1971-1980年

{ More Than a Feeling }

Boston

1976年にリリースされたデビュー・アルバム『Boston』に収録の曲です。マサチューセッツ工科大学出身のトム・ショルツが中心となったプロジェクトがボストンです。ドラムとボーカル以外の演奏をひとりでおこない、多重録音によって曲を作り上げています。エンジニアとして一度は職に就きますが、大学時代に始めた音楽をあきらめきれず、音楽の道を選びます。さまざまな音色を作り出す機材も自作していました。

{ Just What I Needed }

The Cars

1976年にアメリカのボストンで、ボーカルのリック・オケイセックが中心となって結成されたバンドです。ニュー・ウェイヴと呼ばれるジャンルに分類されます。しかし、デビュー当時は、ロック色が強く、シンプルで、パワフルな演奏を繰り広げました。この曲は、1作目のアルバム『The Cars』に収録された曲です。骨太に響くエレキ・ベースが演奏全体を支え、キーボードがポップな雰囲気を演出しています。

{ Hard Luck Woman }

Kiss

1976年リリースのアルバム『Rock and Roll Over』に収録された曲です。メンバーは、奇抜なメークと、コウモリを模した衣装に身を包んだヴィジュアル系ハード・ロック・バンドです。ステージでは、炎を豪快に吹き出す演出で、観客を驚かせました。この曲は、アコースティック・ギターで歌われ、キッスの意外な一面が聴けます。バンドはポール・スタンレーとジーン・シモンズ以外、激しくチェンジしていました。

{ Miss You }

The Rolling Stones

1978年リリースのアルバム『Some Girls』に収録の曲です。21世紀になっても活動しているロック・バンドで、一貫してシンプルなロックを演奏し続けています。しかし、この曲はディスコ風のリズムをエレキ・ベースが刻み、ロックの大スターがディスコを演奏したと、ファンを驚かせました。しかし、チャーリー・ワッツのドラムは几帳面にロックのリズムを刻み、彼らのサウンドに仕上げています。

{ My Sharona }

The Knack

1979年にリリースされたデビュー・シングルです。ヒット・チャートで5周連続して1位を獲得し、世界的な大ヒットとなります。繰り返されるドラムとベースの印象的なリズムにのって、歯切れ良くスピーディーに歌われるボーカルが疾走感を盛り上げます。エレキ・ギターの間奏も軽いサウンドで奏でられます。大ヒットによって、メンバーが〈ビートルズを超えた〉と発言しましたが、大ヒットはこの1曲だけでした。

1962年 カセット・テープ

オランダの家電メーカー〈フィリップス社〉によって、1962年に発表された小型のテープです。登場したころの録音時間は60分でしたが、テープの厚さを薄くすることで録音時間の長いものも開発されます。1968年ころには2時間録音が可能なタイプも発売されました。また、磁性体と呼ばれる素材によって、音質を向上させることができるため、クローム・タイプ、メタル・タイプなど、より性能の良い磁性体を使用したカセット・テープがリリースされました。

1979年 ウォークマン

カセット・テープのケースほどの大きさのウォークマンは、ポータブル・オーディオの先駆けでした。本体にスピーカーはなく、付属の軽量ヘッドホンにより、ステレオで音楽を聴くことができました。それまでも、小型のカセット再生機器はありましたが、モノラル再生で、音楽を楽しむためには、少しものたりないものでした。開発した〈ソニー〉は、ウォークマンで音楽を聴いている若者を、プロモーションのために歩かせ、新しいリスニング・スタイルをアピールしました。

Compact Cassette/Walk Man　カセット・テープ/ウォークマン

1962年、小さなケースに収めれらた〈コンパクト・カセット・テープ〉と呼ばれるテープが登場します。小さく扱いやすいカセット・テープは、再生機器も小型にできるため、購入しやすい価格となります。こうして、1970年ころからカセット・テープは一気に普及します。好きな曲だけをレコードから録音し、自分好みのテープを作ったり、ラジオを録音したりと、音楽とのかかわり方が大きく変わります。その後、ラジオと一体となった〈ラジカセ〉も登場し、好きな音楽をアウトドアにもちだせるようになります。再生装置は、さらに小さくなります。そして、ポケットに入るほど小型になった〈ウォークマン〉が、1979年に登場します。好きな音楽を歩きながら聴く、生活スタイルが生まれたのです。

1975年 ビデオ・デッキ

家庭で映像を録画・再生できる装置の登場は音楽とのかかわり方を大きく変化させました。こうしたオーディオ・ヴィジュアル環境の変化に合わせ、アーティストはライブやプロモーション・ビデオのソフトをリリースします。家にいてライブ会場の臨場感を楽しめるようになったのです。ただ、家庭用ビデオ・デッキにはVHSとBetamaxという2つの規格があり、互換性がありませんでした。そのため、友人とのソフトの貸し借りを考えると、どちらを選ぶか大問題でした。

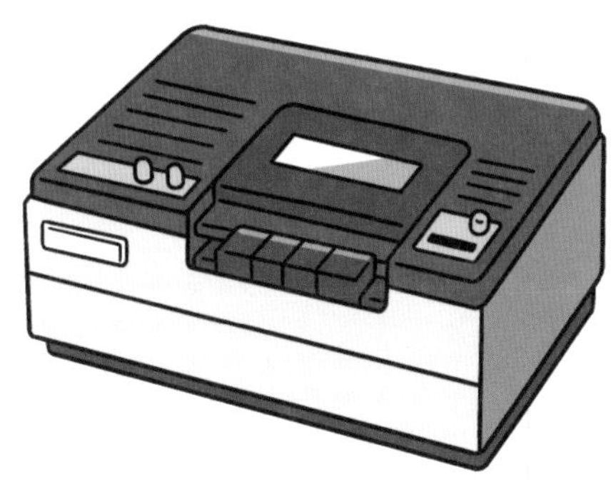

1980年 レーザー・ディスク

レーザー・ディスクは、日本の音響メーカー〈パイオニア〉が開発した光学ピックアップを採用した映像・音楽の再生装置です。他社でも同じような仕組みをもった再生装置が開発され、ソフトもそれぞれの規格に合わせたものが発売されたため、音楽ファンを困惑させました。画質はビデオ・テープと同程度でしたので、その後に登場するDVDにその座を奪われます。

Videotape Recorder/Laser Disc ビデオ・デッキ/レーザー・ディスク

テレビや映画で音楽を楽しむことが一般的となり、アーティストにとって、映像は自分たちの音楽をアピールするための大切なツールとなっていました。そして、1975年、家庭用のビデオ・デッキが登場します。それまでは、テレビ局が放送する音楽番組をリアルタイムで見ていましたが、予約録画することで、いつでも見ることができるようになます。また、ライブ映像ソフトも多く発売され、音楽ファンにとって画期的なアイテムとなります。

1970年代前半、映像再生専用システムの開発が始まります。レーザー・ディスク(LD)です。レコードのような円盤に映像・音声を記録し、レーザーを利用したピックアップで再生しました。LDの登場でビデオ・テープより劣化の少ない映像を楽しめるようになりました。

1981—1990年

1980年代のポイント

新しい時代を創造した ヒップ・ホップ

ビッグ・ビジネスとなったポピュラー音楽は、映像という表現方法を取り入れることで、音楽を聴くという領域から、視聴するという領域へと、楽しみ方の幅を広げていきます。このころ、ビデオという映像テクノロジーが進化したことで、フィルムよりも低予算で、高度なエフェクトを使えるようになります。こうした変化を背景に、ポップ・スターだけでなく、多くのアーティストたちが、ビデオによって、新しい音楽の魅力をアピールする時代が到来しました。

1980年代の音楽シーンは、メジャーな音楽とアンダーグラウンド音楽が共存した時代でもありました。メジャーに、なかなかなれなかったヒップ・ホップや、あえてメジャーという道を選ばなかったオルタナティヴと呼ばれる音楽は、結果として音楽の表舞台に躍り出し、大成功を収めることになります。

とくにヒップ・ホップは、1980年代になって、さまざまな音楽ジャンルに影響を及ぼします。白人ハードコア・パンク・バンドとしてスタートしたビースティ・ボーイズは、ラップの洗礼を受けて、ラップ・ロックとも呼ばれるスタイルで人気を得ます。

ヒップ・ホップは、ブレイク・ダンスというスタイルも生み出し、ラップに合わせ、アクロバティックなダンスを競い合うようになります。また、ヒップ・ホップ・アーティストのファッションやライフ・スタイルを、若者たちが積極的に取り入れ、音楽以外でも大きなうねりを作り出します。さらに、壁に落書きをするグラフィティというペイント・アートも生み出します。グラフィティは、ときとして都会の景観を乱すものとして排除されます。しかし、大胆な構図や配色は、若者に支持され、新しい音楽を彩りました。

1980年代前半ころ

本来のロック音楽への回帰を目指した

オルタナティヴ・ロック

(Alternative Rock)

マイケル・スタイプ
(R.E.M.)

主流であることに背を向けた音楽活動

音楽がビッグ・ビジネスへと変貌した1970年代、ミュージシャンの目標はセールス的に成功することでした。しかし、1970年後半から1980年代にかけて、セールス優先の音楽活動に背を向ける人たちがあらわれます。彼らは、小さなライブ・ハウスで、自分たちのやりたい音楽を演奏しました。こうして、必ずしもメジャーを目指さない音楽は、オルタナティヴ・ロックと呼ばれるようになります。オルタナティヴとは〈伝統や主流から外れた〉といった意味があり、メジャーの音楽シーンとは距離をおいた音楽活動をすることを意味しています。そのため、さまざまなジャンルの音楽がオルタナティヴ・ロックと呼ばれるようになります。

反ビジネス的音楽を支持したリスナー

1980年にアメリカのジョージア州で結成されたR.E.M.は、デビューから5作目までのアルバムをインディーズ(独立系)のレコード会社からリリースします。1988年、インディーズでの活躍が認められ、メジャーのレコード会社から6作目『Green』をリリースします。メジャーになったR.E.M.ですが、インディーズからのサウンドを引き継ぎ、オルタナティヴな姿勢を貫くことで、リスナーの支持を得ます。

ちょい情報!

日本でも、セールス的に成功を収めていたミュージシャンが、自分のやりたい音楽を貫き通すため、メジャーのレコード会社から離れ、インディーズのレコード会社からリリースする現象がありました。また、インディーズが若者たちに支持されると、あえてインディーズから新人をデビューさせるなど、オルタナティヴはビジネスに利用されるようになります。

Pretty Persuasion

R.E.M.

1984年にリリースされたアルバム『Reckoning』に収録の曲です。フォーク・ロック的なサウンドで、イントロのエレキ・ギターによる軽快なサウンドが心地よく響きます。メジャーになっても、彼らはこのサウンドを引き継ぎます。

True Men Don't Kill Coyotes

Red Hot Chili Peppers

1984年の1作目アルバム『The Red Hot Chili Peppers』に収録の曲です。パンクやファンクなどの影響が見られます。1987年ころまで、アンダーグラウンドな活動でしたが、1991年のアルバム『Blood Sugar Sex Magik』が大ヒットします。

ハード・ロックを継承し発展させた

ニュー・ウェーヴ・オブ・ブリティッシュ・ヘヴィ・メタル

(New Wave Of British Heavy Metal)

新しい感覚で、ハード・ロックを再生

ハード・ロックは、1970年代前半にヘヴィ・メタルへと呼ばれるジャンルに進化し、ギタリストは、高度なテクニックを競い合うようになります。彼らは、リフと呼ばれる、繰り返される短い旋律の速さと複雑さを追い求めました。しかし、テクニック偏重のハード・ロック/ヘヴィ・メタルは、シンプルでパワフルなパンク・ロックの登場によって、〈オールド・ウェーヴ〉とも呼ばれるようになり、ロックのメイン・ストリームから退いていきました。しかし、パンクの勢いは短期間で消滅しました。1970年代末ころ、1790年代前半のハード・ロックを継承しつつ、進化させようとする新しい波がイギリスで誕生します。こうしたサウンドを、ニュー・ウェーヴ・オブ・ブリティッシュ・ヘヴィ・メタル(NWOBHM)と呼ぶようになります。

ムーヴメントの方向性を示す

1970年代中ごろから活動していたアイアン・メイデンは、1980年にリリースしたアルバム『Iron Maiden』により、ワイルドさと洗練されたサウンドで、NWOBHMの方向性を示します。バンドは、ボーカルや、ギターのメンバーが交代しますが、力強いサウンドはそのままに、21世紀になっても活動を続けています。

大成功を収めたバンド

NWOBHMムーヴメントの中で登場したデフ・レパードは、1980年にレコード・デビューを果たします。1983年にリリースした3作目のアルバム『Pyromania』は、その年だけでも600万枚を超えるセールスを記録し、ムーヴメントを牽引します。

The Trooper

Iron Maiden

1983年リリースのアルバム『Piece of Mind』に収録の曲です。高音域でもパワフルに歌うボーカルや、ツイン・ギターで奏でられるスピード感あふれるサウンドは、ハードな音にもかかわらず、心地よささえ感じられます。

Photograph

Def Leppard

1987年リリースのアルバム『Hysteria』に収録の曲です。『Pyromania』リリース後に、ドラマーが交通事故で片腕を失ったため、回復を待ち、片手で演奏できるドラム・システムを開発して録音されたバラードです。

1980年前後～

中性的なヴィジュアルとポップなメロディー

ニュー・ロマンティック

(New Romantic)

パンクに変わる魅力を求めて

ニュー・ロマンティックという音楽ジャンルは、パンク・ロックの衰退過程で生まれたニュー・ウェーヴから派生したムーヴメントです。起源は、1970年代後半にイギリスのクラブで開催されていた〈デヴィッド・ボウイ・ナイト〉というイベントです。ここからは、デュラン・デュラン、カルチャー・クラブが登場します。ニュー・ロマンティックと呼ばれる多くのバンドは、電子楽器を取り入れた親しみやすいポップなサウンドです。

ボーイ・ジョージ

MTVで魅力が伝わりヒット

デュラン・デュランは、1981年にレコード・デビューします。1作目のアルバムは、ディスコ、パンクなどの影響を感じられるものでした。収録曲の「Girls On Film」がシングル発売されますが、1981年の時点では、アメリカでチャート・インしませんでした。1983年に再発売され、音楽専門チャンネル〈MTV〉でビデオ・クリップが放映されたこともあり、ヒットします。スタイリッシュな容姿と、甘い声質や硬質でキレのある演奏で、新しいサウンドを作り上げました。

ボーカルの圧倒的な魅力

カルチャー・クラブは、女性的な衣装で身を包み、中性的な魅力のボーイ・ジョージを中心に結成された4人組です。1983年リリースの2作目アルバム『Colour By Numbers』に収録の「Karma Chameleon」がイギリスとアメリカで1位となる大ヒットを記録します。ニュー・ロマンティックの定番である電子楽器ではなく、電気楽器でのソフトなサウンドと、ゆったりとした空気感で歌うジョージのボーカルで、人気を得ます。

Hungry Like the Wolf

Duran Duran

1982年の2作目アルバム『Rio』に収録の曲です。シンセサイザーの電子音で刻まれるリズムから生まれる、軽快なサウンドです。スリランカで撮影のビデオ・クリップは1983年グラミー賞〈Best Short Form Music Video〉を受賞します。

Do You Really Want to Hurt Me

Culture Club

1982年リリースの1作目アルバム『Kissing to Be Clever』に収録の曲です。レゲエのリズムを取り入れた、ゆったりとしたアレンジです。リラックスして歌うジョージのボーカルが魅力的です。シングル3作目で大ヒットとなります。

1980年前後〜

電子楽器をメインにしたサウンド

エレクトロ・ポップ

(Electro Pop)

電子サウンドがポップに弾ける

1972年にリリースされたHot Butterの「Popcorn」は、ポップなメロディーを、シンセサイザーで演奏し、ヒットします。ただ、こうした音楽に〈エレクトロ・ポップ〉という呼称は、使われませんでした。その後、ドイツの電子音楽ユニット、クラフトワークが、1978年にリリースしたアルバム『The Man-Machine』がヒットし、日本でも注目を集めます。このとき、彼らのサウンドを紹介する日本の音楽評論家によって〈テクノ・ポップ〉という呼び名が付けられます。そして、世界的にはエレクトロ・ポップと呼ばれるようになります。

ちょい情報!

日本では1978年に、坂本龍一、細野晴臣、高橋幸宏によってイエロー・マジック・オーケストラ(YMO)が結成されます。電子楽器を駆使したサウンドは、アメリカ、ヨーロッパでも人気を得ます。そして、彼らの音楽はテクノ・ポップと呼ばれます。

クラフトワーク

ドラムがいないバンド・スタイル

エレクトロ・ポップは、バンドの編成にも変化をもたらします。1979年にイギリスでデビューしたヒューマン・リーグは、シンセサイザーをメインにし、3作目のアルバム『Dare』をリリースしたときは、ボーカル&コーラス3人、シンセサイザー奏者3人、エレキ・ベースという編成でした。リズムを刻むドラム・パートは、電子楽器が担当しました。

The Robots

Kraftwerk

1978年リリースのアルバム『The Man-Machine』に収録の曲です。ボーカルの声質をロボットの声のように変化させるボコーダーという機器を使用しています。Hot Butterの「Popcorn」のような、はじける親しみやすいサウンドです。

Don't You Want Me

The Human League

1981年リリースのアルバム『Dare』に収録の曲です。記憶させておいたリズムを自動的に再生する、シーケンサーという装置で作り出した軽快なサウンドによって、アメリカとイギリスで1位を記録します。

1980年前半～

音楽の力で人々を救済する活動

チャリティー・ソング＆コンサート

(Charity Song & Concert)

大規模なチャリティー・コンサートの始まり

1971年の〈The Concert for Bangla Desh〉は、ポピュラー音楽界のスターが集まった大規模なチャリティー・コンサートでした。難民となり、飢餓に苦しむバングラディシュの人々を救うために、ザ・ビートルズのメンバーだったジョージ・ハリスンと、インドのシタール奏者ラヴィ・シャンカールの呼びかけによって、ボブ・ディラン、エリック・クラプトンなど、当時のスターが集結しました。その模様は記録映画となり、その収益の一部も難民のために寄付されました。その後も、音楽で人々を救おうというミュージシャンによって、カンボジア難民救済や、世界的な飢餓救済など、チャリティー・コンサートが開催されます。

ボブ・ゲドルフ

クイーンによるLive Aidでの伝説的演奏

1985年、イギリスのミュージシャン、ボブ・ゲルドフが中心になって、エチオピア飢餓救済のためのチャリティー・ソング「Do They Know It's Christmas?」が作られます。イギリスのミュージシャンたちがBand Aidというプロジェクト名でリリースしました。この曲がきっかけで、チャリティー・コンサート〈Live Aid〉が開催され、クイーンなどが参加し、大成功を収めます。

音楽の力を示したプロジェクト

イギリスでのチャリティー活動に刺激され、アメリカでもアフリカの飢餓救済を目的としたチャリティー・ソング「We Are the World」がU.S.A for Africa（United Support of Artists for Africa）というプロジェクト名でリリースされます。ハリー・ベラフォンテが呼びかけ、ボブ・ディランらが参加しました。これ以降、ミュージッシャンによるチャリティーが、たびたびおこなわれました。

この曲をチェック!

Do They Know It's Christmas?

Band Aid

1984年、ザ・ブーム・タウン・ラッツのボブ・ゲルドフと、ウルトラヴォックスのミッジ・ユーロによって作られたチャリティー・ソングです。音楽で人々を救済するプロジェクトが、多くの募金を集めるための手段として、有効であることを実証しました。

We Are The World

U.S.A for Africa

(United Support of Artists for Africa)

作詞・作曲はマイケル・ジャクソンとライオネル・リッチーが担当しました。スティーヴィー・ワンダー、シンディ・ローパー、ブルース・スプリングスティーンなどが参加し、1985年3月にリリースされ、チャリティーは大成功を収めます。

ソフトなサウンドに磨きをかけた

アダルト・オリエンテッド・ロック

(Adult Oriented Rock-AOR-)

ボズ・スキャッグス

おとなにターゲットを合わせたサウンド

ロック音楽のメイン・ストリームは、ハード・ロック、ヘヴィ・メタル、パンク・ロックなど、より騒々しくなっていきましたが、その一方でソフト・ロックなどマイルドなテイストをもったロックも登場します。これらの中で、洗練された〈おとなが好む音楽〉へと進化したものが、日本ではアダルト・オリエンテッド・ロック（AOR）と呼ばれるようになります。

AORの登場をリード

1960年代末から活動するボズ・スキャッグスは、マイルドな歌声で、ソウルやブルース指向のアルバムを何枚かリリースしますが、大ヒットには恵まれませんでした。そして、1976年にリリースした7作目のアルバム『Silk Degrees』が大ヒットします。このアルバムに収録された「We're All Alone」「Lowdown」がヒットします。洗練されたアレンジで、AORの先駆け的サウンドでした。

高い演奏テクニックから生まれたAOR

ボズ・スキャッグスのアルバム『Silk Degrees』のレコーディングに参加したスタジオ・ミュージシャンたちによってTOTOが結成されます。ドラムのジェフ・ポーカロ、キーボードのデヴィッド・ペイチが中心メンバーでした。シンセサイザーをさりげなく使用し、軽快に刻まれるドラムが作り出す曲全体の安定感など、洗練されたTOTOサウンドが生み出されます。1982年リリースのアルバム『TOTO IV』からは「Rosanna」「Africa」が大ヒットし、AORサウンドを進化させます。

Jojo

Boz Scaggs

1980年リリースのアルバム『Middle Man』に収録の曲です。抑制の効いたドラムとエレキ・ギターのリズムに、スキャッグスのボーカルが溶け合います。フルートやサキソフォンのさりげない伴奏など、マイルドなAORサウンドが聴けます。

Africa

TOTO

TOTO最大のヒットとなる『TOTO IV』に収録の曲です。キーボードのデヴィッド・ペイチがボーカルも担当しています。イントロのシンプルなリズムに、キーボードのふくよかな演奏が重なり、抑制の効いたサウンドで構成されています。

北欧から登場したパワフルなサウンド

スウェディッシュ・ロック

(Swedish Rock)

政府の支援を受けた音楽環境から誕生

北欧諸国では、1980年代前半ころ、イギリスから発信されたムーヴメント〈ニュー・ウェーヴ・オブ・ブリティッシュ・ヘヴィ・メタル〉などに影響されたバンドが一気に登場します。とくに、音楽育成に力を入れていたスウェーデンからは、世界の音楽シーンに飛び出していくバンドが数多く登場し、これらのムーヴメントは、スウェディッシュ・ロックと呼ばれるようになります。

情緒的なメロディーと壮大な曲調で大ヒット

1983年に、アルバム『Europe』でデビューしたヨーロッパは5人組のバンドです。激しいサウンドながらエモーショナルなメロディーで、徐々に人気を得ていきます。1986年リリースのアルバム『The Final Countdown』はアメリカでも大ヒットを記録します。シングルでリリースされたアルバム同名曲は、印象的なイントロのファンファーレにより大ヒットし、バンドの名は世界中に知られることになります。

天才的なテクニックで世界を席巻

いくつかのバンドで活躍し、高い評価を得ていたギタリストのイングヴェイ・マルムスティーンは、1984年に自らリーダーとなるバンドRising Forceを結成し、バンド名と同名のアルバムをリリースします。1986年には、個人名義のアルバム『Trilogy』をリリースします。少年のころから、クラシック音楽も演奏し、テクニックを磨いていた彼は、クラシック音楽を下地にした超速のギター・テクニックで、メタル・ロックに新しい風を吹き込みました。

イングヴェイ・マルムスティーン

この曲をチェック!

Trilogy Suite Op:5

Yngwie Malmsteen

1986年リリースのアルバム『Trilogy』に収録された曲です。マルムスティーンの超高速のギター演奏で始まり、クラシック・ギターで奏でられるクラシカルなメロディーなど、激しく変化するこの曲は、彼のテクニックをたっぷりと楽しめます。

The Final Countdown

Europe

曲名と同名アルバムに収録され、シングルでもリリースされます。イントロは、シンセサイザーで奏でられる管楽器風のファンファーレで、この曲の壮大な展開を期待させる印象的な部分です。哀愁感のあるボーカルも曲を引き立てます。

ヘヴィ・メタルを激しく先鋭化せた

スラッシュ・メタル

(Thrash Metal)

メタリカ

激しく疾走し、あふれだす音の嵐

イギリスのニュー・ウェーヴ・オブ・ブリティッシュ・ヘヴィ・メタル(NWOBHM)に影響を受け、より激しく、よりスピーディーに、より鋭く磨き上げたサウンドが、アメリカで誕生します。そのサウンドはスラッシュ・メタルと呼ばれるようになります。エレキ・ギターの音は歪(ゆが)み、ドラムは激しく打ち鳴らされ、ボーカルは絶叫するように歌います。エレキ・ギターによる繰り返されるコード演奏は、休むことなく隙間なく鳴り響きます。スラッシュ(Thrash)は〈激しく打つ〉という意味で、まるでムチ打たれる馬が荒れ狂って疾走するかのようなサウンドです。

超速でみせる高度なテクニック

スラッシュ・メタルは、メタリカ、メガデスなどのバンドがムーヴメントを牽引(けんいん)しました。メタリカは、1981年にカリフォルニアで結成され、1984年に2作目アルバム『Ride the Lightning』をリリースし、スラッシュ・メタルというサウンドの方向性を示します。メガデスは、メタリカを飲酒などの問題で解雇されたギタリスト、デイヴ・ムステインが中心となって1983年に結成されます。1986年に2作目アルバム『Peace Sells... But Who's Buying?』をリリースします。このアルバムでは、複雑な曲の展開もみせ、スピード感だけではない、巧みな演奏テクニックも楽しめます。

Metal Militia

Metallica

1983年リリースの1作目アルバム『Kill 'Em All』に収録の曲です。収録曲の多くがNWOBHM的なサウンドだったため、当初ヒットしませんでした。しかし、この曲がスラッシュ・メタル・ムーヴメントの先駆的な曲であったことから、のちに評価されます。

Holy Wars... The Punishment Due

Megadeth

1990年リリースの4作目アルバム『Rust In Peace』に収録の曲です。この作品では、のちに日本でも活躍することになるマーティ・フリードマンがギターで加入し、リーダーのムステインとのスリリングなギター・バトルが聴けます。

1980年代中ごろ〜

表舞台に登場したヒップ・ホップ

ゴールデン・エイジ・ヒップ・ホップ

（Golden Age Hip Hop）

長く続いたアンダーグラウンドの時代

1970年代に、ニューヨークの一画で誕生したヒップ・ホップは、音楽シーンの表舞台に登場することなく、黒人たちの小さなパーティーの場で、演奏スタイルなど、さまざまな試みがおこなわれていました。こうした1970年代から1980年代前半の、ヒップ・ホップ黎明期は、〈オールドスクール・ヒップ・ホップ〉と呼ばれています。

Run-D.M.C.

ヒップ・ホップはあらゆるジャンルを刺激

1984年に、Run-D.M.C.がリリースしたアルバム『Run-D.M.C.』がヒットしたことで、ヒップ・ホップは、多くの人たちに知られるようになります。そして、1986年の3作目アルバム『Raising Hell』に収録された「Walk This Way」は、ハード・ロック・バンド、エアロスミスの曲を、ヒップ・ホップにアレンジしてリリースし、全米4位となります。それまでのヒップ・ホップの曲作りでは、こうした場合、そのアーティストのレコードから音を借りるサンプリングという手法で、ラップのための伴奏を作っていました。しかし、この曲では、エアロスミスのボーカルとギタリストが、レコーディングに参加しています。こうして、ヒップ・ホップとハード・ロックとの融合が実現します。この成功により、ヒップ・ホップは、さまざまな音楽に多大な影響をもたらすこととなり、1990年代中ごろまでを〈ゴールデン・エイジ・ヒップ・ホップ〉と呼ぶようになります。

Rock Box

Run-D.M.C.

1984年リリースの1作目アルバム『Run-D.M.C.』に収録の曲です。ハード・ロック風に音を歪ませたエレキ・ギターによって繰り返される伴奏をバックに、力強くラップがあふれだします。このハード・ロック的な伴奏は、のちのエアロスミスとの共演を予感させます。

I Can't Live Without My Radio

LL Cool J

1985年リリースの1作目アルバム『Radio』に収録の曲です。わずか17歳でデビューしたLLクールJですが、ラジオがなけりゃ生きられない、という内容のリリック（ラップの歌詞）を、心地よいほどのテンポで送り出します。

1980年代後半～

スピード感のある軽快なダンス・サウンド

ユーロビート

(Eurobeat)

シンセサイザーが可能にした高速サウンド

1970年代のユーロディスコなどから発展して誕生した音楽ジャンルがユーロビートです。ユーロディスコよりテンポが速く、シンセサイザーがサウンド作りに大きな力になっていました。1980年代の前半ころには、それまでのアナログ・シンセサイザーに代わり、デジタル・シンセサイザーが登場します。シンセサイザーによって、人が演奏することができないほどの速さの演奏も容易になったことで、ますますスピード感のある曲が誕生します。

カイリー・ミノーグ

1980年代の後半にヨーロッパや日本を中心にリスナーの支持を受けていたユーロビートですが、1990年代に入るとヨーロッパやアメリカではセールス的には下火になります。ところが、日本ではレコード会社のAvexがユーロビートの曲を集めて収録したコンピュレーション・シリーズ〈スーパーユーロビート〉のリリースが続いたことで、21世紀になっても、このジャンルは一定の人気を得ています。

有能な制作チームによって牽引(けんいん)されたムーヴメント

1980年代後半ころ、マイク・ストック、マット・エイトキン、ピート・ウォーターマンの3人からなるイギリスの作詞・作曲&プロデューサー・チーム〈ストック・エイトキン・ウォーターマン(SAW)〉によってユーロビートと呼ばれる多くの曲が誕生します。このチームによってカイリー・ミノーグ、バナナラマ、リック・アストリーらのヒット曲が量産されます。

The Loco-Motion

Kylie Minogue

1988年にリリースされたアルバム『Kylie』に収録の曲です。1962年にリトル・エヴァが歌ってヒットした曲を、ユーロビートとしてアレンジし、大ヒットします。シンセサイザーで奏でられながらも温かみのあるサウンドです。

Never Gonna Give You Up

Rick Astley

1987年にリリースされたデビュー・シングルです。イギリスで5週連続の1位を獲得し、翌年にはアメリカでも1位を記録します。イングランド出身のアストリーですが、白人とは思えぬソウルフルな歌声を聴くことができます。

キング・オブ・ポップ

マイケル・ジャクソン

(Michael Jackson)
1958年-2009年

天才的なマイケルの歌唱力

〈キング・オブ・ポップ〉と呼ばれ、ポピュラー音楽の歴史に大きな足跡を残したマイケル・ジャクソンは、1958年にインディアナ州の小さな町で生まれます。ミュージッシャンを志していた父の影響で、兄たちはバンドを組んでいました。こうした家族の活動が音楽関係者の目にとまり、マイケルをリード・ボーカルにした、ジャクソン5が結成されます。1969年、シングル「I Want You Back」をリリースし、メジャー・デビューします。このとき、マイケルは11歳で、ハイトーン・ボイスと可愛らしい仕草で人気を得ます。

転換期となった プロデューサとの出会い

マイケルは、グループの活動と併行してソロ活動も始めます。ソロ5作目となるアルバム『Off the Wall』は、ジャズ界で活躍していたクインシー・ジョーンズをプロデューサーに迎えリリースされます。アルバムからは「Don't Stop 'Til You Get Enough」などがヒットします。都会的なポップ・センスでアレンジされた曲は、それまでのマイケルのイメージを大きく変える作品になります。

音楽と映像の力で大ヒット

1982年、ソロ・アルバム『Thriller』をリリースします。表題曲は、マイケルがゾンビに扮した13分34秒というプロモーション用ショート・ムーヴィーが制作されます。これが音楽専門チャンネル〈MTV〉で繰り返し放映されたことで、大ヒットを記録します。1987年には『Bad』がリリースされます。デジタル楽器を多用し、キレのよいサウンドに仕上げられています。その後も、時代を先取りしたサウンドを駆使して曲を発表していましたが、薬の過剰摂取により、2009年に50歳の人生に幕を下ろしました。

この曲をチェック!

Beat It

1982年リリースのアルバム『Thriller』に収録の曲です。ヴァン・ヘイレンなどハード・ロックで活躍する、ギタリスト3人を迎えてレコーディングされました。ポップとハード・ロックの融合ともいえる曲です。

Black or White

1991年リリースのアルバム『Dangerous』に収録の曲です。曲の導入部では、エレキ・ギターによって繰り返される軽快なコード演奏に、シャウトする歌が重なります。ラップも取り入れ、変化に富んだ曲の構成になっています。

聴いておきたい曲 まとめ

(Just Like) Starting Over

John Lennon

ザ・ビートルズのメンバーだったジョン・レノンが、1980年にリリースしたアルバム『Double Fantasy』に収録の曲です。音楽活動を休止し、育児に専念していたレノンは、ある日〈お父さんはビートルズだったの?〉と、子どもに質問され、アルバム制作を思い立ったというエピソードを、雑誌のインタビューで語っています。レノンが憧れていたエルヴィス・プレスリーを思わせるミディアム・テンポの曲です。

Purple Rain

Prince & The Revolution

1984年にリリースした同名タイトルのアルバムに収録の曲です。このアルバムは、プリンスの自伝的長編映画のサウンドトラック盤でもあり、1000万枚を超えるセールスを記録します。バンドは、1979年にミネソタ州で結成され、ハード・ロックやファンクなどの影響を受けたサウンドで成功します。映画では、この曲が最後に演奏され、プリンスの弾くエレキ・ギターのサウンドが、荘厳(そうごん)な雰囲気を醸(かも)し出していました。

With or Without You

U2

1987年リリースのアルバム『The Joshua Tree』に収録の曲です。この曲は、全米1位を記録します。U2は、アイルランドのダブリンの高校生が集まって結成されたバンドで、1980年にレコード・デビューをします。エチオピアの飢餓を救うためのチャリティー・シングル「Do They Know It's Christmas?」にメンバーが参加するなど、社会問題に対するメッセージの発信を積極的におこなっています。

Like a Virgin

Madonna

1984年にリリースされた同名タイトルのアルバムに収録された曲です。プロモーション・ビデオは、イタリアのベネチアで撮影されました。ゴンドラ上でダンスするシーンが話題になり、この曲でマドンナの名は世界に広がりました。また、このアルバムに収録された「Material Girl」では、マリリン・モンロー主演の映画『紳士は金髪がお好き』のワンシーンを再現し、セクシーさをアピールしています。

Girls Just Want to Have Fun

Cyndi Lauper

1983年リリースのアルバム『She's So Unusual』に収録の曲です。原曲は男性歌手のもので、彼女に合わせて、歌詞は書き換えられました。このカバー・バージョンは、電子楽器を使ったポップなアレンジと、彼女のキュートな歌声で、大ヒットします。この曲のプロモーション・ビデオも制作され、奇妙なダンスや、コミカルな演技などが評判となります。このアルバムからは「Time After Time」もヒットします。

1981–1990年

{ Every Breath You Take }

The Police

1983年リリースの5作目アルバム『Synchronicity』に収録の曲です。バンドは、1977年に結成され、1979年にアルバム・デビューします。ベース担当でボーカルのスティングのハスキーで艶のある歌声が、エレキ・ギターの淡々とした演奏と絡み合い、独特のサウンドを作り出しています。この曲は全米1位を8週連続で記録する大ヒットとなります。このアルバムでバンドは解散し、スティングはソロで活躍します。

{ Jump }

Van Halen

1984年リリースのアルバム『1984』に収録の曲です。ギターのエドワード・ヴァン・ヘイレンが、シンセサイザーで奏でられるファンファーレのようなイントロも担当し、間奏ではスピーディーで滑らかなギター・ソロも聴くことができます。バンドは、1978年にアルバム『Van Halen』でデビューします。エドワードの卓越したギター演奏により、このアルバムは100万枚を超える大ヒットとなります。

{ Careless Whisper }

Wham!

ジョージ・マイケルとアンドリュー・リッジリーによって結成されイギリスのデュオ・グループです。1984年リリースのアルバム『Make It Big』に収録のこの曲は、メンバー二人の作詞・作曲ですが、事実上マイケルのソロ作品です。全米で年間1位を獲得します。ささやくようなマイケルのボーカルと、洗練された伴奏が心地よく調和しています。次の「Last Christmas」は、クリスマスの定番曲となります。

{ Fight for Your Right }

Beastie Boys

白人3人組のヒップ・ホップ・グループです。もともとはハードコア・パンク・バンドでしたが、メンバー・チェンジを繰り返しながら、1983年にビースティ・ボーイズと改名します。1986年にリリースした1作目のアルバム『Licensed to Ill』に収録されたこの曲は、大ヒットします。騒々しいほどのハード・ロック・サウンドをバックに、パワフルなボーカルがはじけます。黒人のヒップ・ホップにも影響を与えます。

{ Rock This Town }

Stray Cats

1981年リリースのアルバム『Stray Cats』に収録の曲です。ストレイ・キャッツは、ギターとボーカル担当のブランアン・セッツァーを中心に結成されたバンドで、1950年代のロカビリー・サウンドを再現しました。そのために、ベースはエレキではなくウッド・ベース、ドラムはスネア・ドラム、バス・ドラム、シンバルというシンプルな構成で、セッツァーの巧みな演奏により、3人組とは思えないサウンドを作り出しました。

1982年
CD

1982年から音楽ソフトの新しいパッケージとして登場したコンパクト・ディスク(CD)は、1970年代から開発が始まっていました。日本ではソニーが1975年ころから開発を開始し、それ以前から開発を進めていたオランダの電気機器メーカー、フィリップスと協議しながら、12cmというサイズが決まり、また、収録時間を74分としました。

1982年
CDプレイヤー

1982年10月1日、ソニーは、世界に先駆けてCDプレーヤーを発売します。発売当時のCDプレーヤーは、17万円もする高価なものでしたが、ノイズのない音楽への期待から注目されます。また、この日に合わせて、50タイトルほどのCDソフトもリリースされました。こうしたデジタルという新しい仕組みでの音楽再生は、音楽ファンに驚きをもって迎えられます。そして、ノイズなどが問題となっていたアナログ・レコードは、古いモノとして消えかけます。しかし、2010年代になり、再生音域の広さや、温かな音質が見直され、アナログ・レコードは復活します。

Compact Disc　コンパクト・ディスク

蝋管(ろうかん)レコード発明から、およそ100年たった1980年代、音楽を記録する仕組みが、大きく変わります。コンパクト・ディスク(CD)の登場により、デジタル方式になったのです。CDは、透明なプラスチック盤に挟まれたアルミ箔(はく)に、ピットと呼ばれる楕円形のくぼみを記録します。そこにレーザー光を当て、ピットの有無を検知してデジタル信号を読み取り、音楽を再生したのです。

デジタル録音された音源を、デジタルで記録することで、それまでにない高音質を、手ごろな再生システムで楽しむことができるようになりました。しかし、当時の技術では、記録できるデータ量に制限があり、そのためレコードでは記録されていた5万ヘルツまでの音は、人間が聴くことのできる2万ヘルツまでとし、それ以上をカットしていました。それでも、手軽に高音質を楽しめるCDは、アナログ・レコードを過去のシステムとして追いやり、急速に入れ替わっていきます。

1972年 デジタル録音

日本の音響機器メーカー〈デノン〉は、1972年に、チェコのスメタナ四重奏団を日本へ招き、彼らの演奏をデジタル録音しました。このときの録音が、世界初の商業的デジタル録音といわれています。この録音データは、まだCDが登場する前でしたので、アナログ・レコードに記録し、リリースされました。その後、CDの時代になり、その録音データはCD化され、レコード会社の日本コロムビアから、『モーツァルト:弦楽四重奏曲第17番〈狩〉& 第15番』のタイトルでリリースされました。

Digital Technology　デジタル・テクノロジー

デジタル技術で誕生したCDですが、この再生システムを最大限に活かすためには、CDに記録される音楽も、デジタル・テクノロジーによって録音されたものでなければ、意味がありませんでした。そのため、CDの音質を、より良いものにするための研究が、1970年代から始められていました。CDが発表される10年も前のことです。レコード会社は試行錯誤を続け、デジタル録音機によるレコーディングを、CD発売に先駆けておこなっていたのです。

アナログ録音機器を使った録音に関しては、長い歴史の中で積み重ねてきた、経験と技術によって、高音質での録音が可能となっていました。しかし、新しく開発されたデジタル録音機器を使った録音については、その特性を見極め、活かすための新しい録音システムを、いちから組み立て直さなければならなかったのです。こうして実績を積み重ね、新しいデジタル録音システムを活かした、高音質での録音が実現します。

1984年 ポータブルCDプレーヤー

1982年にCDがリリースされた当時のCDプレーヤーは、レコード・プレーヤーなどと重ねて置くために、幅が35cmほどもありました。ソニーは、これを小型化する開発を始めます。そして、わずか2年ほどでCDケースとほぼ同じ大きさで、手のひらに乗るほどのサイズまで小型化します。1990年代に入ると、さらに小型化は進み、カセット・テープのポータブル・プレーヤーに代わって、普及していきます。

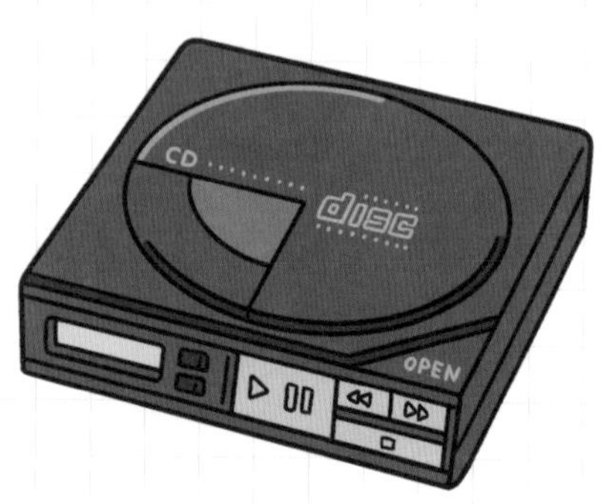

1992年 MD

ポータブルCDプレーヤーは、軽量化され、音質も向上し、人々に受け入れられます。しかし、繰り返し録音ができるカセット・テープの便利さを、デジタルでも可能にする装置の登場が期待されました。こうして、1992年にソニーからMDが登場します。72mm×68mmのケースに納められた小さなディスクにCDと同じ74分の音楽を記録することができ、好きな音楽の組み合わせを楽しめるようになります。1990年代後半には、わずか150gほどの再生装置がリリースされます。

Portable CD Player/MiniDisc ポータブルCDプレーヤー/MD

1984年、日本のソニーから手のひらサイズのCDプレーヤーがリリースされ、高音質のCDを持ち歩いて聴くことが可能になります。しかし、600g近い重さでした。その後、さまざまな改良がほどこされ、重さをほとんど感じないCDウォークマンが登場します。

持ち歩けるデジタル再生機器の開発は、違う視点からもおこなわれていました。1991年に、ソニーから発表されたミニ・ディスク（MD）という録音メディアです。CDは、記録された音楽を聴くだけでしたが、MDは、カセット・テープのように、音楽を録音することができました。録音・消去を、繰り返せたことから、好みの曲をデジタル録音して楽しむことができました。MDは、ケースに入った小さなCDという感じで、記録面が保護されていたため、取り扱いが容易でした。さらにMDは、録音・再生装置が手のひらに乗るほど小型でしたので、高音質のデジタル音楽を持ち歩くスタイルが普及していきます。

1982年 MIDI

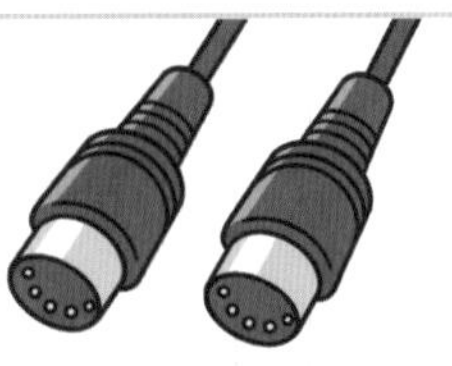

MIDIは、デジタルで音楽を制作するためのデータ規格です。MIDIが登場する前は、さまざまな規格で作られていた音楽用デジタル・データが、この規格に統一されたことで、音楽制作が効率的になります。MIDIデータには、音の高低、音符の長さ、音の強弱などがデータ化されていますが、音色データは含まれません。シンセサイザーなどに組み込まれる音源モジュールという装置によって音色が加えられます。そのため、同じMIDIデータで、さまざまな楽器の音を、簡単に試すことができました。トランペットの音で奏でられた曲を、ピアノで奏でるということが、簡単にできるようになったのです。

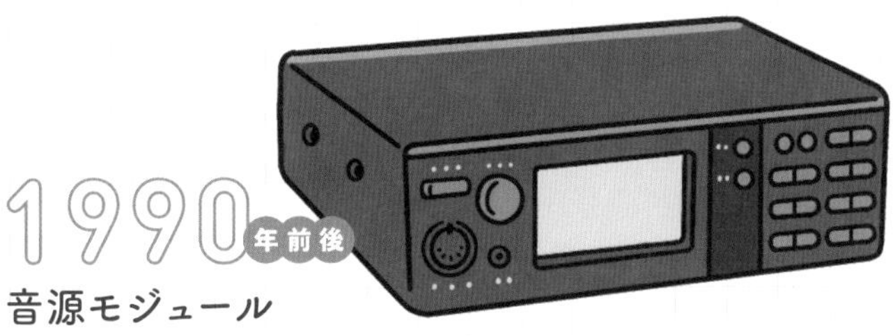

1990年前後 音源モジュール

シンセサイザーに組み込まれていた音源モジュールが、独立した装置として登場します。これにより、さまざまなタイプの音源モジュールと、パソコンを組み合わせることができるようになりました。音源モジュールは、製造したメーカーによって音色に特色がありました。そのため、いろいろな音源モジュールを試すことによって、音色の選択肢がいっきに広がり、より多彩なサウンドで演奏できるようになったのです。

Musical Instrument Digital Interface/Tone Generator Module　MIDI/音源モジュール

1980年代に入ると、シンセサイザーをデジタル化する試みがおこなわれます。1983年には、すべてデジタルで制御するシンセサイザーがヤマハからリリースされ、シンセサイザーは、デジタル時代を迎えます。さらに、MIDI（Musical Instrument Digital Interface）という規格により、異なるメーカーの電子楽器間でも、容易にデジタル音楽データをやりとりできるシステムが開発されます。MIDIは、音の高低、音量の長さ、音の大小などを記録したデータによって、電子楽器をコントロールする規格です。この技術の登場で、シンセサイザーに内蔵されていた、さまざまな音色を生み出す音源モジュールという装置が、独立したした装置となります。この進化で、音源モジュールとパソコンを接続することが可能となり、デジタル機器での音楽製作システムは、さらにシンプルになります。こうして、MIDI規格は音楽作りの可能性を、大きく広げることになります。

1991–2000年

この時代のポイント

円熟という時代を迎えたポピュラー音楽

1990年代のポピュラー音楽は、ちょっとしたサウンドの違いによって、ダンス・ミュージックでは、〈アシッド・ハウス〉〈イタロ・ハウス〉〈ハード・ハウス〉など呼称が異なり、細分化された状況にありました。しかし、視点をちょっと引いて眺めてみると、1990年代のポピュラー音楽は、1970年代から活躍するバンドやアーティストが、チャートをにぎわしたり、復活したり、再結成したりと、新旧の音楽が混在していました。

たとえば、1970年代から活躍するエアロスミスは、1998年公開の映画『Armageddon』の主題歌で全米1位を記録します。長いキャリアの中で、初めての1位でした。古くからのファンにとって、この曲のサウンドは新しいものではなく、懐かしささえ感じたのですが、若い人には、新鮮なサウンドとして届いたのです。こうした、〈古いバンド〉のサウンドが受け入れられる背景には、新しいサウンドと古いサウンドを、さりげなく混ぜ合わせて、〈円熟〉したサウンドが作り出されていたからです。そのため、1970年代の音楽を知らない若い世代にとっては、エアロスミスのサウンドは新鮮に聴こえたのです。

R&Bでは、1990年代前後に登場したグループの歌は、コンテンポラリーR&Bと呼称されます。コンテンポラリー（現代的な）という言葉が添えられ、1950年代に登場したR&Bとは区別されます。しかし、これらの音楽は、新しく登場した楽器による演奏や、他ジャンルのサウンドを取り入れることで、洗練されたサウンドに仕上げられていますが、1950年代のR&Bという幹に支えられ、若々しい枝として成長していたのです。

こうした1990年代の音楽は、新しい音楽を誕生させるエネルギーに満ちあふれていた1960年代に比べれば、パワーがありませんでした。しかし〈円熟〉させる、という手法で魅力的な音楽を送り出していました。

パンクの荒々しさと、ヘヴィメタルの力強さ

グランジ

(Grunge)

カート・コバーン
(ニルヴァーナ)

乱れた〈うねり〉が魅力

ボン・ジョヴィやヴァン・ヘイレンなどのバンドが、高度なテクニックでのギター演奏を前面に押し出し、ボーカルが声を張り上げて歌う、ハード・ロック/ヘヴィ・メタルの曲がヒットしている1980年代後半ころ、アメリカのシアトルを中心にしてグランジと呼ばれるムーヴメントが起こります。パンク・ロックやヘヴィ・メタルに影響されたサウンドは、荒々しくシンプルで、乱れた感じさえする演奏でした。グランジには汚れたという意味があり、そのサウンドは整えられていない、ノイズのような音で奏でられる〈力強いうねり〉でした。

グランジと呼ばれる独自のサウンドを構築

グランジのムーヴメントの中心にいたのがニルヴァーナです。バンドは、ボーカル&ギターのカート・コバーンを中心に、1987年にシアトルで結成されます。何度かのメンバー・チェンジを経て、1989年にアルバム『Bleach』でインディーズ・デビューします。1991年、メジャーからの1作目アルバム『Nevermind』をリリースします。ノイズのような太いサウンドと、聴きやすいメロディーによって、グランジの登場を印象づけました。

ラフで哀愁感のあるボーカル

パール・ジャムは、1990年にシアトルで結成され、1991年に1作目アルバム『Ten』でデビューします。リリース直後の反応は鈍いものでした。しかし、徐々にセールスを伸ばし、長期間にわたってチャートに留まり、大ヒットを記録します。彼らは、ラフなステージングや、分厚いサウンドで大きな支持を得ます。

Smells Like Teen Spirit

Nirvana

1991年リリースのアルバム『Nevermind』に収録の曲です。けだるく、暗く重いサウンドですが、メロディーは美しく、シャウトするボーカルとも奇妙に調和して響きます。全米6位を記録し、彼らにとって代表曲となります。

Even Flow

Pearl Jam

1991年リリースの1作目アルバム『Ten』に収録の曲です。アルバムのレコーディング中にドラムが3人も入れ替わったため、演奏にまとまりがありませんが、そのことで荒々しさが加味され、結果として大ヒットとなります。

ヒップ・ホップとプエルトリコ音楽の融合

レゲトン

(Reggaeton)

N.O.R.E.

カリブ海で融合する異文化

カリブ海の島国プエルトリコから発信された音楽がレゲトンです。プエルトリコは、かつてスペインの植民地でしたが、19世紀末に起こったアメリカとスペインとの戦争により、アメリカの管理下に入ります。そのため、アメリカ文化、ラテン文化、奴隷としてこの地に来たアフリカ系の人たちの文化が融合していました。そうして生まれた音楽にボンバや、プレーナなどがあります。ボンバは、太鼓とマラカスから生まれるリズムだけで歌われる音楽です。プレーナは、アフリカのリズムと西洋の音楽が融合して生まれた、管楽器やピアノも加わる、にぎやかな音楽です。こうした土壌に、1980年代にアメリカからヒップ・ホップが流入し、新しい音楽が生まれます。

スペイン語のラップ

ヒップ・ホップがアメリカのヒット・チャートに登場するようになると、その影響はアメリカ以外の国へも伝わります。ヒップ・ホップの勢いは、ジャマイカの音楽レゲエに影響を及ぼし、ダンスホール・レゲエと呼ばれる音楽が誕生します。こうしたヒップ・ホップの勢いは、プエルトリコにも押し寄せます。プエルトリコでは、スペイン語によるラップが登場します。こうしてスペイン語の独特な響きをもったプエルトリコ版ヒップ・ホップのレゲトンが誕生します。

アメリカでの大ヒット

レゲトンは、2000年代に入ってヒット曲が生まれます。プエルトリコ人の母をもち、ニューヨークで生まれたN.O.R.E.(ノリ)は、2006年に「Oye Mi Canto」をリリースします。これが大ヒットし、レゲトンは世界的に、その名が知られるようになります。この曲にはプエルトリコ出身のダディー・ヤンキーが参加し、レゲトンの躍進に貢献します。

Oye Mi Canto

N.O.R.E.

2006年リリースのアルバム『N.O.R.E. y la Familia...Ya Tu Sabe』に収録の曲です。彼は、ヒップ・ヒップのラッパーとして活躍していましたが、母の出身地プエルトリコを意識し始め、レゲトンに傾倒します。この曲は全米で12位を記録します。

Gasolina

Daddy Yankee

2004年リリースのアルバム『Barrio Fino』に収録の曲です。デジタル楽器で作られたシンプルで力強いリズムが、無機質に奏でられ、不思議なうねりを生み出しています。スペイン語のラップにもかかわらず、アメリカでヒットします。

軽快なリズムとリリック（歌詞）が魅力

ポップ・ラップ

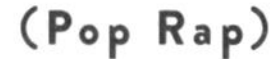

ポップな聴きやすさで人気に

1980年代後半、ヒップ・ホップのRUN D.M.C.と、ハード・ロックのエアロスミスとのコラボレーションによって、ヒップ・ホップは、多くの人に親しまれる音楽になります。こうした時代変化の中、1987年にLL COOL Jは、ラップの攻撃的な部分を抑えた、親しみやすいアルバム『Bigger and Deffer』をリリースします。こうした、親しみやすいラップは、ポップ・ラップと呼ばれるようになります。

親しみやすいメロディーで大ヒット

1990年になると、M.C.ハマーがアルバム『Please Hammer, Don't Hurt 'Em』をリリースします。収録曲の「U Can't Touch This」では、軽快なサウンドとともにポップなラップが聴けます。カラフルな衣装とスタイリッシュなダンスが組み合わされたプロモーション・ビデオも制作され、このビデオの効果もあり、曲は大ヒットします。M.C.ハマーの登場によってポップ・ラップは隆盛を迎えます。

あまりに商業主義に走り人気は下降

1990年代中ごろになると、ポップ・ラップは、リリック（歌詞）に、ヒップ・ホップが本来もっていた権力への反抗がなく、ラップのスタイルだけを利用した商業主義と批判されます。そして、人気は下降していきます。しかし、ヒップ・ホップが消えたわけではありませんでした。女性ボーカリスト、マライア・キャリーが1995年にリリースした「Fantasy」を、2003年にラッパーのオール・ダーティー・バスタードがリミックスし話題になるなど、音楽シーンに不可欠なジャンルとなります。

U Can't Touch This

MC Hammer

この曲で繰り返される伴奏とリズムは、1981年にアメリカのファンク歌手リック・ジェームスがリリースした「Super Freak」で繰り返される伴奏を、ほぼそのまま借りています。訴訟を起こされますが、使用料を支払うことで和解しました。

Ice Ice Baby

Vanilla Ice

1990年のアルバム『To the Extreme』に収録の曲です。白人のアイスは、クイーンとデヴィッド・ボウイによる共作曲「Under Pressure」でのベースで演奏される旋律を、この曲で無断使用し、訴えられ、負けています。

1990年前後

オールナイトでダンスしたあとの

アンビエント・ハウス

(Ambient House)

映画のワンシーンを思わせる音

ジ・オーブ

ジ・オーブは、アレックス・パターソンとジミー・コーティによって、1988年にイギリスで結成されたテクノ系ユニットです。パターソンは、ブライアン・イーノが所属するレコード・レーベルに所属し、ミュージシャンの発掘・育成する仕事を担当していました。それと併行してクラブでDJとしても活動していました。ジ・オーブは、1991年にアルバム『The Orb's Adventures Beyond the Ultraworld』をリリースし、レコード・デビューします。アルバムの1曲目「Little Fluffy Clouds」は、1日の始まりを告げる鶏の鳴き声でスタートし、街が動き出したことを感じさせるサウンドが続きます。そのサウンドに重なるように、男女の会話のような声が続きます。そして、自動車が走る音や、ジェット機が空を飛ぶ音が重なり、2曲目が始まります。まるで日常の1コマを切り取ったような彼らのサウンドは、アンビエント・ハウスと呼ばれるようになります。

音で全身を包み込む

アンビエント・ハウスは、レイヴやクラブで踊り明かし、興奮している体や心をいやすための音楽（サウンド）です。ハウスという名称がついていますが、1970年代後半に生まれたダンス・ミュージックのハウスとは異なり、ダンスを目的としていません。アンビエントには、〈取り巻く〉〈環境〉という意味があります。そのため、アンビエント・ハウスは、1970年代からブライアン・イーノが提唱している環境音楽の系譜と見ることもできます。

O.O.B.E.

The Orb

1992年リリースのアルバム『U.F.Orb』に収録の曲です。宇宙空間へ投げ出されたような浮遊感のある静かなサウンドで始まります。そこに、笛の音で郷愁ただようメロディーが重なり、映像が目の前に広がるような錯覚を覚えます。

Signals

Brian Eno

1983年リリースのアルバム『Apollo:Atmospheres and Soundtracks』に収録の曲です。アルバムは月着陸を目指したアポロ計画を記録した映画のサウンドトラックとして制作されました。宇宙空間を飛行する様子が目に浮かびます。

心地よい都会的なサウンド

スムース・ジャズ

(Smooth Jazz)

テクニックでぶつかり合わないサウンド

さまざまなジャンルと融合し、1970年代にフュージョンというムーヴメントで変化したジャズは、1990年代を迎えるころ、さらなる進化を続けていました。こうした変化の中で、テクニックを競い合う演奏ではなく、心地よいサウンドとメロディーを強調したバンドや歌手が登場します。こうした柔らかいサウンドや、ボーカルは、スムース・ジャズと呼ばれるようになります。

調和したサウンドで奏でられるジャズ

1990年、ピアノのボブ・ジェームスがリーダーとなってリリースしたアルバム『Grand Piano Canyon』に参加したギターのリー・リトナー、ベースのネイザン・イースト、ドラムのハービー・メイソンの4人によってFourplayが結成されます。彼らのサウンドは調和のとれたもので、とても聴きやすい演奏でした。1991年にアルバム『Fourplay』をリリースし、リラックスした演奏を展開します。

ソプラノ・サックスの貴公子

サキソフォン奏者のケニー・Gは、1982年にソロ・デビューします。主にソプラノ・サックスを演奏しました。彼のつむぎ出す甘くマイルドな音色は、その演奏がケニー・Gであることが、すぐにわかるほどです。1986年リリースのアルバム『Duotones』に収録の曲「Songbird」は、歌のない曲としては驚異的な、全米4位を記録します。その後もマイルドな演奏でスムーズ・ジャズを牽引(けんいん)します。

ケニー・G

この曲をチェック!

101 Eastbound

Fourplay

1991年リリースのアルバム『Fourplay』に収録の曲です。リー・リトナーのギターから溢れ出すソフトなメロディーに、ボブ・ジェームスのピアノ・ソロが重なり、潤いのあるリズムも加わって、リラックスした気分になれます。

Forever in Love

Kenny G

1992年リリースの6作目のアルバム『Breathless』に収録の曲です。ソプラノ・サックスの柔らかく甘い音色で、心地よく響きます。哀愁を感じさせながらも、包容力のあるメロディーです。この曲でグラミーの作曲賞を獲得します。

1990年代前半ころ

伝統を受け継いだポップ・ミュージック

ブリットポップ

(Britpop)

Point 1 グランジが終わり始まったムーヴメント

1990年代前半のイギリスの音楽シーンは、アメリカから発信されたグランジ・サウンドに圧倒され、やや低迷していました。ところが、グランジを牽引していたニルヴァーナの中心メンバー、カート・コバーンが1994年に自殺したことで、グランジの隆盛は衰えをみせます。そんな状況の中、イギリスで新しい音楽が芽生えます。流れるようなメロディー・ラインを奏でるオアシスや、ポップなサウンドのブラーによって、イギリスの音楽シーンに活況がもどります。彼らの音楽は、イギリス人を意味するブリットから、ブリットポップと呼ばれるようになります。

オアシス

Point 2 音楽シーンを切り拓いた軽快なサウンド

ブラーは、1990年にシングル「She's So High」でデビューします。翌年、1作目アルバム『Leisure』をリリースし、1960年代に活躍したザ・キンクスの再来などといわれ、高い評価を得ますが、大ヒットにはなりませんでした。1994年に3作目アルバム『Parklife』をリリースします。このアルバムがヒットしたことで、ブリットポップの登場を告げます。

Point 3 1990年代のイギリスを代表するバンド

オアシスは、ノエルとリアムのギャラガー兄弟を中心にして、1991年にイギリスのマンチェスターで結成されます。1994年には、1作目アルバム『Definitely Maybe』をリリースします。ギャラガー兄弟は、ザ・ビートルズと同じ労働者階級の出身であったため、ザ・ビートルズを敬愛していることを公言しています。そのため、彼らの曲には、ザ・ビートルズへのリスペクトをうかがわせる曲もあります。

この曲をチェック!

Cigarettes & Alcohol

Oasis

1994年リリースのアルバム『Definitely Maybe』に収録の曲です。ギターで繰り返されるブギ風のリズムは、グラムロック・バンドのT・レックスにリスペクトを込めて奏でられています。ノエルのボーカルが耳に心地よく届きます。

Girls and Boys

Blur

1994年リリースのアルバム『Parklife』に収録の曲です。ザ・ビートルズ後期の曲を思わせる軽快なメロディー・ラインと、コミカルな不協和音を、多彩な楽器で奏でることでポップで、リズミカルな曲になっています。

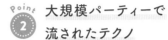

デジタル楽器が可能にした高速ダンス・ミュージック

テクノ

(Techno)

ホアン・アトキンス

Point 1 デトロイトで進化したハウス・ミュージック

テクノは、1980年代後半に登場したデジタル楽器を使うことで誕生したダンス・ミュージックです。その起源は、1970年代のアナログ・シンセサイザーを使用したシカゴ・ハウスや、アシッド・ハウスです。1980年代中ごろ、シカゴ・ハウスに影響を受けたデトロイトのアーティストの中から、新しい音楽が芽生えます。活動の中心には、ホアン・アトキンス、デリック・メイ、ケヴィン・サンダーソンらがいました。彼らはデジタル楽器で、あたかも永遠に作動する機械音のような無機質なサウンドや、リズムを繰り返しループする音楽を創造しました。この音楽を、テクノと呼ぶのは、ホアン・アトキンスが雑誌のインタビューで、彼らの音楽の呼称を問われたとき、テクノと答えたためです。

Point 2 大規模パーティーで流されたテクノ

テクノは、1980年代末ころにイギリスで人気を得ます。このころイギリスでは、レイヴと呼ばれる、音楽を朝まで流す大規模なパーティーが流行していました。その会場で流される音楽として、テクノが使われました。その後、イギリスのミュージッシャンの音楽が流されるようになり、レイヴという音楽ジャンルも生まれます。

Point 3 テクノから生まれるさまざまなサウンド

テクノから派生して生まれた音楽にハウスがあります。永遠に続くかのように繰り返すリズムとメロディーが、人を催眠状態のようにするサウンドです。1990年代になると、ハードコア・テクノが登場します。より高速で、より強く叩きつけるサウンドで、人々を魅了します。以後、ダンス・ミュージックは細かくジャンル分けされ、それぞれに名称がつけられます。しかし、サウンドを聴いて、ジャンル名を当てることは困難な状況になります。

No UFO's

Model500

1993年に、ホアン・アトキンスがModel500名義でリリースしたコンピレーション・アルバム『Classics』に収録の曲です。録音は1985年で、変化に富んだサウンドとリズムによって疾走感を演出しています。バリ島のケチャを思わせる旋律も聴けます。

Breathe

The Prodigy

1997年リリースの3作目アルバム『The Fat of the Land』に収録の曲です。The Prodigyは、イギリスで結成されたバンドで、ロック的な要素をテクノに組み込んでいます。この曲でもボーカルが、ロック・バンド風にシャウトします。

聴いておきたい曲 まとめ

I Wanna Sex You Up

Color Me Badd

1991年リリースの1作目アルバム『C.M.B』に収録の曲です。シングルとしてリリースされ、全米2位を記録します。Color Me Baddは、オクラホマの幼なじみ4人で結成されたR&Bコーラス・グループです。メンバーはラテン系、アフリカ系などルーツが違うことから、シングル2作目の「I Adore Mi Amor」では、歌詞にスペイン語を入れてリリースし、全米1位を獲得する大ヒットとなります。

I Will Always Love You

Whitney Houston

1992年リリースのアルバム『The Bodyguard』に収録の曲です。このアルバムは同名映画のサウンドトラックとして制作されました。映画は大ヒットし、この曲も14週にわたって全米1位を記録しました。ヒューストンは、10代から教会の聖歌隊に入り歌い始めていました。そしてクラブで歌っているところをレコード会社の社長にスカウトされ、デビューします。表現力が豊かで、透明感のある声で人気を得ます。

End of the Road

Boyz II Men

1992年リリースの5作目シングルに収録の曲です。13週連続で全米1位を記録します。これは、1956年にエルヴィス・プレスリーが記録した11週連続を更新するものでした。Boyz II Menは、ペンシルベニア州フィラデルフィアの出身で、前身は高校時代の友人同士で結成していたR&Bボーカル・グループでした。卒業を機にメンバーが入れ替わります。この曲は、低音の語りが曲を盛り上げます。

Dreamlover

Mariah Carey

1993年リリースの3作目アルバム『Music Box』に収録の曲です。彼女は、ベネズエラ系の父とアイルランド系の母との間に生まれます。歌手を目指していたとき、レコード会社に彼女のデモ・テープが渡ったことで、1990年にデビューするチャンスをつかみます。〈7オクターブの音域で歌う〉というキャッチ・フレーズでデビューし、豊かな表現力で魅了します。この曲は8週連続して全米1位を記録します。

The Sign

Ace of Base

1993年リリースの1作目の同名アルバムに収録の曲です。Ace of Baseは、1990年にスウェーデンで結成された男性2人、女性2人のグループです。1970年代、世界的に活躍したABBAと、メンバー構成と出身国が同じであることから、当初から比較されてきました。デビュー・アルバムは世界中でヒットします。そのサウンドの魅力は、レゲエとテクノをポップに融合させた、親しみやすいメロディーとリズムでした。

1991-2000年

(I Can't Help) Falling in Love With You

UB40

1993年リリースのアルバム『Promises and Lies』に収録の曲です。UB40は、1980年にイギリスで結成されたポップなレゲエを演奏するバンドです。1988年には「Red Red Wine」をヒットさせ、成功を収めます。この曲は、シャロン・ストーン主演の映画『Sliver(硝子の塔)』で使われ、世界的なヒットとなります。オリジナルは、1961年にエルヴィス・プレスリーが歌ったもので、ここではレゲエにアレンジされています。

That's the Way Love Goes

Janet Jackson

1993年リリースの5作目アルバム『Janet.』に収録の曲です。8週連続・全米1位を記録します。ジャズ風のギター演奏で始まる曲は、ささやくようなラップへと続き、リラックスしたボーカルが心地よく響きます。ジャネットは、マイケル・ジャクソンの妹で、16歳でデビュー・アルバムをリリースし、3作目アルバム『Control』あたりからセールス的に成功を収めます。

My Heart Will Go On (Love Theme from "Titanic")

Celine Dion

1997年リリースの23作目アルバム『Let's Talk About Love』に収録の曲です。世界的に大ヒットした映画『Titanic』で使われたことで、この曲も大ヒットします。ディオンは、カナダのフランス語圏出身で、12歳でデビューします。デビュー・アルバムはフランス語で歌われています。英語で歌ったアルバムは1990年にリリースされます。その後、ラスベガスの専用劇場で、毎晩公演するという快挙を達成します。

No Scrubs

TLC

1999年にリリースの3作目アルバム『FanMail』に収録の曲で、全米1位を記録します。この曲は、アコースティック・ギターの美しい響きとともに始まります。ラップがさりげなく取り入れられ、ボーカルとコーラスは、ゆったりと歌われます。TLCは、アメリカで結成された女性3人組のR&Bグループです。1992年に、1作目アルバムをリリースし、収録曲が全米2位となり、スタートから成功を手にします。

I Want It That Way

Backstreet Boys

1999年リリースの3作目アルバム『Millennium』に収録の曲です。バックストリート・ボーイズは、アメリカのフロリダ州を拠点にして結成された5人組ボーカル・グループです。1995年にアルバム・デビューします。アイドル的容姿でも人気を集めます。この曲は、ややゆっくりとしたテンポで、彼らの哀愁感のあるボーカルと、コーラスが巧みにからみ合います。本国アメリカより、ヨーロッパ各国で1位を獲得しました。

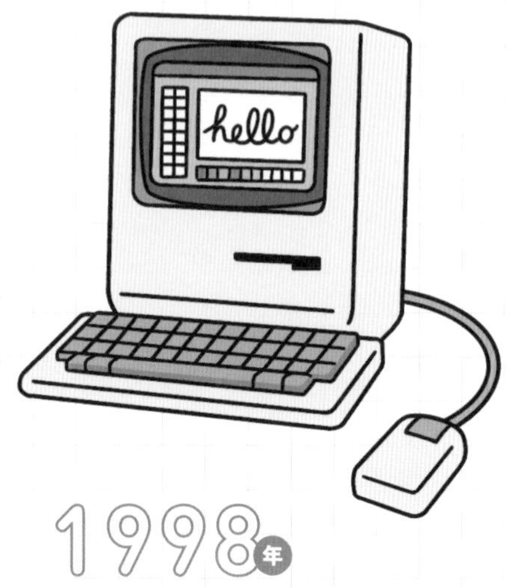

1984年 Macintosh

1984年に登場したMacintosh（マック）は、アップル社がパソコン本体とOSを1社で開発していました。そのため、写真の加工やイラストを描くソフトウェアなど、使いやすさが追求され、カメラマンや、アーティストに人気となります。また、音楽制作ソフトの登場によって、マックでMIDIデータを作成し、音源モジュールをコントロールするという、机の上で音楽制作のすべてを完結するというスタイルが定着します。

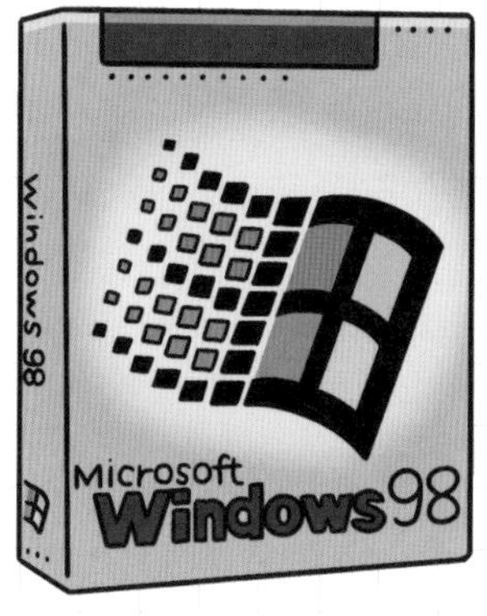

1998年 Windows

マックに対抗するOSとしてマイクロソフト社はWindowsの開発を進めていました。1998年にリリースしたWindows98は、先行するマックに操作性でも追いつきます。またWindows対応の音楽制作ソフトも登場し、パソコンは、音作りに、なくてはならないアイテムとなります。ちなみに、マイクロソフト社はOSのみを開発・提供し、パソコン本体は世界中のメーカーが開発競争をするシステムだったことから、さまざまなタイプのパソコンが登場しました。

Personal Computer　パーソナル・コンピューター

1990年代、パーソナル・コンピュータ（パソコン）の普及が加速します。1980年代中ごろに登場したMacintosh（マック）は、マウスで操作することができる画期的なパソコンでした。モデル・チェンジを重ねながら、性能は向上し、価格も個人で購入が可能なレベルまで下がってきます。1998年には、アップル社からモニターと一体型のiMacが20万円を切る価格で登場します。これに対して1995年、マックと対抗するOS（基本ソフト）として、マウスで操作できるWindows95がマイクロソフト社から発売されます。Windowsは、1998年にはWindows98をリリースし、操作性が一段と向上します。こうして、アップル社独自のOSを搭載したパソコンと、Windows98を搭載したパソコンが、性能や機能を競い合う時代になり、音楽制作の方法も大きく変化します。

1990年代初頭ころ
ホーム・ページ

インターネットを利用する人が増えると、ホームページで会社の宣伝をしようとする動きが活発になります。レコード会社もホームページを作成し、バイオグラフィー、ディスコグラフィー、ライブ情報を掲載するようになります。また、日本ではファンのための会員制ホームページも登場し、特別な情報を有料で配信し、ファン・サービスにも利用しました。

1995年
検索サービス

1995年、Yahooが検索サービスを開始します。調べたい言葉を、Webブラウザの検索用エリアに、キーボードで入力するだけで、知りたい情報が掲載されているホームページのリストが表示されるというものです。1999年には、Googleが検索サービスを始めます。検索されることの多い項目が、ページの上位に表示されるなど、利用しやすい仕組みでした。こうしたサービス以前は、ホームページのアドレスを、キーボードで入力するという不便なものでした。

Internet　インターネット

世界中のパソコンをつなぐ仕組みとしてのインターネットは、1960年代の末ころに登場していました。そのころは、大学間のコンピュータをつなぐための仕組みで、特殊なものでした。一般の人々がインターネットの存在を知るようになるのは、パソコンが普及しだした1990年代になってからです。インターネットによって、一瞬にして届くメールや、世界中のデータから情報を探すことができる検索サービスなどで、ライフ・スタイルが一変します。音楽では、アーティストのホームページで、最新の情報を得ることができ、またアーティストも雑誌や新聞にたよることなくホームページで情報を発信し、世界中のファンとダイレクトに交流できるようになったのです。そして、パソコンの性能が向上したことや、デジタル通信回線の普及により、音楽そのものをインターネットで聴ける時代が到来します。

2001―2020年

この時代のポイント

インターネットの普及で変わる音楽

2000年代は、パソコンの普及とインターネット回線の高速化、デジタル・オーディオ・プレイヤーの登場と音楽配信サービスの開始、ケータイに代わってスマートフォンが普及するなど、音楽を聴くための環境も目まぐるしく変化します。そして定額制の音楽配信サービスであるサブスクリプションが始まると、音楽を所有するという意識が薄れていき、音楽配信サイトからの楽曲購入や、CDやDVDの売上が減少していきます。

そして、音楽を再生するときに、スマホをタップしたり、パソコンのマウスをクリックすることで、音楽を次々と切り替えることができることから、長いイントロをもった曲が敬遠されるようになります。音楽を聴くための環境変化は、こうして音楽制作の考え方にも影響をもたらします。

1990年代には、ヒップ･ホップが、さまざまな音楽と融合しました。ロックやポップが、ヒップ･ホップを取り入れたことで、セールス的な成功を収めるようになり、ヒップ･ホップは、音楽ビジネスを成功させるために、不可欠な存在となります。

こうしたヒップ･ホップの影響によって誕生した音楽ジャンルには、当初はポップ･ラップ、ラップ･ロックなどと名称をつけて、区別･分類をしていました。しかし、ヒップ･ホップはロックと同じように、あらゆる音楽に溶けこんでいき、2000年代にはジャンルの境界が見えなくなります。そして、もはや音楽をジャンル分けすることが、無意味とさえ思える時代となります。

そして、2010年代の後半には、ロック系ジャンルの音楽と、ヒップ･ホップ系ジャンルの音楽との、売上比率が逆転します。こうして、ヒップ･ホップは音楽ビジネスにとっても、重要な存在となり、新しい音楽に影響を与えています。

ヘヴィ・メタルの鋭さと、哀愁ただよう旋律

ゴシック・メタル

(Gothic Metal)

シンプルで重いサウンドによるリズム

ゴシック・メタルの源流は、1960年代に誕生したヘヴィ・メタルです。その後、1970年代にヘヴィ・メタルから派生したゴシック・ロックが生まれます。そして、1990年代初頭ころのイギリスのバンド、パラダイス・ロストなどのサウンドが、ゴシック・メタルと呼ばれるようになります。彼らのサウンドは重々しく、ボーカルはうなり声を絞り出し、テンポは全般的に遅いという特徴があります。こうした、暗黒の世界を思わせるサウンドは、本国のイギリスより、ヨーロッパ大陸で人気を得ます。

エイミー・リー(エヴァネッセンス)

歪(ゆが)んだサウンドと美しいメロディー

2000年代になり、ゴシック・メタルという音楽ジャンルが、世界的に知られるようになるバンドが誕生します。アメリカのバンド、エヴァネッセンスです。ボーカルのエイミー・リーを中心に、1998年に結成され、2003年にレコード・デビューします。メジャー1作目のアルバム『Fallen』は世界的な大ヒットとなります。重々しいバンド・サウンドとリーの透明感のある歌声によって作り出される心地よい空気感は、それまでのゴシック・メタルがもっていた重く暗い世界に、新しい風を吹き込みました。聴きやすく、美しいメロディーを融合させたことにより、ゴシック・メタルの可能性を広げたのです。

Bring Me to Life

Evanescence

2003年リリースの1作目アルバム『Fallen』に収録の曲です。透明感のある女性ボーカルで始まる曲は、ハード・ロック・バンド12 Stonesのボーカル、ポール・マッコイのパワフルなシャウトによって、静と動がからみあうサウンドへと向かいます。

Eternal

Paradise Lost

1992年リリースの2作目アルバム『Gothic』に収録の曲です。ギターとベースが歪(ゆが)んだ音で刻むリズムと、シンセサイザーで繰り返される哀愁感ただよう旋律が作り出す、おどろおどろしく、奇妙なサウンドが耳にまとわりつきます。

2000年前後

ポップな要素がカントリーを包み込む

カントリー・ポップ

(Country Pop)

シャナイア・トウェイン

根強い人気のカントリーがリヴァイバル

カントリー・ポップの始まりは、1970年代のリン・アンダーソンの「(I Never Promised You a)Rose Garden」や、オリビア・ニュートン・ジョンの「Let Me Be There」のヒットまで、さかのぼります。こうしたポップなカントリー・ミュージックの系譜は脈々とうけつがれていました。そして、1990年代になり、カナダ出身のシャナイア・トウェインなどの活躍によって、リヴァイバル・ブームがおとずれます。

ポップな歌声と出会って進化したカントリー

2000年代になるとテーラー・スウィフトがデビューします。彼女はペンシルベニアで生まれます。音楽への夢が芽生えたのは、カントリー歌手のシャナイア・トウェインの歌に接したことからでした。2004年に、レコード会社の養成スクールに入り、ソングライターとしてのレッスンを受けるようになり、本格的に音楽の道を歩き始めます。16歳で1作目アルバム『Taylor Swift』をカントリー系のレーベルからリリースします。サウンド的には、カントリーそのものでしたが、彼女のポップなボーカルは、カントリーという枠を飛び出したカントリー・ポップなものでした。その後、2014年リリースのアルバム『1989』からは、よりポップになり、デジタル・ポップなサウンドへと進化します。

You're Still the One

Shania Twain

1997年リリースの3作目アルバム『Come On Over』に収録の曲です。カントリーのテイストを、さりげなくまとわせ、聴きやすいポップなメロディーで大ヒットします。全米1位とはなりませんでしたが、9週連続で2位を記録します。

You Belong With Me

Taylor Swift

2008年リリースの2作目アルバム『Fearless』に収録の曲です。軽快なカントリー・ポップ・サウンドを聴くことができます。バンジョーが効果的に取り入れられ、キュートな彼女のボーカルをバックアップします。全米2位を記録します。

再び注目されたシンプルなロック

ガレージ・ロック・リヴァイバル

(Garage Rock Revival)

ザ・ストロークス

ガレージで生まれたロックのエネルギー

ガレージ・ロックは、1950年代後半ころ、アメリカの若者たちが、乏しい録音機材や、楽器によって、さまざまな音楽をエネルギッシュに発信していたムーヴメントです。ガレージ・ロックという呼び名は、音楽を演奏するために、自動車の車庫であるガレージに集まったことで名付けられました。このムーヴメントから誕生した音楽には、若者たちの支持を得たザ・ビーチ・ボーイズのサーフィンやホットロッドがあります。しかし、ガレージからスタートして成功したバンドは、決して多くはありませんでした。その後も、若者たちのシンプルで、あふれるエネルギーを感じるガレージ・ロック的なバンドは誕生しますが、大きな成功を収めることはありませんでした。

音数の少ないバンド・サウンドの登場

2000年代になり、ガレージ・ロックという呼称に、ザ・ストロークスなどの活躍によってスポットがあたります。ニューヨークで結成された彼らは、イギリスのレコード会社にデモ・テープを送ったことがきっかけで、2001年にCDデビューを果たします。サウンドは、エレキ・ギターで、ラフにリズムを刻む、シンプルで飾り気のないものでした。まさに、音楽機材がそろっていないガレージで作り上げたかのような、荒削りの演奏で注目を集めます。そして、こうしたサウンドをガレージ・ロック・リヴァイバルと呼ぶようになります。多くの音楽が、電子楽器など新しい機器によってサウンドが彩られていたときに、シンプルな音作りは、新鮮に受け止められたのです。

Someday

The Strokes

2001年リリースの1作目アルバム『Is This It』に収録の曲です。明るく軽快なリズムを刻むエレキ・ギターは、ナチュラルなクリーンなサウンドです。この明るい伴奏に、語りかけるような哀愁感のあるボーカルが重なり、若者の不安が語られるアンバランスが、この曲の魅力です。

I Bet You Look Good on the Dancefloor

Arctic Monkeys

イギリスで結成されバンドが、2006年にリリースした1作目アルバム『Whatever People Say I Am, That's What I'm Not』に収録の曲です。エレキ・ギターが、歪(ゆが)んだ音で奏でるシンプルなリズムが気持ちよいうねりを生みだします。

シンプルでナチュラルな癒(いや)し系サウンド

サーフ・ミュージック

(Surf Music)

自然を感じるアコースティックなサウンド

1960年代前半に、アメリカで流行したサーフィンと呼ばれた音楽ジャンルは、電気楽器を中心としたサウンドでした。そして、歌われるテーマは物質的な豊かさを追い求めるものでした。その後、ハード・ロックが音楽シーンの主流となり、シンプルで明るいサウンドのサーフィンは、表舞台からは姿を消していました。そして1990年代以降、デジタル・サウンドが氾濫し、刺激的なサウンドがヒット・チャートの多くを占めるようになると、アコースティックなサウンドをもったサーフ・ミュージックに注目が集まるようになります。サーフ・ミュージックは、心と自然が溶け合うような、おだやかなサウンドを基調にし、1960年代の電気楽器を主体としたサーフィン・サウンドとは、まったく違った音楽でした。

サーフィン映像のBGMとして誕生したサーフ・ミュージック

2001年にアルバム・デビューしたジャック・ジョンソンは、プロのサーファーです。ハワイで生まれ、小さいころから海と波に乗るサーフィンに親しんでいました。その後、サーフィンをテーマにした映像制作にたずさわり、担当した音楽が注目を集め、アルバムをリリースします。そして、ジョンソンは、サーフィンをするだけで、スポンサーから契約金が支払われるフリー・サーファーとして活躍していたドノヴァン・フランケンレイターをプロデュースし、デビューさせます。カリフォルニア出身のドノヴァンがつむぎ出す、ナチュラルなサウンドは、自然回帰の時代の中で支持されます。

Taylor

Jack Johnson

2003年リリースの2作目アルバム『On and On』に収録の曲です。アコースティック・ギターをメインにしたシンプルな楽器構成の伴奏に、ジョンソンのささやくようなボーカルが重なります。速いテンポですが、心地よいうねりにひきつけられます。

Free

Donavon Frankenreiter

2004年リリースの自身の名前を冠した1作目アルバムに収録の曲です。ウクレレのイントロで始まるこの曲では、エレキ・ギターも使われてますが、クリーンな音で奏でられているために、ナチュラルな空気が曲全体を支配しています。

デジタル・サウンドが生み出す複雑なうねり

EDM

(Electronic Dance Music)

DJが生み出す新しい旋律とリズム

EDMは、Electronic Dance Musicの頭文字をとった略称です。この名称で呼ばれる音楽ジャンルは、ハウス、トランス、テクノなど幅広く、EDMは電子楽器で作られたダンス音楽全般を表す呼称として用いられます。EDMを牽引(けんいん)したのは、ミュージシャンではなくDJたちです。ディスコや野外イベントで、観客の反応を見極めながら、リズムや音楽を巧みに組み合わせ、即興的に音楽を作り出していたDJが、EDMの多くを作り出していたのです。彼らは、さまざまな電子楽器を用いることで、ミュージシャンによる演奏が不可能な高速リズムや、複雑なリズムを作り出し、聴衆を楽しませました。

複雑なリズムにのみ込まれる快感

オランダのニッキー・ロメロは、DJとして活躍し、EDMの曲を数多く発表しています。彼の名は「Toulouse」のプロモーション・ビデオで知られるようになります。コンピューター・ハッカー集団〈アノニマス〉を象徴する仮面が、街の人々にかぶせられ、人々がハッキングされる姿を象徴的に描いたものでした。曲は、サイレンのようなメロディーとスピーディーなリズムが繰り返され、不安な社会を表現しています。

電子の音を活かしたサウンド作り

スウェーデンのプロデューサーであるアヴィーチーは、10代からコンピューター・ソフトで曲を作っていました。2013年リリースのアルバム『True』は、多彩なアーティストを迎えて制作され、EDMサウンドと、既存の音楽との調和によって大ヒットします。

アヴィーチー

この曲をチェック!

I Could Be the One

Avicii vs Nicky Romero

2012年リリースされたアヴィーチーとニッキー・ロメロとのコラボレーション曲です。スウェーデンの女性歌手を迎え、イギリスで1位を獲得します。この曲は、ふたりを表すNicktim名義でミックスされ、ラジオ・エディットなど、いくつかのバージョンがあります。

Wake Me Up

Avicii

歌手やギタリストを迎えて、2013年リリースしたアルバム『True』に収録の曲です。アコースティック・ギターの響きが効果的に使われています。哀愁感のあふれるメロディーと電子音で刻まれる引き締まったリズムが、絶妙に溶けあっています。

2010年代前後

多様な音楽を軽やかに織り込んだ

ポップ

(Pop)

華やかに歌い踊った ガガとビヨンセ

ポップは、明るく、軽快で、聴きやすいメロディーをもった音楽をさす総称です。したがって、明るいという要素が感じられる音楽は、どんなジャンルの音楽でも、ポップと呼ばれます。ポップ音楽は、それぞれの時代に流行したロック、ヒップ・ホップ、エレクトリック・ダンス・ミュージックなどの音楽に姿を変えて登場します。ポップは、それら多様な音楽ジャンルのエッセンスを、巧みに取り入れることで、多くのヒット曲が生まれています。そして、2000年代のポップをリードした、レディー・ガガやビヨンセは、音楽だけでなく、ファッションや生き方などでも、大きな影響をもたらします。

音楽を盛り上げる 奇抜なヴィジュアル

イタリア系アメリカ人として生まれたレディー・ガガは、17歳でニューヨークの大学に入学し、音楽を本格的に学びます。裕福な家庭に育ちながらも、クラブのダンサーなどを経験します。このことが、のちの音楽活動に大きな影響を与えることになります。ソングライターとして活動を始めたガガは、歌手としての才能も認められ、2008年に1作目アルバム『The Fame』でデビューします。2011年リリースの「Born This Way」は、力強いリズムと、ありのままに生きることを宣言する歌詞で、大ヒットします。また奇抜なファッションで、その存在を音楽だけでなくファッションでもアピールしました。

この曲をチェック!

Crazy in Love (feat. Jay-Z)

Beyoncé

2003年リリースのアルバム『Dangerously in Love』に収録の曲です。ビヨンセは1997年にデビューした3人組のR&Bボーカル・グループのデスティニーズ・チャイルドで成功をおさめます。その後、2001年にソロ活動を開始します。この曲は、ラッパーのジェイ・Zをフィーチャーし、全米1位を8週連続記録します。ステージでは、きらびやかなファッションに身をつつみ、華麗なダンスによって、ポップの魅力をヴィジュアルでもアピールしました。

さまざまな音楽ジャンルを取り込んだ

ダンス・ポップ

(Dance Pop)

軽快で聴きやすく変化に富んだサウンド

2000年代にヒット・チャートをにぎわしたのは、ダンス・ポップと呼ばれる、聴きやすいメロディーをもったダンス音楽です。ケシャ、リアーナ、ケイティ・ペリー、クリスティーナ・アギレラらの活躍で注目を集めます。ダンス・ポップの始まりは、1980年代ころにさかのぼりますが、以降のヒップ・ホップや、さまざまなダンス音楽から影響を受けたことで、サウンドは洗練され、シンプルで踊りやすく、ポップなものに変化しました。ちなみに、カントリー・ポップでデビューしたテイラー・スウィフトも、2014年にリリースした「Shake It Off」で、ダンス・ポップ的なサウンドを取り入れ、大ヒットさせています。

この曲をチェック!

TiK ToK

KESHA

2010年リリースの1作目アルバム『Animal』に収録の曲です。曲の始まりでは、EDMサウンドとラップが融合し、この曲の軽快な雰囲気を高めています。ケシャもラップを思わせるボーカルを見せ、またメロディーやアレンジも変化に富み、心うきうきする曲です。

The One That Got Away

Katy Perry

2010年リリースの3枚目アルバム『Teenage Dream』に収録の曲です。シンプルなリズムにケイティの哀愁感のある、しっとりとしたボーカルが重なります。忘れられない若い日の恋を描いた歌詞を、ストリングスの響きを加えることで、さらに切ないものにしています。

Don't Stop the Music

Rihanna

2007年リリースのアルバム『Good Girl Gone Bad』に収録の曲です。リアーナはカリブ海の小国バルバドスに生まれます。16歳でアメリカに移住し、2005年に10代でデビューします。この曲のエレキ・ベースで刻まれるリズムは1970年代のディスコ・サウンドを思わせます。

Let There Be Love

Christina Aguilera

2012年リリースの7枚目のアルバム『Lotus』に収録の曲です。サウンドは、EDMのスタイルを取り入れ、力強いリズムが強調されています。〈そこに愛がありますように〉というタイトルにあるように、プロモーション・ビデオでは公平な社会を願う内容が描かれています。

2000年代後半～

アコースティック楽器をメインにした

ニュー・フォーク

(Nu-Folk)

シンプルで心に響くサウンド

2000年代になると、エレクロニック・サウンドは、あらゆるジャンルの音楽に、さりげなく溶け込みます。こうしたサウンド傾向の中で、エレクトリック的なものを排除し、アコースティックなサウンドで演奏するアーティストが、イギリスにあらわれます。彼らは、小さなライブ・ハウスで活動を始めます。そして、こうしたムーヴメントは、ニュー・フォークと呼ばれるようになります。アコースティック・ギターやバンジョーを取り入れたサウンドは注目を集め、レコード・デビューすると、セールス的にも成功を収めます。こうしたムーヴメントを牽引したのがマムフォード&サンズや、ローラ・マーリングでした。

力強いアコースティック

マムフォード&サンズは、ボーカルのマーカス・マムフォードを中心に結成されたバンドです。2009年にリリースされた1作目アルバム『Sigh No More』は、イギリスとアメリカで最高位2位を記録するヒットとなります。彼らのサウンドは、アコースティックでありながら、ときとして力強いリズムを生み出すフォーク・ロック的なものでした。

豊かなボーカル表現

両親の影響でフォーク・ソングに接していたローラ・マーリングは、10代でフォーク・グループに参加します。18歳の2008年にアルバム『Alas I Cannot Swim』でソロ・デビューします。アコースティック・ギターをメインにしたシンプルな伴奏で、ささやくように歌い、注目を集めます。

I Will Wait

Mumford & Sons

2012年リリースの2作目アルバム『Babel』に収録の曲です。全米でヒットを記録します。イントロでのバンジョーとアコースティック・ギターによって刻まれる生楽器とは思えぬパワフルなリズムで、彼らの世界へと、いっきに引き込まれます。

Rest in the Bed

Laura Marling

2011年リリースの3作目アルバム『A Creature I Don't Know』に収録の曲です。1960年代前半のモダン・フォークを思わせる、シンプルで牧歌的なメロディーがとても印象的です。録音時の年齢が20歳とは思えない、豊かな表現力で歌われます。

ヒットを狙い、計算しつくされたサウンド

ポップ・ロック

(Pop Rock)

成功する要素を融合

ロックンロールが登場した1950年代から、ロックンロールは、聴きやすいメロディーと結びつき、ヒット・チャートをにぎわしてきました。こうした傾向は1960年代以降も続き、アイドル的なアーティストの曲の多くはポップ・ロックなサウンドで作られていました。2000年代になると、さらなるセールスを目指します。時代の好みに合わせて計算しつくされたメロディーとリズム、そしてアレンジによって、ポップ・ロックは多くのヒット曲とアーティストを生みだします。

ブルーノ・マーズ

My Universe

Coldplay X BTS

2021年リリースの9作目アルバム『Music of the Spheres』に収録の曲です。イギリスのコールドプレイと、韓国のポップ・ボーカル・グループBTSとのコラボ曲です。この曲はBTSのために書かれたものでしたが、BTSも韓国語のラップなどを担当しました。全米1位を記録します。

Just the Way You Are

Bruno Mars

2010年リリースのアルバム『Doo-Wops & Hooligans』に収録の曲です。ハワイ出身のシンガー・ソングライターであるブルーノ・マーズのデビュー・シングルで、全米・全英で1位を記録します。軽快なリズムと明るいメロディーにのせて、彼女への切ない思いが歌われます。

What Makes You Beautiful

One Direction

2011年リリースの1作目アルバム『Up All Night』に収録の曲です。彼らは、イギリスのオーディション番組によって結成された5人組ボーカル・グループです。この曲は、シンプルなロックのリズムと、巧みなコーラスによってポップなメロディーが奏でられます。

Won't Go Home Without You

Maroon5

2007年リリースの2作目アルバム『It Won't Be Soon Before Long』に収録の曲です。バンドは、結成時4人でしたが、5人組となったことでMaroon5と改名します。エレキ・ギターの低音部で刻まれるリズムは、哀愁感のあるボーカルと溶け合い、キャッチーなメロディーを引き立てます。

聴いておきたい曲 まとめ

Lose Yourself

Eminem

2003年に公開された、エミネムの半自伝的映画『8Mile』のサウンドトラック盤に収録の曲です。2003年度アカデミー歌曲賞を、ヒップ・ホップ・アーティストとして初めて受賞します。白人ラッパーであるエミネムは1999年リリースのアルバム『The Slim Shady LP』が大ヒットし、一躍ヒップ・ホップのスターになります。映画『8Mile』では主人公の役でエミネムが出演しています。ドラムで刻まれる力強いリズムにのって、エミネムのラップが聴けます。

A Thousand Miles

Vanessa Carlton

2002年リリースの1作目アルバム『Be Not Nobody』に収録の曲です。ピアノによる色彩を感じさせる、明るくポップなイントロで始まります。さらに洗練されたアレンジでストリングスが加わり、少しウェット感のあるボーカルを際立てます。プロモーション・ビデオでは、トラックの荷台に載せたピアノを、弾きながら歌う彼女の姿が描かれ、曲の爽快感も表現されています。デビュー・シングルでありながら、全米5位を記録するヒットとなります。

In Da Club

50 Cent

2003年リリースの1作目アルバム『Get Rich or Die Tryin』に収録の曲です。50セントは、20歳すぎにラッパーとなる前は、不遇な家庭環境から麻薬売買に手を染めていました。その後、不運な事件に巻き込まれたことで、レコード・デビューのチャンスを逃します。そして、心機一転、活動拠点をカナダに移し、2001年に活動を本格化させます。この曲では、彼の人生をうかがわせる薬物を思わせる歌詞も登場します。

Drop It Like It's Hot (feat. Pharrell Williams)

Snoop Dogg

2004年リリースの7作目アルバム『R&G (Rhythm & Gangsta) - The Masterpiece』に収録の曲です。シングルとしてもリリースされ、1位を記録します。この曲は、ヒップ・ホップ・グループN.E.R.Dのメンバー、ファレル・ウィリアムスも参加し、冒頭のラップは彼が担当しています。ちなみに、スヌープ・ドックは、1993年に殺人容疑で逮捕されますが、その年に1作目アルバム『Doggystyle』がリリースされ、1位を獲得します。

Boom Boom Pow

The Black Eyed Peas

2009年リリースの5作目アルバム『The E.N.D. (The Energy Never Dies) 』に収録の曲です。14週間にわたって第1位を記録します。グループは、結成当時3人で、1998年に1作目アルバムをリリース。2003年に女性メンバーが加入します。この曲は、ヒップ・ホップやエレクトロ・サウンドなどがミックスされたポップなサウンドです。同じアルバムに収録された「I Gotta Feeling」とあわせ、グループは連続26週にわたる1位を記録します。

2001–2020年

All Around the World (feat. Ludacris)

Justin Bieber

カナダ出身のビーバーが、2012年にリリースした3作目アルバム『Believe』に収録の曲です。伴奏には、EDM的なサウンドを取り入れています。ボーカルにもエフェクトがかけられ、この曲の哀愁感を演出しています。曲の後半では、ラッパーのリュダクリスが加わり、アイドルとしてデビューしたビーバーの、それまでの音作りとは一線を画しています。アイドルからアーティストとして成長していく姿を知ることができる曲です。

Happy

Pharrell Williams

2014年リリースの2作目アルバム『GIRL』に収録の曲です。この曲は、3Dアニメ映画『Despicable ME 2（怪盗グルーのミニオン危機一発）』に使用されています。彼は、サウンドトラック制作にもかかわります。軽快なリズムにのって裏声で歌う彼のボーカルがポップに疾走します。10週連続1位を記録します。彼は、2001年にヒップ・ホップ・グループN.E.R.Dのメンバーとしてデビューし、2005年からはソロでも活動します。

Toxic

Britney Spears

2003年にリリースした4作目アルバム『In The Zone』に収録の曲です。プロモーション・ビデオでは、キャビン・アテンダントに扮し、セクシーな仕草が注目を集めます。1作目、2作目までのアイドル的なイメージから脱却し、サウンドもダンス・ビートへと変化しています。彼女は、1998年に16歳でデビューします。デビュー・シングル「...Baby One More Time」は、900万枚を超えるセールスを記録し、アイドル歌手として大成功を収めます。

Shape of You

Ed Sheeran

2017年リリースの3作目アルバム『÷（ディバイド）』に収録の曲です。シーランは、イギリス出身のシンガー・ソングライターで、10代から路上ライブなどで音楽活動を始め、20歳でアルバム『+』でデビューします。この曲は、ダンス音楽ハウスの影響を感じさせます。ゆったりとしたアレンジで、彼は話すように歌います。CD、ダウンロード、YouTubeなどのストリーミング再生数で2000万を超えるなど、大ヒットを記録します。

bad guy

Billie Eilish

2019年にリリースされた1作目アルバム『WHEN WE ALL FALL ASLEEP, WHERE DO WE GO?』に収録の曲です。はっきりとしないサウンドのベース音にのせて、けだるいボーカルが重なります。全体的に暗さが際立つサウンドです。この曲は、彼女の5作目のシングルとしても発売され、アルバム、シングルともに全米1位を記録するヒットとなります。アイリッシュは、15歳のときに兄の作った曲でファイル共有サービスに登録し、デジタル・デビューをしています。

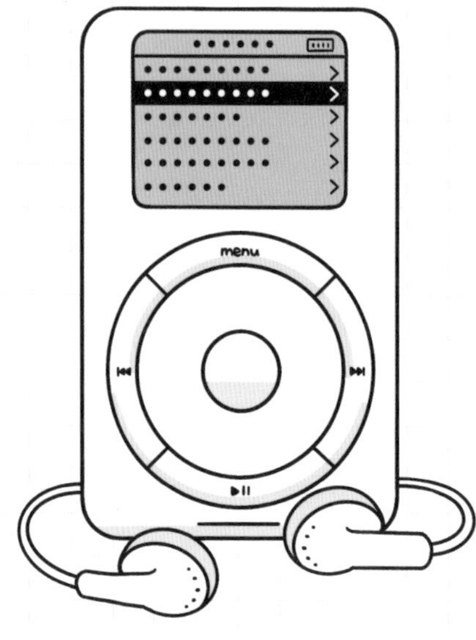

2001年 iPod

2001年に、アップル社からデジタル・オーディオ・プレイヤーの初代iPodが発売されます。CDの音楽データを自社開発の変換ソフトで10分の1ほどに小さくし、iPodに内蔵されたハード・ディスクに転送することで、1000曲もの音楽を持ち歩くことが可能になりました。そして、2004年に開始されたアップルの音楽配信サービスによって、CDで音楽を購入するのではなく、インターネット経由でダウンロードする音楽購入の時代が本格的に始まります。

2005年 YouTube

インターネットの通信速度が改善され、より大きなデータも快適にやりとりできるようになると、個人でも動画配信が可能なYouTubeがスタートします。2005年のことです。YouTubeは、基本的に個人が動画を公開するサービスでしたが、この仕組みを使用して、著作権のある音楽ビデオや楽曲が公開され、大きな問題となります。この問題には、紆余曲折はありましたが、広告を表示し、その収益の一部を著作権者に分配するなど改善をはかり、問題をクリアしていきます。

Music Distribution　音楽配信

1990年代後半になると、パーソナル・コンピューターの普及が加速します。また、インターネットも登場します。それと同時に問題となったのが、インターネットによる違法な音楽ダウンロードです。これは、CDに記録された音楽デジタル・データを、10分の1まで小さくできるMP3ファイルという技術の登場も関係していました。MP3ファイルに変換した音楽データを、インターネットを通じて個人的にやりとりしたり、不特定多数の人が容易にダウンロードできる状態にしたりと、音楽著作権を脅かすことになります。

そうした違法ダウンロードを防ぐため、レコード会社などは、1999年に自らインターネットを利用した音楽データ販売を始めます。しかし、当時のインターネットは、通信速度が遅かったため、ダウンロードに時間がかかったことや、音楽をCDのように所有できなかったなど、さまざまな逆風により、スタート時は苦戦を強いられました。

2012年 パソコンで聴く

ハイレゾ音源は、音楽配信サービスから購入できます。そのデータをパソコンの記録装置であるハード・ディスクなどに保存します。再生には、ハイレゾ音源を再生するソフト、デジタル情報をアナログ情報に変換するUSB DACという装置、音を増幅するアンプと、音の出口であるスピーカーが必要です。高音質で音を聴くためには、高い周波数の再生に適した装置が必要になります。

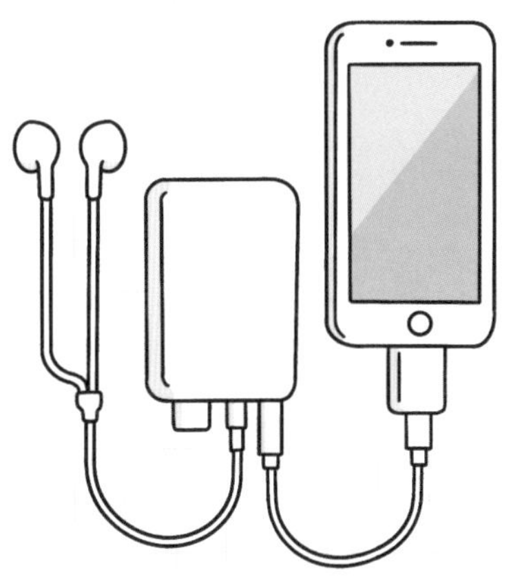

2014年 スマートフォンで聴く

スマートフォンにダウンロードしたハイレゾ音源を聴くには、DAC搭載のポータブル・アンプと、ハイレゾ音源に対応した高い周波数でも再生可能なヘッドホンが必要になります。このスタイルなら、どこででも高音質の音楽を楽しむことができます。

High-Resolution Audio ハイレゾ

高音質のCDですが、記録できるデータ量に合わせ、人間が聴くことができる周波数20kHzまでが記録され、それ以上の高音域データはカットされています。また、低音についても、人間が聴くことができる周波数以下をカットしています。さらに、圧縮という技術を使い、音楽データは小さく加工されています。再生するときには、これをオーディオ機器で補い、もとの音楽に近い音を復元しているのです。そして、音楽配信で利用されているMP3というファイル規格は、CDの音楽データを、さらに圧縮しています。こうした制限のあるCDやMP3の〈欠点〉を補うため、より高音質で音楽を再生するための技術が登場します。ハイレゾナンス・オーディオ（ハイレゾ）です。CDと比べ、原音に近い音楽を再生できます。聴こえないとされる高い周波数も加え、データ圧縮率も抑えることで、音楽が本来もっている繊細さを再生できるようになりました。

発明と音楽

2008年 Spotify

音楽のサブスクリプション・サービスは、スウェーデンの音楽配信サービス会社スポティファイ・テクノロジーが、2008年に始めます。これによって、CDの売上がダウンすることになると、アーティストたちの不満も聞かれました。しかし、聴く側にとっては、少しの出費で、世界中の音楽と出会うチャンスが拡大したことは、メリットの多いサービスといえます。

Spotifyでは、アプリをダウンロードし登録することで、広告付きですが、音楽を無料で聴くことができます。検索して聴いていた曲が終わると、その曲と同じ傾向の曲を続けて再生する機能があり、ラジオのようにも聴けます。

2015年 Apple Music

Spotifyとならぶ、音楽配信サービスです。1億曲もの音楽で出会うことができます。好みの音楽ジャンルごとのラジオ放送的なコンテンツもあり、Appleおすすめの音楽を聴くことができます。

Subscription サブスクリプション

月額料金を支払うことで、世界中の音楽が聴き放題となるサービスが、2008年にスタートします。これは音楽配信サービスの新しいシステムで、サブスクリプッション（サブスク）と呼ばれます。

それまでの音楽配信サービスでは、1曲、またはアルバム単位でダウンロードし、料金を支払っていました。そして、ダウンロードした音楽は、自分のスマホやパソコンに保存し、〈所有〉していました。こうしたダウンロードでの購入スタイルは、2010年代の初頭ころにピークを迎えます。

それに代わって登場したのがサブスクです。サブクスでは、スマートフォンやパソコンに音楽データを保存しないため、音楽を〈所有〉しません。インターネットにつながってさえいれば、聴きたい音楽を好きなだけ聴くことができるのです。レコードが登場して以来、音楽を聴くスタイルとして定着していた〈所有〉するという楽しみ方に代わって、世界中の音楽を、〈所有〉せずに、いつでも聴ける時代になったのです。

2022年
仮想空間ライブ

メタヴァースでは、アヴァター同士で会話することもできます。ライブでの盛り上がりも共有でき、ハイタッチもできます。2023年現在、メタヴァースでできる音楽の可能性については未知数ですが、日本では松任谷由実が、メタヴァースでの演奏を公開するなど、ファンと接するための新しいツールとして利用しています。

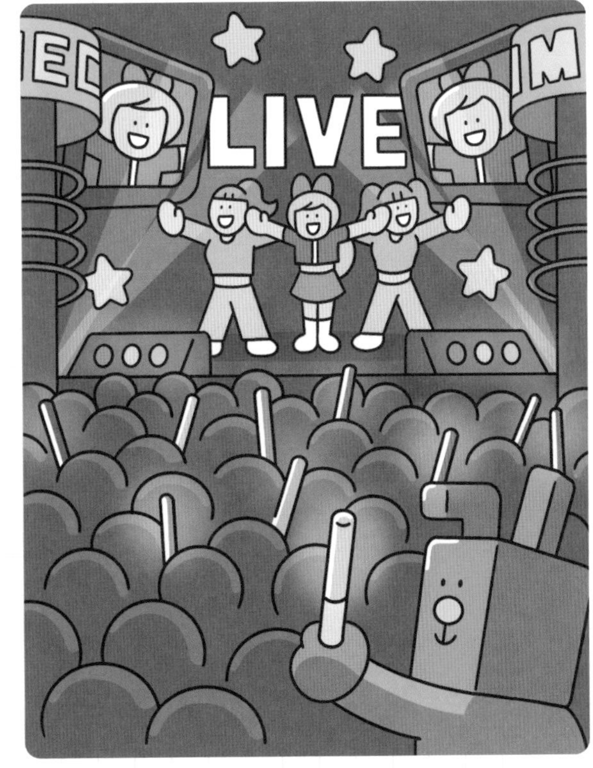

Metaverse　メタヴァース

インターネット上に創られた三次元の仮想空間がメタヴァースです。現実の街をリアルに再現するなど、仮想の空間が、次々と誕生しています。そうした仮想空間にインターネットを介して入り込むことで、家にいながらにして、世界中の街やライブ・ハウスなどへ行くことができる時代が始まっているのです。

メタヴァースへ行くためには、自分の分身である3Dキャラクター〈アヴァター〉を作成します。基本となるキャラクターがいくつか用意されていて、服装などを着せ替えることで、自分好みのアヴァターを作ることができます。また、自身を3Dスキャンして、ほぼ自分というアヴァターを作るサービスもあります。いずれにしても、分身をメタヴァースへ送り出し、動き回ることができるのです。

メタヴァースは、仮想店舗でのショッピングや、仮想会議室でのミーティングなどに利用されていますが、音楽での利用も模索されています。メタヴァースに作られたコンサート会場でのライブなどが考えられています。

た

な

は

ま

や

ら

わ

数字

A

B

C

●監修者 **Part1 クラシック音楽の時代**

明石潤祐（あかし　じゅんすけ）

1954年、千葉県生まれ。武蔵野音楽大学作曲学科卒業。武蔵野音楽大学大学院音楽研究科作曲専攻修士課程修了。教科書出版社に勤務し、高等学校の音楽教科書を担当。その後、独立し、音楽教室を主宰。音楽の楽しさや理論をわかりやすく伝える。また、公立中学校の音楽講師としても教壇に立つ。作品に、合唱曲「海・風・光」などがある。

Part2 ポピュラー音楽の時代

三宅はるお（みやけ　はるお）

音楽ライター。1949年、東京生まれ。明治学院大学文学部英文科卒業。出版社退社の後、FM東京の深夜番組にて訳詞コーナーを担当。ロック喫茶「レインボー」のDJを経て、1975年から『音楽専科』に寄稿。以降『GUTS』『レコード・コレクターズ』などのレギュラーに加え、伊藤政則らと雑誌『ROCKADOM』を発刊。ラジオDJ／構成、フリー・ペーパー『WHAT'S NEW』編集、青山レコーディング・スクール講師など、幅広い活動を続ける。さらにロック、クラシック系のライナーノーツなどで、評論活動を続けている。また、ニール・ヤング、レーナード・スキナード、キンクスのレイ・デイヴィスなどへの豊富なインタビュー経験もある。著書に『名曲200でわかるロックの歴史と精神』（アルファベータブックス）、『ストーンズが大好き』（サンドケー出版局）、『ロック&ポップスの歴史』（ヤマハミュージックメディア）、『レッド・ツェッペリン』（音楽専科社）など、訳書に『ザ・ビートルズ 1962-1970 ザ・コンプリート・ストーリー』（音楽専科社）、『クイーン 伝説のチャンピオン』（音楽専科社）などがある。

●スタッフ
本文デザイン・DTP　茂木慎吾
イラスト　FUJIKO
文　moontank+明石潤祐
編集協力　moontank（山本和人）
編集担当　原 智宏（ナツメ出版企画株式会社）

本書に関するお問い合わせは、書名・発行日・該当ページを明記の上、下記のいずれかの方法にてお送りください。電話でのお問い合わせはお受けしておりません。

- ナツメ社 Webサイトの問い合わせフォーム　https://www.natsume.co.jp/contact
- FAX（03-3291-1305）
- 郵送（下記、ナツメ出版企画株式会社宛て）

なお、回答までに日にちをいただく場合があります。正誤のお問い合わせ以外の書籍内容に関する解説・個別の相談は行っておりません。あらかじめご了承ください。

ナツメ社Webサイト
https://www.natsume.co.jp
書籍の最新情報（正誤情報を含む）はナツメ社Webサイトをご覧ください。

歴史(れきし)を知(し)ればもっと楽(たの)しい！
西洋音楽(せいようおんがく)の教科書(きょうかしょ)

2023年 8 月 1 日　初版発行
2024年 9 月 1 日　第3刷発行

監修者　明石潤祐(あかしじゅんすけ)・三宅(みやけ)はるお
発行者　田村正隆
発行所　株式会社ナツメ社
東京都千代田区神田神保町1-52　ナツメ社ビル1F（〒101-0051）
電話　03（3291）1257（代表）　FAX　03（3291）5761
振替　00130-1-58661
制作　ナツメ出版企画株式会社
東京都千代田区神田神保町1-52　ナツメ社ビル3F（〒101-0051）
電話　03（3295）3921（代表）
印刷所　ラン印刷社

ISBN978-4-8163-7419-7
Printed in Japan
〈定価はカバーに表示してあります〉
〈落丁・乱丁本はお取り替えします〉